Stefan Karner

Im Kalten Krieg der Spionage

Veröffentlichungen des Ludwig Boltzmann-Instituts für Kriegsfolgen-Forschung
Graz – Wien – Raabs

Herausgegeben von Stefan Karner

Sonderband 17

Advisory Board

Jörg Baberowski
(Humboldt-Universität)

Csaba Békés
(Ungarische Akademie der Wissenschaften)

Günter Bischof
(University New Orleans)

Stefan Creuzberger
(Universität Rostock)

Thomas Wegener Friis
(Süddänische Universität)

Marcus Gräser
(Johannes Kepler Universität Linz)

Kerstin Jobst
(Universität Wien)

Rainer Karlsch
(Berlin)

Mark Kramer
(Harvard University)

Hannes Leidinger
(Universität Wien)

Peter Lieb
(Zentrum für Militärgeschichte und Sozialwissenschaften der Bundeswehr, Potsdam)

Ulrich Mählert
(Stiftung zur Aufarbeitung der SED-Diktatur)

Horst Möller
(Gemeinsame Kommission für die Erforschung der jüngeren Geschichte der deutsch-russischen Beziehungen)

Verena Moritz
(Universität Wien)

Bogdan Musial
(K.W.-Universität Warschau)

Olga Pavlenko
(Russische Staatliche Geisteswissenschaftliche Universität, RGGU)

Dieter Pohl
(Universität Klagenfurt)

Pavel Polian
(Universität Freiburg)

Roman Sandgruber
(Universität Linz)

Daniel Marc Segesser
(Universität Bern)

Erwin Schmidl
(Landesverteidigungsakademie, Wien)

Ottmar Trașcă
(Universität Cluj-Napoca)

Stefan Troebst
(Universität Leipzig)

Oldřich Tůma
(Tschechische Akademie der Wissenschaften)

Alexander Vatlin
(Moskauer Staatliche Universität, MGU)

Gerhard Wettig
(Kommen/D)

Jürgen Zarusky
(Institut für Zeitgeschichte, München-Berlin)

Vladislav Zubok
(London School of Economics)

Stefan Karner

Im Kalten Krieg der Spionage

Margarethe Ottillinger
in sowjetischer Haft 1948–1955

Unter Mitarbeit von
Sabine Nachbaur, Dieter Bacher und Harald Knoll

StudienVerlag
Innsbruck
Wien
Bozen

Das Forschungsprojekt und die Drucklegung wurden gefördert durch:

© 2016 by Studienverlag Ges. m. b. H., Erlerstraße 10, A-6020 Innsbruck
E-Mail: order@studienverlag.at
Internet: www.studienverlag.at
Korrektorat: Elisabeth Klöckl-Stadler
Satz und Umschlag: H. Lenhart, Kalsdorf

2., korrigierte Auflage 2016

Titelbilder: Haftbild Ottillinger (groß), Dubravlag Pot'ma, Lubjanka, Ennsbrücke bei Linz,
Fotos: Privatbestand Karner, Sammlung Ottillinger.
Gedruckt auf umweltfreundlichem, chlor- und säurefrei gebleichtem Papier.

Bibliografische Information Der Deutschen Bibliothek
Die Deutsche Bibliothek verzeichnet diese Publikation in der Deutschen Nationalbibliografie;
detaillierte bibliografische Daten sind im Internet über http://dnb.ddb.de abrufbar.

ISBN 978-3-7065-5521-0

Alle Rechte vorbehalten. Kein Teil des Werkes darf in irgendeiner Form (Druck, Fotokopie, Mikrofilm oder in einem anderen Verfahren) ohne schriftliche Genehmigung des Verlags reproduziert oder unter Verwendung elektronischer Systeme verarbeitet, vervielfältigt oder verbreitet werden.

Die Bildquelle, wenn nicht anders angegeben: Privatbestand Karner, Sammlung Ottillinger.
Im Fall geltend zu machender Urheberrechte ersucht der Autor um Kontaktaufnahme.

Inhaltsverzeichnis

Vorwort 7

Der Fall Margarethe Ottillinger 13
Die Verhaftung auf der Ennsbrücke 15
Die Verhöre der sowjetischen Spionageabwehr in Baden bei Wien 19
In den Gulag für 25 Jahre 43
Das Gulag-Lager in Pot'ma 46
Haft in Moskau: Lubjanka und Butyrka 49
Immer wieder auf Etappe: Nach Pot'ma und in die Lubjanka 55
Zum dritten Mal nach Pot'ma 63
Vom Gulag in den Polit-Isolator Vladimir 69
Rückkehr nach Österreich 75
Conclusio 78
Anmerkungen zum Textteil 81

Bildteil 103

Anhang 165
Von der Festnahme bis zur Rückkehr. Das Itinerar 1948–1955 167
Dokumente 168
Biographien 178
Anmerkungen zu den Biographien 183
Auszüge aus den MGB-Verhörprotokollen Margarethe Ottillingers 185
Anmerkungen zu den Verhörprotokollen 227
Abkürzungsverzeichnis 228
Quellenverzeichnis 230
Literaturverzeichnis 231
Zum Autor 237
Grafiken zu den Geheimdiensten 240
Personenregister 241

Vorwort

Als es mir im Herbst 1991 gelang, die riesigen Akten-Bestände der ehemaligen österreichischen Kriegsgefangenen und Internierten in Moskau einzusehen, suchte ich als Erstes nach den Unterlagen von Margarethe Ottillinger, der Sektionsleiterin im Ministerium Krauland. Sie war 1948, kaum 29-jährig, unter mysteriösen Umständen von den Sowjets verschleppt worden und wurde wohl der bekannteste und spektakulärste Entführungsfall in Österreich. Eine kleine Karteikarte, handgeschrieben, im Erdgeschoß des ehemaligen Sonderarchivs des Ministerrates der UdSSR im Nordwesten von Moskau, führte mich auf ihre Spur. Das Archiv war geheim, in keinem Stadtplan eingezeichnet, es gab keine Hausnummer am riesigen Gebäude, das im Übrigen von Kriegsgefangenen aus Deutschland und Österreich erbaut worden war. In der Kartothek des Archivs lagerten die Karteikarten von über vier Millionen Kriegsgefangenen und Internierten aus über 30 Ländern, geordnet nach russischem, phonetischem Alphabet: von Deutschen, Polen, Koreanern, Amerikanern, Franzosen, Briten, Italienern, Ungarn und auch Österreichern.

Unter ihnen war auch die Karteikarte von Margarethe Ottillinger, die in den russischen Dokumenten als „Margarita" geführt wird. Sie verzeichnete die wichtigsten Informationen: Personaldaten, Datum und Grund ihrer Festnahme und Verurteilung („amerikanischer Spion" und „Fluchthilfe"), die Haftstrafe von 25 Jahren und das Ende der Haft im Gulag 1973 sowie die vorzeitige Repatriierung 1955 nach Österreich. Auf die wichtigste Information auf der Karte wiesen mich die Leiterin der Kartothek, Lilija A. Pylova, und der stellvertretende Archivdirektor Vladimir I. Korotaev hin: die Nummer des Personalaktes. Mit ihr war es möglich, zum ersten Mal in das Depot des Archivs zu den Millionen Personalakten zu gelangen. Der damals neu ernannte Archivdirektor Viktor Bondarev (†) gestattete mir die Kopie des Personalaktes und seine Publizierung als Faksimile.

So entstand im Herbst 1992 aus dem russischen MGB-Personalakt und zahlreichen Gesprächen mit Frau Dr. Margarethe Ottillinger mein im Verlag Leykam erschienenes Buch.* Es war das erste und bislang einzige Mal, dass ein von der

---

* Vgl. zum gesamten Buch: Stefan Karner (Hg.), Geheime Akten des KGB. „Margarita Ottillinger". Graz 1992 (= Karner, Ottillinger). – Ottillingers amtliche Vornamen waren „Margareta Anna". In den russischen Dokumenten wird sie meist „Margarita" genannt, sie selbst nannte sich ab 1944/45 meist „Margarethe". Im Text des Buches wird sie mit ihrem Vornamen „Margarethe" angeführt, wie sie auch einer breiten Öffentlichkeit bekannt ist.

sowjetischen Staatssicherheit geführter Personalakt in vollem Umfange als Faksimile publiziert wurde. Nie werde ich vergessen, wie Margarethe Ottillinger in den letzten Monaten ihres Lebens jede einzelne Seite der oft recht dürren, bürokratischen russischen Dokumente studierte und ihre Erinnerungen zu den Einträgen mitteilte. Ich konnte diese dann im Buch zu den jeweiligen Dokumenten als ihre persönliche Schilderung veröffentlichen. Es waren ihre letzten Äußerungen. Knapp vor ihrem Tod am 30. November 1992 konnte sie noch das erschienene Buch in Empfang nehmen.

Der Personalakt umfasste zwar die wichtigsten Informationen, die Inhaftierung und die lange Liste der Aufenthalte in den Lagern und Gefängnissen der ehemaligen Sowjetunion, die Beschlüsse zur Festnahme und Inhaftierung, das Geheim-Urteil und seine Begründung, die Beschwerden von Ottillinger sowie ihre vorzeitige Entlassung. Die entscheidenden Fragen blieben aber weiter offen:

- Das vielschichtige Umfeld der Spitzenbeamtin Ottillinger, die im Ministerium für Vermögenssicherung und Wirtschaftsplanung wesentlich am US-Marshallplan für Österreich gearbeitet und den österreichischen Stahlplan aufgestellt hatte und dabei mit vielen Exponenten und Geheimdienstleuten der Besatzungsmächte in Kontakt gekommen war.
- Sollte ihr Chef, Minister Peter Krauland, dem man auch eine Liaison mit der jungen, attraktiven Ottillinger nachsagte, mit ihrer Festnahme getroffen werden? Er selbst hatte diplomatische Immunität. Seine Festnahme hätte einen internationalen Aufschrei ausgelöst. Ottillinger als „Bauernopfer", als „Schuss vor den Bug", wie immer wieder geargwöhnt wurde?
- Wurde Ottillinger von den Amerikanern fallen gelassen, weil sie, wie US-Agenten intendierten, keine „neuen Russen mehr bringt"?
- Welche Beziehungen hatte Krauland zu den Geheimdiensten, namentlich zu jenen der Amerikaner und Sowjets?
- Was wurde bei der Geheimsitzung in Linz besprochen, und welchen Einfluss hatte dies auf die Festnahme Ottillingers schon wenige Stunden später?

Fragen über Fragen, die nicht beantwortet werden konnten. Die Bücher von Ingeborg Schödl und Catarina Carsten basieren auf den persönlichen Erinnerungen von Margarethe Ottillinger, Harald Irnberger untersuchte die Spionagedrehscheibe Österreich und Peter Böhmer bearbeitete die Politik Kraulands, vor allem hinsichtlich der Vermögenssicherung des ehemaligen „Deutschen Eigentums" für die Republik Österreich. Allein, die gestellten Fragen konnten auch sie nicht beantworten. Dazu bedurfte es der Akten der sowjetischen Staatssicherheit, in erster Linie der Verhörprotokolle, die ihrerseits quellenkritisch natürlich bedenklich sind und mit vielen anderen Informationen verglichen werden müssen. Dennoch. Sie sind eine Primärquelle und konnten eingesehen und ausgewertet werden (vgl. Anm. 1 im Teil Verhörprotokolle). Das Buch versucht Antworten auf Basis aller zur Verfügung stehenden russischen, österreichischen, amerikanischen und deutschen Dokumente sowie der persönlichen Erinnerungen von Margarethe Ottillinger zu geben.

Die Möglichkeit der Einsichtnahme in die im Zentralarchiv der russischen Staatssicherheit (FSB, ehemals KGB/MGB) aufbewahrten, geheimdienstlichen Untersuchungsakten zu Ottillinger wurde mir von der Direktion des FSB-Archivs Mitte der 1990er Jahre, nach der Publikation des Personalakts, erteilt. Das Archiv des russischen Außenministeriums öffnete die entsprechenden Dokumente des Österreichbestandes. Die Haupt-Militärstaatsanwaltschaft der Russischen Föderation erstellte zusätzlich zur vom Ludwig Boltzmann-Institut für Kriegsfolgen-Forschung, Graz-Wien, betriebenen Rehabilitierung einen Entscheidungsakt, der mir ebenfalls im Rahmen der gesetzlichen Möglichkeiten zugänglich gemacht wurde. Den Archivleitern und Beamten der genannten Archive danke ich für das erwiesene Vertrauen und die Zugänglichmachung der Unterlagen. Der viel zu früh verstorbene Generalmajor d. Justiz, Vladimir I. Kupec, hat als Leiter der Abteilung Rehabilitierungen die Möglichkeit zur Einsichtnahme der rehabilitierten Österreicherin Ottillinger gestattet. Ihm ist postum besonders zu danken. Die Recherchearbeiten wurden auch in den Arbeits-Kanon der Österreichisch-Russischen Historikerkommission, der Aleksandr O. Tschubarjan und ich vorstehen, aufgenommen.

Das Österreichische Staatsarchiv gewährte in zuvorkommender Weise Einblick in den Bestand „Ottillinger". Ich danke hierfür den Archiv-Mitarbeitern, besonders Herrn Gen. Dir. Doz. Dr. Wolfgang Maderthaner, den Hofräten Manfred Fink, Rudolf Jeřábek und Hubert Steiner sowie Frau Mag. Pia Wallnig und Herrn Dieter Lautner.

Sr. Oberin Magdalena von der Ordensgemeinschaft der Servitinnen in Wien-Mauer gewährte großzügig Einblick in die im Orden verwahrten Unterlagen von Margarethe Ottillinger und stand mehrfach für Gespräche zur Verfügung.

Im Wiener Stadt- und Landesarchiv stand Doz. Dr. Andreas Weigl hilfsbereit und kooperativ zur Verfügung. Ebenso danke ich den Mitarbeitern der Wirtschaftskammern Österreich, Wien, und Steiermark, Graz, für wertvolle Auskünfte.

Die OMV Aktiengesellschaft förderte Recherche- und Übersetzungsarbeiten, der Zukunftsfonds der Republik Österreich förderte notwendige Archivarbeiten. Den Verantwortlichen beider Institutionen sei auch an dieser Stelle herzlich gedankt.

In Niederösterreich konnte ich auch diesmal auf die tatkräftige Hilfe von Landeshauptmann Dr. Erwin Pröll und der Landesregierung/Abteilung Kultur (Hermann Dikowitsch) zählen. Über Basisförderungen unterstützen das Land Steiermark, die Stadt Graz und die Ludwig Boltzmann-Gesellschaft die Forschungen des Instituts. Die Universität Graz fördert seit Jahren durch einen Kooperationsvertrag auch die Forschungen des Ludwig Boltzmann-Instituts für Kriegsfolgen-Forschung. Allen hier genannten Institutionen und Entscheidungsträgern sei dafür herzlich gedankt.

Die Russische Botschaft in Wien, namentlich die Botschafter Stanislav V. Osadčij, Sergej J. Nečaev und Dmitrij E. Ljubinskij (damals als Leiter der III. Europäischen Abteilung des Außenministeriums) und die Österreichische Botschaft in Moskau, besonders die Botschafter Fritz Bauer, Walter Siegl, Franz Cede, Martin Vukovich, Margot Klestil-Löffler und Emil Brix, haben den Projektarbeiten des Instituts stets ein besonderes Augenmerk geschenkt. Botschafter Hannes Eigner, Belgrad (in den 1990er Jahren Gesandter in Moskau), hat die erste Korrespondenz für das Projekt Ottillinger mit dem russischen Außenministerium betreut. Frau Sieglinde Presslinger, Moskau, hat durch viele Jahre auch die Arbeiten an unseren Projekten unterstützt. Ihnen allen gebührt mein aufrichtiger Dank.

Die epo-FILM, Wien – Graz, unter KR Dieter Pochlatko, hat mit großem Engagement auf Basis meiner Recherchen eine Spiel-Dokumentation produziert, die im ORF ausgestrahlt wird und einem großen Publikum das Leben Ottillingers, aber auch die Situation Österreichs in den Jahren der Besatzung bis zum Staatsvertrag 1955 näherbringt. Ich danke der engeren Film-Crew mit Ursula Strauss (in der Rolle der Margarethe Ottillinger), Rosmarie Lackner und Mag. Jakob Pochlatko für Produktion, Mag. Klaus T. Steindl für Regie sowie Hubert Doppler, Josef Krainer und Hans Selikovsky für Ton und Bild. Den Filmschnitt besorgte Michaela Müllner. Das Drehbuch schrieb engagiert und einfühlsam Mag. Martin Betz, der sich dazu auch ein umfangreiches Bild von den Gegebenheiten in Russland gemacht hat. Der ORF hat das Doku-Drama unter dem Titel „Die Frau die zu viel wusste" im Rahmen des Internationalen Frauentages, 4. März 2016, in der Sendereihe „Universum History" ausgestrahlt. Die Sendung hatte mit durchgehend 302.000 Zusehern und einem Marktanteil von 19 Prozent die besten Werte aller bislang ausgestrahlten „Universum History"-Sendungen. Den Verantwortlichen sei dafür herzlich gedankt.

Meine Mitarbeiter am Ludwig Boltzmann-Institut für Kriegsfolgen-Forschung halfen in vielfältiger Weise, und zuletzt unter großem Zeitdruck, bei Detailrecherchen, bei der Erstellung des Registers und bei Übersetzungsarbeiten. Namentlich bedankt seien besonders Frau Dr. Elena Fritzer und Frau Mag. Sabine Nachbaur sowie die Herren Mag. Dieter Bacher, Mag. Harald Knoll und Doz. Dr. Peter Ruggenthaler.

Dem StudienVerlag, Innsbruck, danke ich für die Aufnahme des Buches in sein Verlagsprogramm. Markus Hatzer hat als Verleger größtes Interesse an der Publikation gezeigt und diese unter großem Zeitdruck realisiert. Für Satz und Layout zeichnete in bewährter Art und Weise Helmut Lenhart, Kalsdorf, verantwortlich, dem ich auch diesmal zu großem Dank verpflichtet bin.

Graz, im Oktober 2015   Stefan Karner

Dass bereits ein Monat nach Erscheinen der 1. Auflage im Februar 2016 eine 2. Auflage notwendig wurde, zeigt das große Interesse am Schicksal Ottillingers und an der österreichischen Nachkriegszeit.

Die Haftorte und Haft-Transportrouten von Margarethe Ottillinger in Österreich 1948/49

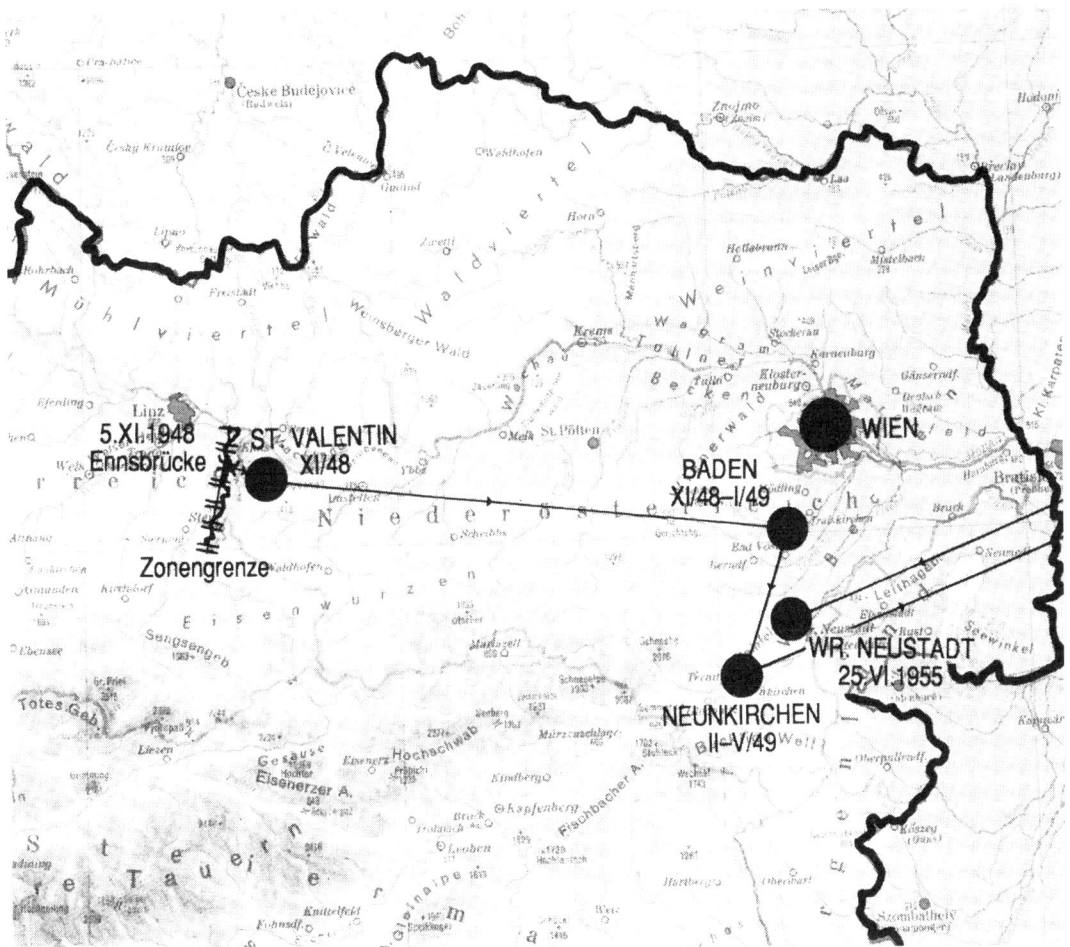

Die Haftorte und Haft-Transportrouten von Margarethe Ottillinger in der Sowjetunion 1949–1955.

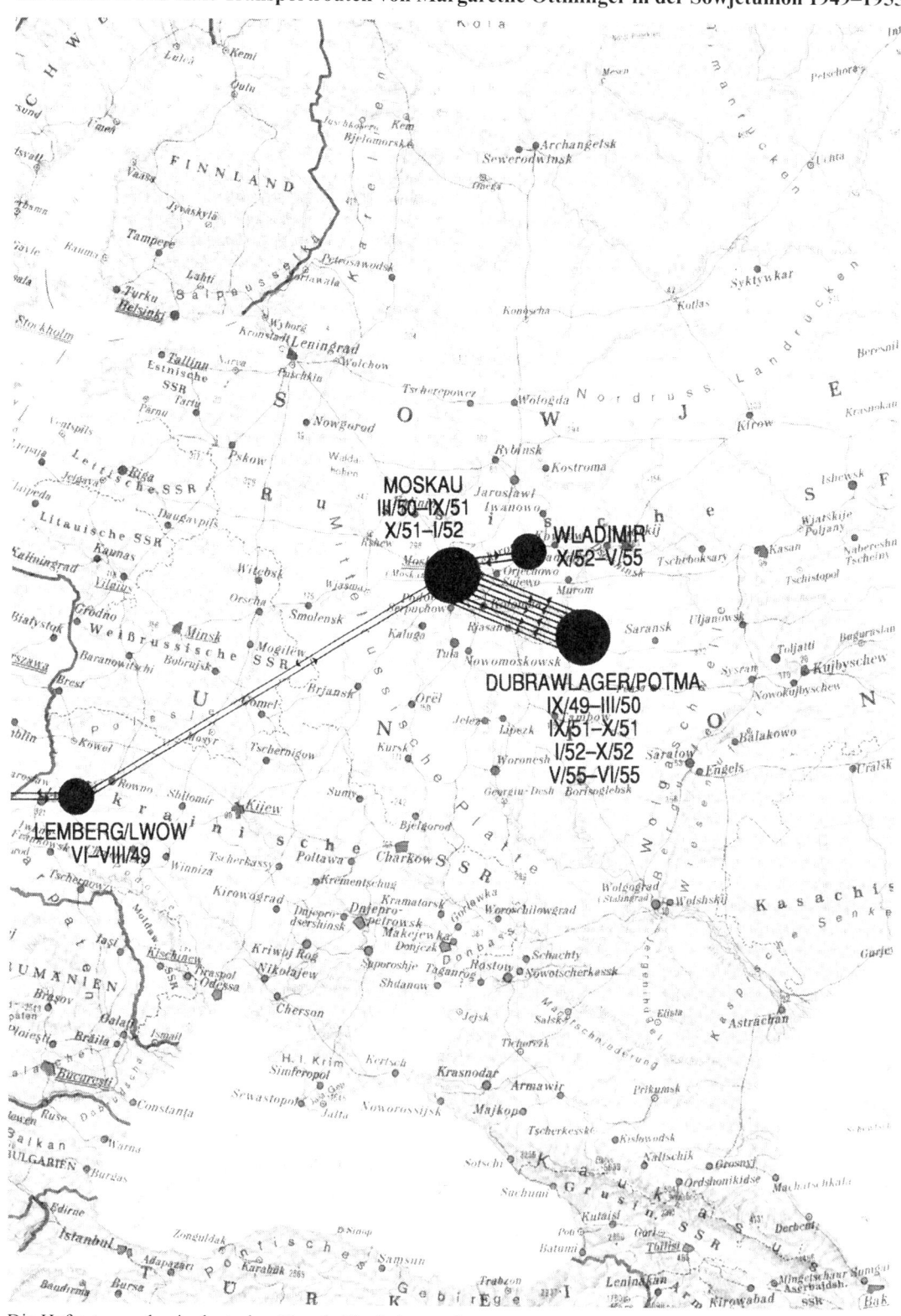

Die Haftorte wurden in deutscher Umschrift wiedergegeben.

Der Fall Margarethe Ottillinger

Die Verhaftung auf der Ennsbrücke

Freitag, 5. November 1948, späterer Nachmittag, knapp nach 17 Uhr. Ein Fahrzeug erreicht den sowjetischen Kontrollpunkt an der Brücke über die Enns bei St. Valentin – hier hört die amerikanische Besatzungszone auf, beginnt die sowjetische –, eine heiße Nahtstelle im Kalten Krieg. Im Auto Peter Krauland, Minister für Vermögenssicherung und Wirtschaftsplanung, und Margarethe Ottillinger, mächtigste Beamtin der Republik und seine enge Vertraute. Es ist nicht das Ministerauto, sondern Ottillingers Dienstwagen. Die Sowjets wissen auch, was beide bei sich tragen: Eine Aktentasche voll höchst geheimer Pläne, die Stahlproduktion der Hütten Linz und Donawitz gleichmäßig auf alle österreichischen Betriebe zu verteilen und sich Mehrlieferungen an sowjetische USIA-Betriebe, die bis dahin zwangsweise gratis getätigt wurden, entsprechend bezahlen zu lassen.

Dies war wenige Stunden zuvor bei einer Geheimsitzung in der Voest[1] beschlossen worden, an der Krauland, Planungschefin Ottillinger sowie Hans Malzacher als Voest-Konsulent, Kraulands Berater für den Marshall-Plan (ERP), Hans Igler[2] und Kraulands persönlicher Wirtschaftskonsulent Walther Kastner[3] teilnahmen. Anlass und Tarnung für das geheime österreichische Treffen war eine offizielle, programmatische Rede von Bundeskanzler Leopold Figl[4] in der Vöest-Hütte Linz, der mehrere Regierungsmitglieder und der oberösterreichische Landeshauptmann Heinrich Gleißner[5] beiwohnten. Die Sowjets wußten nicht nur von der öffentlichen Figl-Rede, sondern bekamen auch Kenntnis von der anschließenden Geheimsitzung. Kein Alliierter und besonders kein sowjetischer Agent war bei dem Treffen hinter verschlossenen Türen dabei, es war eine rein österreichische Besprechung mit Ottillinger und Krauland.[6]

Doch abgesehen hat man es nicht auf den Minister, sondern auf Ottillinger. Die junge Karrierebeamtin, zuständig für den Stahlplan der Regierung und involviert in die Planungen für den Marshall-Plan, gilt dem sowjetischen Geheimdienst schon längere Zeit als Spionin im Solde der Amerikaner. Zudem hat sie eine enge Beziehung zum sowjetischen Stahlfachmann Andrej I. Didenko, dem sie schließlich 1946 auch zur Flucht in den Westen verhilft. Aus sowjetischer Sicht ein Kapitalverbrechen, nicht nur für Didenko, sondern auch für die hohe österreichische Regierungsbeamtin. Beschattung, Observation, verklausulierte Drohungen, vermeintliche „Ratschläge". Doch alle Warnungen bleiben wirkungslos. Auch haben die Sowjets wenig Beweismaterial gegen sie. Dies ändert sich jedoch schlagartig, als die sowjetische Gegenspionage den österreichischen Kriminalbeamten und US-Agenten Alfred Fockler festnimmt. Denn Fockler belastet im Verhör am 28. August 1948, vermutlich unter Drohungen und Folter, Ottillinger schwer.[7] Nun wartet man nur noch auf eine günstige Gelegenheit. Zweieinhalb Monate später ist sie da.

Ottillinger fährt in ihrem Dienstauto, gemeinsam mit Minister Krauland, dessen Dienstwagen gerade in der Werkstatt steht, von der Geheim-Sitzung in Linz zurück nach Wien. Den Vorsitz im Alliierten Rat, der sich mit den Fällen von Kidnapping von Politikern zu befassen hat, haben noch bis zum 12. November die Franzosen. Von ihnen, so vermeinen die Sowjets, ist wenig Protest zu erwarten, was sich bald als falsche Annahme herausstellt. Daher erfolgt der Zugriff der sowjetischen Gegenspionage/Spionageabwehr auf Margarethe Ottillinger am 5. November 1948 – mitten auf der Ennsbrücke, in Gegenwart ihres Ministers.[8]

Doch eigentlich geht es bei der Verhaftung Ottillingers um wesentlich mehr, es geht um die wirtschaftliche Einheit Österreichs. Diese soll der von Ottillinger und ihrem Stab ausgearbeitete Stahl-Plan weiter absichern, weil er die sowjetischen USIA-Betriebe (die Flaggschiffe des ehemaligen Deutschen Eigentums in der Sowjetzone) nicht mehr bevorzugte.

Mehr als die Hälfte des österreichischen Stahls hat man den Sowjets bislang gratis geliefert, dies sollte mit dem Stahl-Plan ein Ende haben. Für die Sowjets ist klar, einen derartigen Schlag würden ihre schlecht geführten Betriebe nicht dauerhaft überleben. Sie würden jenen Kostenvorteil verlieren, der ihnen noch eine gewisse Konkurrenzfähigkeit erhalten hat. Sie müssten ihr Wirtschaftsimperium USIA und damit auch die Chance auf mehr Einfluss, Macht und auf eine wirtschaftlichen Zweiteilung des Landes verlieren.[9] Die Festnahme Ottillingers soll aber auch Krauland, der ja Immunität besitzt und den man als „Amerikaner-Freund" kennt, deutlich die rote Linie vor Augen führen und seinen Kurs ändern.

Die Grenzsoldaten, Staršina Petriga und Untersergeant Egorov,[10] sind vorbereitet. Petriga kontrolliert die Ausweispapiere noch vor dem Schranken; jene Ottillingers besonders lange. Er gibt die Papiere jedoch zurück und das Zeichen für die Weiterfahrt. Dennoch geht der sowjetische Schlagbaum nicht hoch. Da reißt Petriga die Beifahrertür auf, setzt sich auf den vorderen Beifahrersitz und befiehlt dem Chauffeur nach vorne zu fahren. Jetzt erst geht der Schlagbaum hoch.[11] Der Wagen fährt ein paar Meter zu einem Wärterhäuschen, einer Art Brücken-Kommandantur. Dort steht Untersergeant Egorov mit einer MP und lässt nur den Chauffeur aussteigen. Ab jetzt geht alles blitzschnell. Ottillinger erfasst geistesgegenwärtig die Situation, schiebt Krauland die Aktentasche mit dem geheimen Stahl-Plan, ihrem Notizbuch mit allen Telefonnummern und Namen ihrer Kontaktpersonen zu und hält den Grenzer noch an den Schultern fest, während sie ihrem Chauffeur zuruft: *„Rückwärts, schnell, schnell!"* Dieser springt zurück in den Wagen, versucht den Rückwärtsgang einzulegen. Die österreichischen

Die Verhaftung auf der Ennsbrücke | 17

Grenzposten auf der amerikanischen Seite der Brücke sehen das Drama. Auch sie sind neu. Erst einen Monat zuvor, am 3. Oktober, haben sie von der amerikanischen Militärpolizei die Kontrolle an der Zonengrenze (Ennsbrücke) überantwortet bekommen.[12] Um zu helfen, öffnen sie ihren Schlagbaum. Zu spät.

Der Wagen rollt nur wenige Meter rückwärts. Zu wenig. Blitzschnell hat sich der Grenzsoldat losgerissen und den Gang herausgenommen: „Stoj! Stoj!" Der Wagen steht noch auf der sowjetischen Seite der Zonengrenze. Egorov und mehrere Grenzsoldaten laufen heran, umstellen den Wagen und fordern Krauland und Ottillinger auf, auszusteigen. Widerstand gegen die Festnahme, so vermerkt das Protokoll ausdrücklich, wird nicht geleistet. „Nix gut Papier", hört Ottillinger, wie ein Soldat einen ersten Grund für den Stopp nennt. Beide werden, weil es Krauland vorerst ablehnt, Ottillinger allein zu lassen, auf die sowjetische Kommandantur am Ortsrand des nahen St. Valentin, mit Blick zur Enns, eskortiert.[13]

Dort wartet schon Oberleutnant Levitan von der sowjetischen Gegenspionage des Ministeriums für Staatssicherheit (MGB, siehe Grafik auf Seite 240)[14]. Krauland, kreidebleich, erklärt sofort seine Immunität als Minister, während man Ottillinger vorwirft, NS-Mitglied gewesen zu sein.[15] Krauland weist dies schroff zurück, denn als Spitzenbeamtin der Republik sei sie gründlich überprüft worden. Und vielleicht wolle man ja eine andere Frau verhaften und es liege eine Verwechslung vor. „Dies muss noch geklärt werden", entgegnet der sowjetische Kommandant, weshalb man Ottillinger hierbehalten werde. Der Minister könne weiterfahren, „weil es keinen Zweck hat zu warten". Er tut es und lässt die kaum 29-Jährige gegen 18 Uhr allein zurück; vielleicht in dem Glauben, die Sache würde sich bald als Irrtum herausstellen und in Wien könne er, im Gespräch mit dem sowjetischen Hochkommissar Vladimir V. Kurasov, mehr für die Festgenommene erreichen. Als der Chauffeur mit dem Minister gerade losfahren will, bittet Ottillinger die Grenzorgane, noch Unterlagen aus dem Wagen holen zu dürfen, läuft in den Hof der Kommandantur, klopft an das Fenster des Autos. Sofort ist sie von Soldaten umringt. An Flucht ist nicht zu denken. Sie öffnet die Wagentür von außen, da liegt ihre Aktentasche. Schnell nimmt sie Ausweise und ihr Geldbörsel heraus. In diesem Moment versucht ein Grenzsoldat die Aktentasche an sich zu nehmen, was Krauland geistesgegenwärtig verhindert, als er diese schroff zum Eigentum des Ministeriums erklärt. Ottillinger überkommt dennoch ein Gefühl der Verlassenheit und sie spürt: *„Dies ist der Moment, der über mein weiteres Leben entscheidet."*[16]

Nach einer ersten Aufnahme ihrer Personalien[17] und einer erkennungsdienstlichen Behandlung (Fingerabdrücke) werden ihre Handtasche durchsucht und ihr von Leutnant P[etr] Fedotov (der als Dolmetsch fungiert) im Beisein von Major Bondarenko und dem Soldaten Hilsov sämtliche persönliche Dokumente abgenommen. Dazu gehören Personalausweise, die Staatsbürgerschaftsurkunde, zwei Meldescheine, verschiedene persönliche Notizblätter, zwei Briefe, neun persönliche Fotos und jene 2740.– Schilling, die sie eben aus ihrer Aktentasche geholt hat.[18]

Man beginnt mit dem ersten Verhör. Vier Russen sitzen ihr gegenüber: MGB-Major Bondarenko als Untersuchungsoffizier, Leutnant Fedotov als Dolmetsch, elegant sich gebend, jung, schlank, kantiges Profil, Schnurrbart, groß gewachsen, spitze Nase, sich immer wieder im Spiegel besehend, dazu ein sowjetischer Unteroffizier, etwas dicklich, gemütlich wirkend, sowie ein einfacher Soldat, der lediglich in einer Ecke sitzt und dem Verhör beiwohnt.[19] Der Vorwurf lautet nun nicht mehr: NSDAP-Mitgliedschaft, sondern Spionage für die Amerikaner. Sie soll „alles" zugeben, denn „wir haben alle Unterlagen und Beweise". Die Einschüchterungen wirken nicht. Ottillinger unterschreibt das Protokoll nicht. Es gibt daher im Akt nur ein begonnenes Verhörprotokoll vom 6. November. Dieses wird erst am nächsten Tag fertiggestellt werden. Die vier verlassen das Zimmer. Zurück bleiben grübelnd Ottillinger und ein Wachsoldat.

Ein Soldat bringt ihr, gegen Bezahlung, Milch, Eier, Semmeln. Das Retourgeld zählt er ihr penibel vor. „Die Eier weich oder hart gekocht, oder in Fett gebraten?" Die Milch stellt er auf den Ofen, damit sie warm hält. Dann bleibt Ottillinger mit ihrem Wächter wieder allein, ohne Waschmöglichkeit darf sie sich auf einen Diwan legen, das Gesicht im grellen Licht einer Elektrobirne, dem Wächter zugewendet.[20] Jetzt ist Ottillinger endgültig klar, ihre Festnahme ist kein Missverständnis. Sie ist nun eine Gefangene der sowjetischen Staatssicherheit.

Auch die Verhörversuche am Vormittag des 6. November in St. Valentin enden wie schon am frühen Morgen: ergebnislos. Diesmal hat man es mit Anschuldigungen versucht, Ottillinger sei mit dem sowjetischen Stadtkommandanten von Wien, General-Leutnant Nikita F. Lebedenko[21] in einem Auto gesehen worden, ebenso mit der Beschuldigung, Spione hätten traditionsgemäß zwei Wohnsitze: Ottillinger wohnte sowohl bei ihren Eltern in Steinbach als auch in Wien, drei Monate, vom 22. Mai bis zum 6. September 1947 (aus Gründen des Schutzes vor einer Festnahme durch sowjetische Organe, wie sie selbst oft betonte) „als Gast" in der Wohnung ihres Ministers Krauland. Allerdings sehr zum Missfallen von Kraulands Gattin Vera.[22] Ottillinger unterschreibt wieder nicht, ein Protokoll dazu fehlt. Das Verhör-Kommando zieht wieder ab.

Plötzlich, um etwa 15 Uhr, bringt Dolmetsch Fedotov ihren Necessaire-Koffer von zu Hause. Ein österreichischer Gendarm hat ihn in Steinbach geholt und den Sowjets übergeben. Eine verschlüsselte Nachricht von zuhause findet sich darin nicht.

Die Verhöre der sowjetischen Spionageabwehr in Baden bei Wien

Noch am späten Nachmittag des 6. November wird sie zum Kommando der Zentralen Gruppe der sowjetischen Streitkräfte für Ungarn und Österreich nach Baden bei Wien überstellt – auf dem Rücksitz eines schwarzen, russischen Pkw, eingezwängt zwischen zwei Soldaten mit Maschinenpistolen. Ihr gegenüber im Wagen sitzt auf einem Notsitz Leutnant Fedotov. Major Bondarenko hat neben dem ebenfalls uniformierten Chauffeur Platz genommen. Die stundenlange nächtliche Fahrt führt auf holprigen Straßen über St. Pölten und Wiener Neustadt nach Baden und verlangt ihr die letzten Kräfte ab.

Mehrfach versucht sie bei dieser Fahrt auf sich aufmerksam zu machen, besonders wenn der Wagen Gendarmen passiert, und einmal, als der Chauffeur einen Gendarmen nach dem Weg fragt. Zwecklos, der Gendarm erkennt sie nicht und läuft angesichts der sowjetischen Insassen davon.[23] *„Plötzlich leuchtete vor uns ein roter Stern auf, der über einem hölzernen Tor prangte. Ein österreichischer Polizist riss es auf, ohne mich zu gewärtigen. Wir hielten in einem mondbeschienenen, fast unwirklich anmutenden Hof. Alles wirkte auf mich gespenstisch, kulissenhaft: kleine, villenartige Häuser, ein langgestrecktes Gebäude".*[24]

Es ist schon nach Mitternacht, Sonntag, 7. November 1948. Sowjetischer Feiertag, 31 Jahre „Große Oktoberrevolution". An Ruhe ist nicht zu denken, aber: Erstmals eine Waschmöglichkeit. Ein Topf mit Wasser wird ihr gebracht, dazu ein Becher, zum Zähneputzen. *„Der Dolmetsch nahm mir meinen kleinen Necessairekoffer, der mir in St. Valentin von zu Hause gebracht worden war, ab und trug ihn ins Gebäude. Wir gingen eine kleine Stiege hinauf und dann durch einen langen Korridor. Eine Tür öffnete sich und wir betraten einen Raum, in den bald Schreibtische gebracht wurden und Uniformierte eintraten. Die Schreibtische wurden um den meinen in einem Geviert gruppiert, aus dem ich nicht mehr heraus konnte. Ich war todmüde. Auch meine Begleiter und die Uniformierten schienen müde."*[25]

Noch vor Tagesanbruch, um 5.30 Uhr, geht plötzlich die Tür auf und MGB-Leutnant Fedotov, der Dolmetsch, betritt den Raum. Dahinter Major Prichodko, Offizier der Spionageabwehr des Truppenteils 32750 der Zentralen Gruppe der sowjetischen Streitkräfte, sowie bewaffnete Wachsoldaten. Das Verhör wird in deutscher Sprache geführt, Fedotov „über seine Verantwortung für die Richtigkeit der Übersetzung aufgeklärt", was dieser auch zu unterfertigen hat. Dennoch hat Ottillinger von Anfang an den Verdacht, dass er nicht alles, was sie sagt, auch übersetzt.[26]

Man hat sich vorbereitet. Wenige Wochen zuvor hat die Spionageabwehr einen bedeutenden Fang gemacht, den österreichischen Kriminalbeamten und US-Spion Alfred Fockler, alias Alfred Müller, alias Arthur Friedmann.[27] In den Verhören belastet er, wohl unter Folter, auch Ottillinger, die er persönlich gar nicht kennt. Jetzt bekommen diese Aussagen eine große Brisanz: Sie sei eine Agentin des US-Geheimdienstes und werde von Oberst Edwin M. J. Kretzmann,[28] dem Chef der politischen Abteilung der „G-2"[29] geführt.

Die Anschuldigungen passen in die sowjetischen Wahrnehmungen und Recherchen über Ottillinger: Sie hat den Stahlplan gegen die Sowjets aufgestellt, die Produktionszahlen der USIA insgeheim und auch illegal erhoben und an die Amerikaner weitergeleitet und mehrfache Fluchthilfe in die westlichen Zonen geleistet: für Hans Hohn, der Fabriksmaterial aus Moosbierbaum vor den Sowjets versteckt und in die US-Zone geschafft hat,[30] für den hohen Polizeibeamten Ottmar Spahn sowie für den wichtigen sowjetischen Stahlexperten Andrej I. Didenko. Jenen Mann, der mitgeholfen hat, die noch stillgestandene Vöest wieder in Betrieb zu setzen, der sie liebt, der zum Gegner übergelaufen ist und den man seit zwei Jahren in Deutschland sucht.[31]

Major Prichodko kommt gleich zur Sache: „Haben Sie Bekannte unter den Russen?" Ottillinger verneint, muss aber schnell zugeben, mit einer ganzen Reihe von ihnen 1946, als sie noch im Fachverband der Eisenerzeugenden Industrie der Wirtschaftskammer am Opernring 13–15 arbeitete, bekannt geworden zu sein. Unter ihnen mit dem Leiter des Chemiereferates im sowjetischen Teil der Alliierten Kommission für Österreich, Hauptmann Ljusov, mit Ingenieur Andrej Didenko, der u. a. Ein- und Ausfuhr-Genehmigungen für Firmen von der sowjetischen in die westlichen Zonen und umgekehrt erteilte, mit Ingenieur Georgij A. Kulagin[32], dem Leiter der sowjetischen Wirtschaftsabteilung, der Didenko nach Wien brachte und mit dem sich Ottillinger und Krauland in der Folge öfters trafen (in Donawitz beim Anblasen eines Hochofens oder im Juli 1948 in London bei der für Österreich erfolgreichen Konferenz zum Marshall-Plan)[33], sowie mit General E. M. Borisov, dem Leiter der USIA. Dazu mit einer Reihe westlicher Experten, wie Ladenburg, Willcox und Worth, die für die Durchführung des Marshall-Plans verantwortlich waren, sowie mit den US-Agenten Edwin M. J. Kretzmann und Charles B. B. Friediger.[34]

1946 lernte Ottillinger auch Minister Peter Krauland kennen, immer wieder treffen sie einander bei dienstlichen Anlässen, in Donawitz, in Kapfenberg. Krauland schätzt ihre Arbeit, ihren Intellekt und ihre Verbindungen. Im Februar 1947, noch keine 27 Jahre alt, ist sie Leiterin der Planungssektion in seinem Ministerium. Eine Blitzkarriere. Und vielen altgedienten Ministerialbeamten vorgesetzt! Didenko, der von Ottillinger ebenso fasziniert ist wie Krauland, sucht ihre Nähe, macht sie mit sowjetischen Experten und Betriebsführern der USIA bekannt: Mit dem sowjetischen Direktor der „Eisen & Stahl AG"[35] in Wien, Hauptmann Polinskij,[36] mit dem sie sich mehrfach trifft, mit Hauptmann Korejko, der ihr Informationen über die Verteilung der Kohle in der sowjetischen Zone gibt, oder mit dem sowjetischen Emigranten Volkov, einem Beschäftigten der Handelskammer am Wiener Stubenring 8–10, den Didenko als seinen „guten Kameraden" bezeichnet.[37]

Längst hat sie der sowjetische Geheimdienst im Fokus, jede ihrer Aktionen wird registriert. Prichodko liegen die Berichte der Agenten vor. Aber er braucht ein Geständnis. Und er ist erfolgreich. Ottillinger gesteht, mit *„Feinden der Sowjetunion"* Kontakte gehabt zu haben und mit dem entsprungenen *„Vaterlandsverräter"* Didenko näher bekannt gewesen zu sein, ja, ihm zur Flucht in den Westen verholfen zu haben. Sofort hakt Prichodko nach, denn er braucht auch einen schnellen Erfolg, immerhin intervenieren für Ottillingers Freilassung die österreichische Regierung, die USA, Frankreich und Großbritannien. Ottillinger im Verhör zu Prichodko: *„Anfangs, im Frühling 1946, waren unsere Treffen im ‚Imperial' rein dienstlich, aber dann begann er mir den Hof zu machen. Unsere Treffen häuften sich"*.

Im September 1946 sollte Didenko, auf Befehl Moskaus, seinen Urlaub in der Sowjetunion antreten, bekam jedoch wegen seiner streng verbotenen Kontakte zu Amerikanern und Briten, wie etwa auch zum britischen Geheimdienst-Oberst Watson,[38] und vor allem zu Ottillinger Angst, das MGB könnte von seinen illegalen Verbindungen erfahren haben und ihn in Moskau zur Rechenschaft ziehen. Daher beschloss er, sich in die britische Zone abzusetzen, und bat Ottillinger, ihm bei seiner Flucht zu helfen. Über ihre Motive sagt Ottillinger später in einem Verhör kurz: *„Ich habe ihn geliebt"*.[39]

Ottillinger informierte Minister Krauland, der sie auf die Gefahr ihrer Beziehung hinwies, von Didenkos Absicht und erhielt von diesem, mit Hilfe von CIC[40]-Oberst Kretzmann, binnen zehn Tagen die Adresse einer amerikanischen Geheimdienst-Stelle in Linz. Diese würde Didenko die notwendigen gefälschten Papiere (Aufenthaltsbewilligung, Personaldokumente) und eine Arbeitsmöglichkeit beschaffen.

Tatsächlich setzte sich Andrej Didenko in seinem Urlaub, im September 1946, gemeinsam mit Volkov und mit einem von Volkov gefälschten Indentitätsausweis in einem gemieteten Taxi bei Mariazell in die britische Zone ab, und fuhr nach Graz. Hierher war auch Ottillinger für ein paar Tage „dienstlich" gekommen. Die beiden trafen einander in der Grabenstraße 167, in der gemieteten Wohnung Ottillingers. Beiden war klar geworden, in welche gefährliche Situation sie nun geraten waren. *„Didenko gestand mir, dass er mich sehr liebe und es nicht zulassen würde, dass ich in diese Sache hineingezogen werde"*.[41] In Graz trennten sich die beiden. *„Ich gab ihm Lebensmittelkarten und die Adresse der Eisen- und Stahlwerke in Linz* [spätere Voest]*"*.[42]

Ottillinger kehrte erst zu Jahresbeginn 1947 wieder ins Ministerium nach Wien zurück. Didenko ließ sich von den Briten festnehmen und wurde auf seinen Wunsch nach Linz, in die US-Zone, überstellt. Beide sahen einander nie wieder. Auf ihre Fragen nach seinem Verbleib, erhielt sie von Kretzmann keine Antwort. Was sie nicht mehr erfuhr: Didenko war von den Amerikanern angeworben worden. Von sowjetischer Seite am 27. August 1949 in Abwesenheit bereits zu 25 Jahren Haft verurteilt, wurde er am 13. April 1951 von sowjetischen Organen in Deutschland aufgespürt und verhaftet.

Er landete in der schrecklichsten aller psychiatrischen Anstalten der Sowjetunion, in Kazan', wo sich seine Spur auch verliert.[43]

Aufgrund ihrer engen Freundschaft mit Didenko rechnete Ottillinger täglich damit, für ihre Fluchthilfe von den Sowjets verhaftet zu werden, weil *„ich genau verstand, dass mein enges Verhältnis zu Didenko den Russen nicht unbekannt sein konnte"*.[44] Noch während sie in Graz im Auftrag der Bundeshandelskammer weilte, waren sowjetische Offiziere aus dem Hotel „Imperial" zu ihrer Mutter nach Mauerbach gekommen, und hatten gefragt, ob Didenko bei ihr wohne. Etwa einen Monat später tauchten zwei österreichische Kriminalbeamte im Büro Ottillingers auf und fragten ebenfalls nach dem Verbleib Didenkos. *„Die Informationen benötige ein sowjetischer Major"*. Im März 1947 schließlich warnte sie der ihr bis dahin nicht bekannte US-Agent Charles Friediger, *„dass mich die Russen verfolgen und dass ich sehr wohl wüsste, warum!"* Prichodko hat, was er als ersten Anklagepunkt braucht: Beihilfe zum „Vaterlandsverrat".[45]

Schutz vor einer Verhaftung fand Ottillinger im Februar 1947 beim US-Geheimdienst „ODI".[46] Charles Friediger brachte sie in seinem eigenen Wagen in ein vom CIC kontrolliertes Hotel im 18. Bezirk, wo sie sich einige Zeit lang auch versteckt halten konnte. Als Gegenleistung sollte sie für den US-Geheimdienst arbeiten, *„weil ich"*, wie sich Friediger ausdrückte, *„infolge meiner Macht über Männer, Kontakte zu Männern knüpfen und Fragen, die die Amerikaner interessieren, aufklären sollte"*. Friediger stellte ihr dafür „ein gutes Leben" und einen „eigenen Wagen" in Aussicht.[47]

Dass Ottillinger in der Vernehmung am 7. November 1948 versichert, die Anwerbung durch die Amerikaner ausgeschlagen zu haben, spielt keine Rolle mehr. Für das MGB ist mit dieser Aussage der zweite entscheidende Tatbestand für die Verhaftung erfüllt: Spionage gegen die Sowjetunion, oder wie auf dem Umschlag des Ottillinger-Aktes mit rotem Farbstift festgehalten wurde: „Amerikanischer Spion".

Nachdem das 11-stündige Verhör am 7. November in Baden beendet ist, wird sie – bereits total erschöpft – zur Leibesvisitation gebracht. Diese nimmt der Gefängnisaufseher, Sergej N. Dobin, selbst vor. *„[...] Man brachte mich zu einem Haus, um das ein Gitterzaun errichtet worden war. [...] Es wurde aufgesperrt und ich stand in einem kleinen Raum, vor einem hochgewachsenen, schwarzhaarigen Uniformierten mit kantigen Gesichtszügen. Meine Begleiter verließen mich, und ich blieb mit dem Mann allein.*

Über seine Aufforderung musste ich mich an die Wand stellen. Er kam an mich heran [...] fasste mich am Arm, zog mir meine Ringe von den Fingern und nahm mir meine Armbanduhr ab. Mit [einem] dolchartigen Messer öffnete er die Uhr, montierte die Zeiger ab und schälte das gesamte Uhrwerk aus dem Gehäuse. Dieses zerlegte er dann genüsslich in alle Bestandteile und warf jeden Bestandteil in eine Militärkappe.

Dann nahm er mir den Gürtel meines Mantels ab und fuhr mir plötzlich mit seinen Fingern in die Haare. Empört schlug ich ihm die Hände zurück. Nach weiteren Versuchen hatte er endlich, was er wollte: Kamm und Spangen.

Weil keine Frau dabei war, wurde mir das Kostüm nicht ausgezogen und die Unterwäsche nicht kontrolliert. So wurde mir auch die Webschnur des Strumpfbandgürtels nicht abgenommen. [...] Nur den Koffer mit den Toilette-Artikeln nahm er mir ab. [...] Seife, Handtuch, Zahnbürste und Kamm warf er mir zu, alles andere blieb im [beschlagnahmten][48] Koffer.

Dann brachte er mich nach wenigen Schritten zu einer eisernen Tür, die er aufsperrte und hinter mir wieder zuschloss. Ich war in der Gefängniszelle: Bettgestell, Einsatz durchhängend ohne Matratzen, Decke oder Polster. An der Wand gegenüber der Tür sah ich ganz oben eine vergitterte Lichtöffnung. Das Fenster hatte man von außen durch eine Verschalung total verdeckt. Dafür war der Boden mit Parketten verlegt".[49]

Krauland, am 5. November 1948 nachmittags, wieder im Dienstwagen Ottillingers, meldet sofort nach ihrer Festnahme auf der Ennsbrücke den Zwischenfall telefonisch vom gegenüberliegenden Gasthaus dem Innenministerium in Wien.[50] Das Telefonat besorgt der Chauffeur. Daraufhin ruft Regierungsrat Johann Müller, Kraulands Sekretär, alle Mitarbeiter des Ministerkabinetts zusammen. Man wartet im Kabinett auf das Eintreffen des Ministers. Nach zwei Stunden kommt Krauland, „ohne Ottillinger, bleich, offenbar unter einem Schock stehend, in sein Büro in das erste Stockwerk der ‚Amalienburg' mit Blick in den inneren Burghof,[51] und presst seine Aktentasche mit beiden Händen an sich". Er begrüßt seine Mitarbeiter kaum, läuft geradewegs in sein Arbeitszimmer und lässt außer seiner Sekretärin und Müller niemanden mehr zu sich. Bevor er die Bürotür schließt, sagt er zu den Wartenden nur: „Die wollten meine Tasche haben!" Knapp ist auch die einzige Information, die ihnen Müller später gibt: „Die [Russen] wollten wissen, was in Linz vereinbart wurde". Im Vorzimmer wird sofort kritisiert, dass der Minister nicht versucht habe, Ottillinger, „mit der er doch befreundet war", von den Sowjets freizubekommen. Hätte er dafür die Aktentasche mit dem geheimen Stahl-Plan „opfern" und die Beschlüsse von Linz weitergeben müssen, fragt man sich. Klar ist allen aber, dass der Minister hinter seiner verschlossenen Tür mit den Sowjets telefoniert und über eine Freilassung Ottillingers verhandelt. Im Tausch versuchen die Sowjets, Einfluss auf den Stahl-Plan und auf die Rohstoffzuteilung für ihre Betriebe zu bekommen. Ein „No Go" für Krauland. Denn er hofft, die Interventionen von allen Seiten würden die Sowjets umstimmen.

Und tatsächlich. Die Franzosen, die den Vorsitz im Alliierten Rat führen, protestieren sofort gegen die Festnahme Ottillingers, sehen darin einen Bruch des Kontrollabkommens und verlangen, die alliierte Kontrolle müsse auch auf die Bundesverwaltung ausgeweitet werden. Dazu bedürfe es eines einheitlichen Prozedere. Briten und Amerikaner schließen sich dem französischen Vorschlag an und bringen zudem neuerlich die Entführungsfälle Katscher, Kiridus und Marek auf die Tagesordnung.[52] Krauland selbst versucht es schon am Morgen nach der Verhaftung Ottillingers und geht zum britischen Hochkommissar, Generalmajor John Winterton.[53] Dieser rät ihm, in einer Protestnote auf eine Einigung der Alliierten aus dem Jahr 1946 hinzuweisen, nach der sich die Alliierten darauf verständigt hätten, „bei Schritten gegen österreichische Zivilangestellte zusammenzuwirken", vor allem, „wenn ihnen die Einzelheiten bestimmter Fälle bekannt gegeben werden". Winterton will den Fall nun energisch vor den Alliierten Rat bringen. In der österreichischen Verbalnote vom 6. November protestiert das Bundeskanzleramt/Auswärtige Angelegenheiten scharf gegen die Verhaftung Ottillingers und ersucht die sowjetische politische Vertretung in Österreich dringend, „entsprechende Vorkehrungen zu veranlassen, Frau Dr. Ottillinger unverzüglich zu entlassen".[54] Unabhängig davon will Figl noch die Gelegenheit des sowjetischen Feiertags am 7. November nützen und persönlich mit den Sowjets sprechen. Gelegenheit dazu hat er beim geladenen Festessen. Dort konfrontiert er die ranghöchsten sowjetischen Militärs in Österreich, Generaloberst Vladimir V. Kurasov[55], und den Polit- und Nachrichtenoffizier Aleksej S. Želtov[56] mit dem Entführungsfall. *„Beide Herren haben sich aber nur mit spitzen Bemerkungen [...] einer solchen Äußerung enthalten. Intern habe ich schon erfahren können, dass Frau Ottillinger bereits einen Anstand mit dem russischen Element hatte, der auf die Desertion eines höheren Stabsoffiziers [nicht Didenko, Anm. d. V.], mit dem sie in Verkehr gestanden war, zurückzuführen ist"*, hielt ein vertraulicher Amtsvermerk des Bundeskanzleramtes/Auswärtige Angelegenheiten dazu fest.[57] Dennoch versucht es Figl am 10. November abermals persönlich bei Želtov. Dieser erklärt dem Bundeskanzler, bereits in Kenntnis der ersten Verhöre und Geständnisse Ottillingers, jedoch trocken, Ottillinger habe sich „nicht nur gegen die Interessen des sowjetischen Elements als solches, sondern auch gegen die sowjetischen Streitkräfte vergangen".[58] Und Želtov drohte unverhohlen, Ottillingers Schicksal solle auch anderen Beamten der österreichischen Regierung „als Warnung dienen".[59]

Winterton setzt parallel dazu eine Behandlung der Note Figls im Alliierten Rat durch. Dort entspinnt sich eine heftige Konfrontation.[60] Der französische Hochkommissar Marie E. Bethouart[61] kritisiert die Verhaftung Ottillingers als Teil einer Kette von Festnahmen durch die Sowjets, über die keinerlei Erklärung erfolgt sei. Kurasov fordert die alleinige „Kompetenz des sowjetrussischen Hochkommissars", stellt die Unzuständigkeit des Alliierten Rates für derartige Fälle fest und wirft seinen westlichen Kollegen vor, sie würden österreichische Beamte gegen die Sowjets einspannen. Sehr konkret fordern schließlich die Hochkommissare Geoffrey Keyes[62], General Galloway[63] und Bethouart von Kurasov das Recht Ottillingers auf ein faires Verfahren, auf Verteidigung und Zeugen, auf fähige Dolmetscher und auf die sofortige Benachrichtigung der österreichischen Bundesregierung. Vergeblich. Kurasov beharrt weiter auf seiner Linie.

Die Verhaftung Ottillingers wird schnell zu einem Thema der österreichischen Zeitungen. Der „Kurier" druckt am 8. November ein Foto von ihr ab und fragt nach ihrem Aufenthaltsort. Am 9. November titelt die „Wiener Tageszeitung" der ÖVP „Die illegale Verhaftung Ottillingers wird von der Regierung geprüft" und fragt auf Seite 2: „Wo ist Ottillinger? Bis zum heutigen Tag haben die Russen nicht auf den Protest der Regierung geantwortet!" Zwei Tage später erscheint in der „Wiener Tageszeitung" ein Leitartikel unter der Überschrift „Katscher, Marek, Ottillinger".[64] Wenige Tage darauf heißt es im „Wiener Montag": „Nieder mit dem Terror!" Am 16. November nimmt die „Arbeiterzeitung" in ihrem, von Chefredakteur Oskar Pollak verfassten Leitartikel abermals Bezug auf Ottillingers Verhaftung sowie auf den Selbstmord des Chauffeurs des Klubs der Sowjetarmee, Friedrich Böhm. Für beide Fälle macht sie die sowjetischen Besatzer verantwortlich.[65] Bemerkenswert auch die Rede Minister Kraulands, die nahezu von allen österreichischen Tageszeitungen am 25. November 1948 rapportiert wird: *„Lieber den Tod als die Sklaverei!"* Und weiter: *„Die Causa Ottillinger stellt einen Sonderfall dar, weil nun erstmals gegen ein Mitglied der Regierung* [sic!] *vorgegangen wird. [...] Wir sind zu allem bereit, und wir lassen uns nicht unterkriegen [...]. Wir fordern Gerechtigkeit und Loyalität, doch wir betreiben keine antirussische Kampagne".*[66]

Neben der mutigen Berichterstattung und einigen Leitartikeln fordern die Medien eine außerordentliche Parlamentssitzung und eine „Protestnote der Regierung an die UNO angesichts ständig stattfindender Menschenrechtsverletzungen und der Herabsetzung der Menschenwürde".[67] Seit dem Einmarsch der Roten Armee waren von der Besatzungsmacht Tausende Österreicher festgenommen, Hunderte verschleppt und nach sowjetischen Angaben bis zum 9. April 1948 500 Personen von Militärtribunalen der Sowjettruppen verurteilt worden; 200 von ihnen wegen Diebstahls, Randalierens, Autounfällen, unerlaubtem Waffenbesitz oder anderer Kriminalvergehen, die restlichen 300 aus politischen Gründen und Spionagevorwürfen.[68] Unter den Verhafteten waren der niederösterreichische Landtagsabgeordnete Franz Gruber (wegen illegalen Waffenbesitzes)[69], die Bürgermeister Zehetgruber (Purgstall) und Johann Wetzelhofer[70], die drei Zivilisten Edmund Feilmaier und Marianne Panholzer (wegen Fotografierens nahe der Zonengrenze), die Hainburgerin Hilde Esche (aus unbekannten Gründen), drei Ingenieure des Öllagers in der Lobau (Ing. Walter Blazjowsky, Ing. Walter Schuh und Erwin Wertel),[71] der Raffinerie-Arbeiter Rudolf Sterk und der Jäger August Loibl.[72] Die sowjetische Kommandantur in Wiener Neustadt nahm 1948 u. a. die Österreicher Dr. Rafael Spann (wegen Spionage), Eduard Czubik (wegen illegalen Waffenbesitzes), Gustav Schweiger (wegen Spionage) und Johann Kaiser (wegen Spionage) fest.[73] Die geharnischten Proteste hatten wenig Erfolg. Meistens erfuhren die österreichischen Behörden weder die Gründe für die Verhaftungen noch den Aufenthaltsort der Österreicher.[74]

Allein zwischen 1. Jänner und 7. November 1948 wurden in Österreich Verhaftungen von 268 Personen durch Sowjetorgane bekannt. 116 von ihnen hatten die Sowjets wieder freigelassen, die übrigen blieben weiter in Haft. Mehr als die Hälfte aller Anfragen nach ihrem Verbleib waren unbeantwortet geblieben. Otto Tschadek, SPÖ-Abgeordneter und neu ernannter Justizminister, erklärte in der Sondersitzung des Nationalrates am 8. November: „Österreich hat den traurigen Ruf, ein Land zu sein, in dem Menschen entführt werden. Wenn wir uns diesen Entführungen entgegenstellen, teilt man uns mit, dass wir eine antisowjetische Hetzjagd betreiben würden. Wir möchten, dass unsere Bürger mit der Überzeugung, am Abend wieder nach Hause zurückzukehren, auf die Straße gehen können. Diese Sicherheit haben die Österreicher nicht in allen Zonen". Und ÖVP-Staatssekretär Ferdinand Graf ergänzte, die Österreicher wären „Freiwild" geworden, dem „jeder, der im Besitz der Macht ist, nachstellen" könne.[75]

Eine der Festgenommenen ist Margarethe Ottillinger. Sie sitzt in Untersuchungshaft in Baden. Hier, im Untersuchungsgefängnis beginnt man mit der in sowjetischen Voruntersuchungen angewandten Methode: Das Erheben des Umfeldes der Beschuldigten, deren personelle Verbindungen und Verflechtungen, das Verwerten von Informationen aus Verhören Festgenommener – letztlich die Konstruktion eines Tatbestandes, aufgebaut vorwiegend auf Verdächtigungen, Lügen und Beschuldigungen. Wenn möglich sollte ein ganzes Netzwerk an antisowjetisch tätigen Personen dargestellt und enthüllt werden.[76]

Wie erwähnt, war knapp sieben Monate vor Ottillingers Verhaftung, am 23. April 1948, Alfred Fockler, 41 Jahre alt, wohnhaft in Wien VI, Köstlergasse 5/12, Kriminalbeamter, von der sowjetischen Gegenspionage ebenfalls auf der Ennsbrücke[77] festgenommen worden. Der Vorwurf: Spionage gegen die Sowjetunion im Auftrag der US-Dienste. Fockler hatte bereits eine schillernde Biographie hinter sich (siehe S. 178–180). Die Stationen: Wien, Minsk, Wien und Köln, wo ihn die US-Aufklärung anwarb und in die USA brachte, in einem Trainings-Camp als Agent ausbildete und im Frühjahr 1945 per Flugzeug nach Washington entsandte. Dort begann er im „PIO" (Prisoners of War Interrogation Office) als Fahnder zu arbeiten und entwickelte erfolgreich ein System für die Suche nach ehemaligen Gestapo-, „SD"- und „SS"-Mitarbeitern. Danach unterrichtete Fockler Kriminalistik und Verhörmethoden bei speziellen Kursen für amerikanische Offiziere. Und: „Zwei Wochen nach meiner Ankunft in Washington wurde ich Oberst Kretzmann vorgestellt, der damals im Range eines Oberstleutnants war". Im Herbst 1945 arbeitete Fockler wieder in Wien. Ende Februar 1946 erhielt er vom US-Verteidigungsministerium gefälschte Papiere auf den Namen Alfred Müller und wurde zum „G-2" des Vereinigten Alliierten Kommandos (SHAEF) in Europa, in Frankfurt/Main, abkommandiert. Von dort wechselte Fockler wiederum nach Wien, ins „G-2" des US-Oberkommandos in Österreich, wo er zunächst im Büro für Sicherheit („Security Office") und danach als offizieller Mitarbeiter des US-Geheimdienstes „SSU" („Strategic Services Unit") tätig war (siehe Grafik Seite 240). Das österreichische Innenministerium vermerkte dazu lapidar: „Er wurde von einer amerikanischen Dienststelle angefordert" (siehe Biographie Fockler im Anhang). Tatsächlich trat Fockler im Sommer 1947 im Zuge der Reorganisation der „SSU" in den wiedererrichteten US-Geheimdienst „ESD-22" („External Survey Division") ein, wo er als offizieller Mitarbeiter bis zu seiner Verhaftung am 23. April 1948 arbeitete. Fockler spionierte, ebenso wie Charles Friediger und andere, gegen die sowjetischen Streitkräfte und Einrichtungen in Österreich. Dazu hatte er ein Netz spezieller, von ihm angeworbener Agenten zur Verfügung.[78]

Seine Aufgaben waren vor allem die Informationsbeschaffung jedweder Art, die Erkundung von Truppen- und Materialbewegungen, von Produktions- und Beschäftigtenzahlen sowjetischer Einrichtungen, vor allem von Kasernen, von militärischen Einheiten, der Sowjetischen Mineralölverwaltung, der USIA-Betriebe, das Einschleusen von Spionen in die sowjetischen Verwaltungs- und Militärdienststellen sowie das Anwerben aktiver sowjetischer Mitarbeiter aus dem Alliierten Rat, aus den Kommissionen und Stäben. Selbstredend gehörten dazu die alltäglichen Routinearbeiten, wie die Ausstellung gefälschter Ausweise und Dokumente, die Herstellung neuer personeller Identitäten und das Training für Aufgaben im Einsatz gegen sowjetische Einrichtungen.

Focklers Aussagen in den Verhören geben einen kleinen Einblick in die Geheimdienst-Drehscheibe Wien der ersten Nachkriegsjahre. In seinem ersten Verhör, am 23. August 1948 in Baden, erzählte er etwa, wie die US-Aufklärung im Sommer 1947 versuchte, für ihren Agenten Dal'skij (Pseudonyme: „Polevoj" und „Abramov"), einem ehemaligen Leutnant der Technischen Truppen der Sowjetarmee, und für einen Russen namens Petrov, Ein- und Ausreisebewilligungen für Moskau zu bekommen. Wobei Dal'skij nach Moskau nur mitfuhr, „um herauszufinden, ob Petrov wirklich so ist, wie er sich gibt".[79] Fockler sollte der Überbringer sein. ESD-Chef, Major Harris, wandte sich an Charles Friediger, der einen Weg wusste, an die gefälschten Papiere zu kommen. Fockler: „Laut Friediger sollte sich sein Agent, eine österreichische Frau, in Mödling mit einem russischen Offizier treffen und von ihm das benötigte Dokument bekommen". Es klappte: Binnen sechs Wochen hatte man zwei gefälschte Dokumente, versehen mit allen notwendigen sowjetischen Unterschriften und Stempeln und dafür die enorme Summe von 30.000 Schilling an den sowjetischen Offizier bezahlt. Die beiden reisten Ende Juni/Anfang Juli 1947 aus und wollten über Prag nach Moskau. Die Mission schlug allerdings fehl. Die US-Aufklärung erhielt später die Information, dass sich Dal'skij in Prag das Leben genommen hatte und Petrov von den sowjetischen Behörden verhaftet worden war.[80]

Zwei Tage später, zu mitternächtlicher Stunde am 30. August 1948, berichtete Fockler dem MGB-Major Prichodko in englischer Sprache, der sowjetische Offizier in Mödling hätte „Angst bekommen, sich weiter mit [Friedigers] Agenten in Mödling zu treffen und er kommt jetzt nach Wien, wo diese Treffen stattfinden".[81]

Im Mai/Juni 1948, als sich Fockler in Friedigers Büro nach den Fälschungen erkundigte, hörte er, wie Friediger in einem Telefongespräch bat, „zu überprüfen, ob Frau Ottillinger verhaftet worden war. Als er fertig telefoniert hatte, fragte ich ihn, warum er so aufgeregt sei. Er antwortete, dass er Informationen bekommen habe, dass die Russen Ottillinger, die als Sekretärin des Ministers Krauland arbeite, verhaftet hätten. Gleich sagte mir Friediger auch, dass Ottillinger eine Agentin der amerikanischen Aufklärung wäre und wertvolle Informationen dank ihrer Beziehungen zu den Russen hergäbe. Sie wohne im 1. Bezirk. Als ich mich mit Friediger ein paar Tage später wieder traf, fragte ich ihn über das Schicksal Ottillingers. Er sagte mir: ‚Ich bin sehr glücklich, dass sie nicht verhaftet wurde' (buchstäblich). Aufgrund dieser von mir dargebotenen Fakten, die ich aus dem Gespräch mit Friediger über die Papiere und seine Aufregung wegen der Informationen über ihre Verhaftung erhielt, kam ich zum Schluss, dass der Agent dieser Person eine österreichische Frau ist, die über einen russischen Offizier die für die ‚ESD' notwendigen Formulare besorgt".

Sofort hakte Prichodko nach und fragte nach den Gründen für diese Vermutungen. Fockler antwortete konzentriert:

„Erstens, zum Zeitpunkt, als die amerikanische Aufklärung mit Hilfe ihrer Agentin die Formulare aus dem sowjetischen Stab besorgte, machte sich Friediger große Sorgen wegen einer Verhaftung seiner Agentin Ottillinger durch die Russen.

Zweitens, Friediger sagte mir, dass seine Agentin Ottillinger durch ihre Arbeitsposition gute Beziehungen zu Russen habe.

Drittens, ungefähr drei Wochen vor meiner Verhaftung, als ich mich im Hotel ‚Bristol' mit Major Harris, Friediger und anderen Mitarbeitern der US-Aufklärung traf, sagte Harris, dass wir jetzt russische Agenten und neue Informationen bräuchten. Friediger gab mir recht und bedauerte, dass Frau Ottillinger in letzter Zeit keine neuen Beziehungen zu Russen aufgebaut habe und wir deswegen niemanden neuen von den Russen kennen würden.

Viertens, während meiner Arbeit bei der amerikanischen Aufklärung in Wien hörte ich von Friediger zum ersten Mal beim Thema ‚Agentinnen der US-Aufklärung' den Namen Ottillinger. Soweit ich weiß, wurden Frauen sehr selten bei der amerikanischen Aufklärung für Spionage angeworben. Ich weiß, dass die ‚ESD' 1947 aus Washington eine Anweisung bekam, keine Frauen als Agenten anzuwerben.

Aufgrund der oben genannten Fakten vermute ich, dass Ottillinger genau jene österreichische Frau ist, die die notwendigen Papiere für die amerikanische Aufklärung durch einen sowjetischen Offizier besorgt hat."

Fockler zählte auch jene Formulare auf, die sich die US-Aufklärung ebenfalls aus dem Stab der sowjetischen Truppen in Mödling besorgen konnte. Binnen drei Monaten, von April 1947 bis Juni 1947, waren dies zwei Varianten von Dienstreiseaufträgen, eine Lebensmittelkarte, eine Kleiderkarte, Grenzpassierscheine nach Ungarn und in die Sowjetunion, eine Ausreisebewilligung, eine Spitalaufenthaltsbestätigung, eine Wohnbewilligung in Wien sowie ein Soldbuch eines Offiziers. Sie alle sollen von der österreichischen Agentin beschafft worden sein. Fockler: „In mehreren Gesprächen mit Major Harris und Friediger haben sie mir erzählt, dass diese Papiere (Formulare) eine Agentin, eine österreichische Frau, gegen Bezahlung durch einen sowjetischen Offizier, der in Mödling arbeitet, besorgt hat. Ich weiß, dass die amerikanische Aufklärung ‚ESD' die genannten leeren Formulare nach Washington verschickt hat. Nach der Untersuchung des Papiers und Wasserzeichens wurden die Formulare in Washington mehrfach gedruckt und massenweise nach Wien gebracht. Zurzeit benutzt die amerikanische Aufklärung diese Formulare für Spionage gegen die Sowjetunion."[82] Die Verhöre Focklers wurden bald kürzer, die Abstände zwischen ihnen größer.

Etwas mehr als zwei Monate später wird Ottillinger verhaftet, vor allem auf Basis der Beschuldigungen und Aussagen Focklers. Mit den Ergebnissen der ersten Ottillinger-Verhöre und auf Basis eigener Informationen, hatte die sowjetische Staatssicherheit nun ein leichtes Spiel. Fockler wurde für den MGB jener Kronzeuge, der die vermuteten und intendierten Straftaten Ottillingers, nach harten Verhörpraktiken und großem physischen und psychischen Druck, per Unterschrift bestätigte.

Nach den ersten Verhören Ottillingers wird auch Fockler, der in Baden nur wenige Schritte von Ottillinger entfernt in seiner Zelle sitzt, vom gleichen Untersuchungsoffizier, Major Prichodko, stundenlang, vielfach nachts, verhört. Obwohl Fockler gänzlich anderer Spionagevorwürfe wegen inhaftiert ist, wird er immer wieder zu Ottillinger befragt. Und Fockler versucht mit Aussagen über Ottillinger, die er persönlich gar nicht kennt, Vorteile für sich herauszuschlagen. So habe ihm Friediger, als er wieder einmal wegen Dokumentenfälschungen Ende April/Anfang Mai 1947 bei ihm war, gesagt: „Diese Frau ist für mich sehr wichtig. Sie ist Sekretär des österreichischen Ministers Krauland, der das Ministerium für Vermögenssicherung und Wirtschaftsplanung führt. In Anbetracht dessen, dass dieses Ministerium mit den Russen zu tun hat, konnte und kann ich weiterhin über sie gute Informationen bekommen".

Bei einer Sitzung des reorganisierten „ESD-22" charakterisiert Friediger jedes einzelne österreichische Ministerium hinsichtlich seiner Beziehungen zu den US-Stellen in Österreich. Und Krauland, so Friediger, würde sein Ministerium ohne Ottillinger gar nicht führen können, wozu Hauptmann Gardener, der stv. Leiter der ESD, bemerkt: „Ja, Frau Ottillinger ist überall von Nutzen". Major Harris stimmt den Ansichten Friedigers und Gardeners zu: „Das ist richtig. Ohne Ottillinger wäre Krauland nicht Minister!" Zu den Amerikanern sagt Krauland einige Tage später: "[My] Ministry is seriously handicapped by the loss of Ottillinger, both because he has no equally competent and vigorous executive to replace her in the key position she occupied and because her kidnapping has so intimidated many of the officials in [my] Ministry that they are afraid to take any positive action". Und der US-Mitarbeiter in Wien, C. W. Yost, berichtet weiter an den US-Gesandten in Wien, John G. Erhardt,[83] von einer Vermutung Kraulands, Ottillinger wäre von einem Mitarbeiter des eigenen Ministeriums denunziert worden. Keinesfalls wäre ihre Arbeit für den US-Marshall-Plan ein Grund für die Inhaftierung gewesen.[84]

Doch, so berichtet Fockler über das Gespräch mit Friediger weiter, die Amerikaner hätten neue Informationen gefordert, von Washington wäre man bereits gerügt worden, weil die US-Aufklärung in Wien „keine neuen, wertvollen Spionageinformationen über die Russen" mehr bekomme. „Früher", so Major Harris bei einem Mittagessen am 22. März 1948 im Wiener Hotel „Bristol",[85] „erhielten wir von Major Boguslavskij[86] einen wertvollen Bericht über die wirtschaftliche Lage der Russen in Österreich, jetzt [brauchen wir] neue Informationen. Dafür müssen wir wieder so einen Deserteur, wie es Boguslavskij war, anwerben". Denn, so ESD-Chef Harris, „es ist sehr schade, dass Frau Ottillinger in letzter Zeit nicht so hartnäckig und intensiv für uns arbeitet und keine neuen Russen herbringt".

Zurück zu den Verhören in Baden. Nach sowjetischem Verfahrensrecht muss nach einer Festnahme eine Anklage binnen kurzer Frist erfolgen, ansonsten ist die festgenommene Person zu entlassen. Daher muss Ottillinger so schnell wie möglich angeklagt werden. Also wird Fockler am 23. November 1948 noch einmal zu Ottillinger befragt. Und jetzt liefert er dem Untersuchungsrichter nochmals die notwendigen Stichworte, auf dessen Frage, woher er denn wisse, dass Ottillinger eine Agentin der US-Aufklärung sei, antwortete er:[87] „Im März 1946, gleich als ich nach Wien kam, habe ich den Mitarbeiter der amerikanischen Aufklärungsdienstes ‚G-2' Charles Friediger kennengelernt, der dem Chef der Politischen Abteilung der ‚G-2', Oberst Kretzmann, unterstand und ein Verbindungsoffizier zwischen den amerikanischen Aufklärungsdiensten ‚G-2' und ‚SSU', später ‚ESD-22' war. So habe ich […] Ende April/Anfang Mai 1947 von Friediger zum ersten Mal den Familiennamen Frau Ottillinger gehört, dass sie seine Agentin sei und ihm wertvolle Informationen liefere. […] Im Herbst 1947, schon nach der Reorganisation des ‚SSU', nachdem Major Harris der Chef des wieder aufgebauten amerikanischen Aufklärungsdienstes ‚ESD-22' geworden war, gab es eine Sitzung der ‚ESD'-Mitarbeiter, an der auch Friediger teilnahm. Thema der Sitzung war die politische Lage in Österreich, besonders jedes einzelne Ministerium Österreichs im Zusammenhang mit dessen Beziehung zu den Amerikanern.

Am 22. März 1948, im Hotel ‚Bristol' während des Mittagessens, wo Major Harris, Friediger, ich [Fockler], Hauptmann Thomas, Long und andere Mitarbeiter der amerikanischen Aufklärung anwesend waren, kam es zu einem Gespräch über die Arbeit der ‚ESD'. Harris beklagt abermals, dass er von Ottillinger in letzter Zeit ‚keine neuen Russen mehr bekomme'. Für mich", so Fockler resümierend, „war es nach dieser Aussage Friedigers klar, dass Frau Ottillinger über seinen Auftrag sowjetische Bürger in Österreich zum Vaterlandsverrat anstiftete und sie dann in die amerikanische

Spionage brachte. Ich vermute, dass Ottillinger auch Major Boguslavskij, der damals Chef der wirtschaftlichen Abteilung der Zentralen Kommandantur von Wien war, in die ‚G-2' brachte". Diese von den Sowjets protokollierten, nicht mehr beweisbaren Aussagen Focklers, obwohl sie auch damals nur Wiedergaben von Aussagen Dritter und für die Sowjets nicht überprüfbar sind, entscheiden das Schicksal Ottillingers. Prichodko glaubt zu haben, was er sucht und braucht.

Ohne weitere Erhebungen begründet Prichodko intern den Haftbeschluss[88] mit den Aussagen Focklers: „Der verhaftete offizielle Mitarbeiter des US-Nachrichtendienstes ‚ESD', Fockler Alfred, sagte aus, dass der amerikanische Nachrichtendienst ‚ODI' (ehem. ‚G2') in Wien, im sowjetischen Militärstab in Mödling seinen eigenen Agenten hatte – einen sowjetischen Offizier (Name unbekannt), der den Amerikanern für eine große Summe Geldes Dokumente des sowjetischen Militärstabes übermittelt. Nach den Aussagen Focklers ist Ottillinger Margarita die Verbindungsperson zwischen dem US-Geheimdienst und dem sowjetischen Offizier im Stab in Mödling. Ottillinger stellte im Auftrag der Amerikaner enge Kontakte mit anderen sowjetischen Offizieren her und sammelte, indem sie deren Sorglosigkeit ausnützte, wertvolle Informationen über die sowjetischen Streitkräfte für den US-Geheimdienst. Sie gilt als eine seiner wertvollsten Agenten, die gegen die Russen spionieren. Im Herbst 1946 leistete Ottillinger mit Unterstützung des österreichischen Ministers Krauland und mit Wissen des US-Geheimdienstes, direkte Hilfe beim Vaterlandsverrat des ehemaligen Ingenieurs der Wirtschaftsabteilung des sowjetischen Teils der Alliierten Kommission für Österreich, Didenko Andrej Ivanovič, einem Bürger der Sowjetunion.

Die Spionagetätigkeit Ottillingers wird durch die Aussagen des Verhafteten Fokler [sic!] Alfred und durch ihre eigenen Aussagen bestätigt."

Daher wird sie noch am gleichen Tag von der Spionageabwehr des Truppenteils 32750 wegen Spionage verhaftet. Der offizielle „Beschluss" in ihrem Personalakt führt Focklers Aussagen in der Haftbegründung nicht an, sondern stellt lediglich bürokratisch kurz fest: „Ottillinger hat ein Verbrechen begangen, das nach Art. 58-6, Zif. 1 des Strafgesetzbuches der RSFSR[89] geahndet wird. In Anbetracht des Umstandes, dass sie sich, würde sie auf freiem Fuß belassen werden, dem Ermittlungs- und Gerichtsverfahren entziehen könnte, wird gemäß […] der Strafprozeßordnung […] als Vorbeugungsmaßnahme […] über Ottillinger die Haft verhängt".

Zu diesem Zeitpunkt ist Ottillinger am Ende ihrer Kräfte, psychisch demoralisiert, wie auch das MGB-Foto im Anhang zeigt: *„Nach fast täglichen, quälenden Verhören, unterbrochen von ‚Stehkarzern', bei denen ich bis zu 24 Stunden im Keller des Gefängnisses in einem extrem kleinen, fensterlosen Verlies, ohne Frischluft, bis zur Ohnmacht stehen musste, und Foltermethoden, bei denen man mich nicht auf die Toilette ließ und psychisch quälte, und als ich selbst schon von Zeit zu Zeit unter Halluzinationen litt, traf ich Vorbereitungen zu einem Selbstmord.*[90]

Noch weiß Ottillingers nichts von den Anschuldigungen Focklers. Dies ändert sich jedoch schnell. *"Eines Tages, als ich wieder zum Verhör kam, bemerkte ich sogleich, dass etwas Besonderes in der Luft lag. Wieder drang man in mich, ein Geständnis abzulegen. Als ich darauf erklärte ‚ich habe nichts zu gestehen', fuhr der Untersuchungsoffizier auf, schlug mit der Faust auf den Tisch und schrie: ‚Sie wollen nicht gestehen? Ja denken Sie, wir hätten Sie festgenommen und hätten keine Beweise? [...] Also hören Sie den erdrückenden Beweis Ihrer Schuld!' Während dieses Ausbruchs hatte er dem Dolmetsch ein Protokoll überreicht, das dieser mir in einer geradezu triumphierenden Pose übersetzte. Der Untersuchungsoffizier erwartete von mir einen Zusammenbruch meiner bisherigen Haltung. Der erste Eindruck auf mich war ein niederschmetternder. Die Anzeige wurde mir zur Einsichtnahme gegeben. Da sie in russischer Schrift geschrieben war, fiel mir sofort die Unterschrift in lateinischen Buchstaben auf: ‚Vogler' [richtig: Fockler]. Groß schaute ich den Untersuchungsrichter an. Schließlich sagte ich: ‚Ich kenne keinen Vogler'".*[91]

Tatsächlich, sie kann sich keinen Reim darauf machen, sie kennt Fockler nicht. Was bleibt ihr in dieser Lage? Verzweiflung. In der Nacht vom 23. auf den 24. November setzt sie ihre Selbstmord-Überlegungen entschlossen in die Tat um: *"Nachts zwischen 2 und 3 Uhr, als die Wärter nicht so streng kontrollierten, befestigte ich meine Webschnur am Fenstergitter und legte sie mir um den Hals. 14 Tage probierte ich meinen Selbstmord, ließ dann aber jedesmal wieder davon ab. Da passierte es plötzlich: Ich rutschte aus und stürzte zu Boden. Mein Glück war, dass die Schnur durch den breiten Fensterauslass nicht senkrecht zu Boden ging und nicht den Halswirbel brach. Als ich wieder aufwachte, lag ich auf einer Pritsche, umringt von sowjetischen Offizieren [...] Danach [am 25.11.] nahmen sie mir alles weg [...] die primitivste Hygiene wurde mir versagt, bis es nach Wochen selbst dem Untersuchungsrichter [Prichodko] unangenehm zu werden begann und er mir ein Bad zu nehmen gestattete. Außerdem stellten sie mir damals das Essen siedend heiß in die Zelle. Was ich nicht binnen einer Minute essen konnte, nahm man wieder weg, so dass ich nicht nur hungerte, sondern mir auch die Kehle verbrannte. Ich war am Rande des Wahnsinns: Ich sah meine Mutter in Säcken, und meine Zelle kam mir rund vor".*[92]

Ottillinger unterschreibt den Haftbeschluss am 25. November. MGB-Generalleutnant Michail (Mojsej) I. Belkin, Leiter der Spionageabwehr der sowjetischen Streitkräfte in Österreich, bestätigt das Ergebnis der Voruntersuchung und Generalmajor d. Justiz Rumjancev als Militärstaatsanwalt des Truppenteils 28990 (in Baden) sanktioniert die Verhaftung (siehe S. 207 und Foto, S. 134).[93]

Die sowjetische Gegenspionage hat endlich, wonach sie sucht: Ottillinger ist der Spionage überführt und auch verhaftet. Nach sowjetischem Recht muss binnen zehn Tagen, d.h. bis 6. Dezember 1948, Anklage gegen sie erhoben werden, andernfalls ist sie freizulassen.[94] Sehr rasch setzt man sich in Baden über diesen Punkt der Strafprozessordnung hinweg. Später wird deshalb formal auch nur mehr ein Urteil der Sonderkommission (OSO) in Moskau, also eines außergerichtlichen, politischen Organs, möglich sein.

Erst jetzt, 19 Tage nach ihrer Festnahme gibt es erste Informationen von sowjetischer Seite. Es sind Beschuldigungen und Vorwürfe. Den Anfang macht am Tag nach dem Verhör Focklers und der darauf fußenden, offiziellen Verhaftung Ottillingers, am 24. November, die Nachrichtenagentur TASS: Ottillinger gestand, „vom US-Geheimdienst im März 1947 angeworben worden zu sein" und ihre dienstliche Stellung dazu benützt zu haben, für das US-Spionageorgan ODI vertrauliche Informationen und Dokumente zu beschaffen. Sie habe diese an den Agenten Friediger gegeben, die dieser im Auftrag von Oberst Kretzmann angefordert hat. Kurz vorher „führte Ottillinger auf Veranlassung ihres unmittelbaren Vorgesetzten K[rauland] einen Auftrag des US-Geheimdienstes zur Überführung eines US-Spions [Didenko, sic!] aus der sowjetischen Besatzungszone nach Linz in die US-Zone durch". Kretzmann, dem sie von Krauland vorgestellt worden war, so die TASS weiter, „schlug Ottillinger vor, vorübergehend in den US-Sektor von Wien zu übersiedeln, um wegen der Mithilfe bei der Überführung des Spions nicht verhaftet zu werden". Danach habe Ottillinger noch sowjetische Formulare, persönliche Vollmachten und Passierscheine herstellen lassen sowie Informationen zu den in Österreich stationierten sowjetischen Truppen gesammelt. „Dabei wurde sie angehalten", so die TASS und rügte die offiziellen österreichischen Stellen, die, „statt gegen die Verwicklung österreichischer Beamter in eine Spionagetätigkeit für ausländische Geheimdienste zu protestieren, auf frischer Tat ertappte Spione in Schutz nehmen und darüber hinaus ihre Tätigkeit als pflichtgemäß hinzustellen versuchen".[95]

Diesen Anschuldigungen widerspricht die österreichische Bundesregierung in einer geharnischten Note, „weil die Untersuchung ohne Mitwirkung österreichischer Dienststellen durchgeführt und ohne österreichische Rechtsgarantien vorgenommen wurde".[96] Ein Schlagabtausch mit diplomatischen Noten, in der Tagespresse und bei diversen, meist internen Veranstaltungen, folgt.[97] Allerdings: ohne Ergebnis. Die österreichischen und westalliierten Stellen bekommen keine Verbindung zu Ottillinger, wissen auch nicht, wo sie sich befindet und können die spärlichen TASS-Informationen nicht bewerten.

Nach der Verhaftung Ottillingers werden sowjetischerseits noch weitere Unterlagen für die Anklage zusammengetragen. Daher gehen die Verhöre im Badener Militärgefängnis unvermindert weiter, wobei sie und Fockler nahezu parallel verhört werden. Ottillinger schon am 25. und 26. November über 14 Stunden lang bei Tag und Nacht.

Selbst Kleinigkeiten werden vorgelegt, wie die Anzeige eines Chauffeurs von Schoeller-Bleckmann, *„der Didenko und mich zur Firma gefahren hatte und angab, dass ich mich mit Didenko sehr gut verstanden hätte"*.[98] Und man zieht die Kreise weiter, interessiert sich in diesem Marathon-Verhör[99] für den noch immer gesuchten

Didenko, seine Verbindung zu den Amerikanern (Ottillinger: *„Ja, noch bevor Didenko floh, wusste der US-Geheimdienst von mir durch Minister Krauland von seinen Absichten"*), um ihr eigenes Verhältnis zu Didenko (*„Ich traf Didenko am Tag vor meiner Abreise nach Graz und in Graz wieder"*) und inwieweit Krauland selbst in die Flucht Didenkos involviert war. Major Prichodko, diesmal übersetzt von Frau Unterlt. Gorodeckaja, fragt, warum sich Ottillinger in der Frage Didenko ausgerechnet an Krauland wandte? *„[Weil] ich wusste, dass Minister Krauland gegenüber der Sowjetunion feindlich eingestellt ist und Ingenieur Didenko mit Vergnügen bei seiner Flucht in die amerikanische Zone Hilfe leisten werde"*. Woher sie denn das wisse? *„Noch vor meinem Wechsel ins Ministerium drückte mir Minister Krauland bei unseren Treffen wiederholt seinen Unwillen, geschäftliche Beziehungen mit sowjetischen Einrichtungen in Österreich herzustellen, aus, indem er erklärte, dass man mit den Russen überhaupt keine geschäftlichen Beziehungen unterhalten darf. Im Februar 1947, als ich meine Stelle im Krauland-Ministerium antrat, sah ich und überzeugte mich davon, dass es selbst im Ministerium eine Atmosphäre des Unwillens gab, mit sowjetischen Einrichtungen Geschäftsverbindungen aufrecht zu erhalten"*. Konkrete Beispiele will Prichodko erfahren. Auch dies erfüllt ihm Ottillinger: *„1948 wandte sich die USIA mit der Bitte an das Ministerium, ihr einige Daten über die österreichischen Unternehmen in der sowjetischen Zone, zu übermitteln. Minister Krauland verbot es, der USIA diese Daten zu geben, jedoch legte er zur gleichen Zeit Vertretern der anderen Besatzungsmächte in Österreich genau jene Daten vor, um die die USIA gebeten hatte.*

Minister Krauland gab allen Unternehmensleitern die Anweisung, auf Anfragen der sowjetischen Behörden nicht zu antworten und ihre Bitten nicht zu erfüllen. Gibt es jedoch Wünsche von Vertretern anderer Besatzungsmächte in Österreich, so sollen diese unverzüglich erfüllt werden.

Anfang 1948 wandte sich der Verwalter der ‚Schmidhütte Krems' (die Firma gehört zur USIA und stellt Bleche her) an mich in der Sektion, damit ich mit Minister Krauland die Zuweisung eines Kredits an die Firma bespreche. Als ich anfing mit Krauland darüber zu sprechen, schlug er den Kredit aus und erklärte, dass österreichisches Geld nicht an Unternehmen gehen solle, die den Russen gehören. Außer den erwähnten Fakten gab es auch noch andere […]".

Im August 1948 war von Krauland auch ein streng geheimes, interministerielles Komitee aus Vertretern des Außen-, Handels- und seines eigenen Ministeriums (mit Ministerialrat Leo Hintze)[100] unter Vorsitz des Außenamtes gegründet worden mit der Aufgabe, alle Daten über die USIA zu sammeln, um sie danach den Amerikanern zu übergeben.[101]

Ende November ging es der sowjetischen Staatssicherheit vor allem um die US-Geheimdienste und die Involvierung von Krauland und Ottillinger in deren Aktionen. Zunächst wollte man von Ottillinger erfahren, welche ehemaligen Nationalsozialisten im Umfeld Kraulands mit Duldung der Amerikaner arbeiteten. „*[Im Februar 1947] wandte sich Minister Krauland [...] mit der Bitte an Kretzmann, Unterstützung durch das US-Militärkommando bei der Beseitigung der Hindernisse bei der Einstellung ehemaliger Nationalsozialisten* [bei der Vöest in Linz] *zu erhalten"*.[102] Das Verhör drehte sich um die ehemaligen NSDAP-Mitglieder Hans Malzacher und Franz Leitner.[103] Ottillinger im Verhör: „*Mir ist bekannt, dass Minister Krauland in seinem Ministerium gerne ehemalige Nationalsozialisten einstellt [...] in der Sektion 2* [Walther] *Kastner, [...] in der Planungssektion* [Franz] *Heisenberger*[104], *den Chemiker Gribetz als Referenten für Chemiefragen oder* [Walter] *Falkenbach für die eisenverarbeitende Industrie und eine Reihe anderer"*.[105]

Zweck des Bekanntmachens von Ottillinger mit Kretzmann könnte der Versuch einer Anwerbung von Ottillinger durch den US-Geheimdienst gewesen sein. Dies meint Ottillinger jedenfalls im Verhör am 29. November, offensichtlich unter enormem Druck: „*[...] aber nach einiger Zeit verstand ich, dass der Zweck dieser Einladung ins Büro, das Bekanntmachen mit Oberst Kretzmann und schlussendlich meine Anwerbung für den amerikanischen Geheimdienst war"*.[106]

Jetzt bohrt Prichodko weiter und Ottillinger erzählt. Offenbar will sie das quälende Verhör schnell beenden und sagt einfach, was die Russen hören wollen: „*Einige Tage* [danach] *rief mich* [Kretzmann] *im Ministerium an und sagte, dass sein Vertrauensmann bei mir vorbeikommen würde, ein gewisser Friediger, den er gebeten habe, einige Daten zur wirtschaftlichen Lage Österreichs einzuholen. Ich versprach solche Daten vorzulegen.*

Am gleichen Tag erzählte ich Minister Krauland vom Telefongespräch mit Oberst Kretzmann. Dieser stimmte der Übergabe von Daten über die wirtschaftliche Lage in Österreich an den amerikanischen Geheimdienst zu.

Bald darauf kam der Mitarbeiter des amerikanischen Geheimdienstes, geschickt von Kretzmann, Friediger, tatsächlich zu mir. Ich übergab ihm einige Daten über die wirtschaftliche Lage in Österreich.

Dieser Friediger schlug mir vor [...], in den amerikanischen Sektor Wiens zu fahren, um, wie er erklärte, der Verhaftung durch die russischen Behörden zu entkommen.

Am gleichen Tag fuhr ich gemeinsam mit ihm in seinem Auto in den 18. Wiener Bezirk, wo ich in einem der Hotels untergebracht wurde. Nach einigen Stunden kam Kretzmann mit Friediger zu mir ins Hotel. Kretzmann erzählte, dass Didenko von den Engländern verhaftet wurde, nachdem er die Demarkationslinie [etwas unklar, siehe S. 181] *überschritten hatte, und, auf seinen Wunsch hin, der amerikanischen Kommandantur übergeben worden sei. Im Verhör bei den Amerikanern habe Didenko über die Hilfe, die ich ihm bei der Flucht geleistet habe, und darüber, dass der Inhalt dieser Aussagen angeblich den Russen bekannt geworden wäre, ausgesagt. In diesem Gespräch interessierte sich Kretzmann für die vorhandenen Beziehungen zwischen dem Ministerium und der*

USIA und auch für Angaben über die Anzahl der Spezialisten in der USIA. Er bemerkte, dass ihn die letztere Frage besonders interessierte. Ich antwortete auf die mir gestellten Fragen, dass ich nichts darüber sagen könne, weil mir nichts darüber bekannt sei. Der erwähnte Friediger schlug mir am nächsten Tag vor, gegen die sowjetischen Besatzungstruppen in Österreich zu spionieren. Aufgrund aller dieser Treffen und Unterredungen mit Oberst Kretzmann und Friediger kam ich zum Schluss, dass meine Bekanntmachung mit Kretzmann im Büro von Minister Krauland kein Zufall gewesen ist und das Ziel verfolgte, mich für die Belange des amerikanischen Geheimdienstes auszunutzen".

Prichodko befragt sie noch zur Situation in der USIA. In ihrer Antwort nimmt sie sich kein Blatt vor den Mund und legt den Finger präzise in die Wunde der USIA, die ihre Produktionspläne kaum erfüllte, eine schlechte Qualität ihrer Erzeugnisse hatte und laufend personelle Wechsel vornahm: *„Es gibt in diesen [USIA] Unternehmen strenge Maßnahmen und wenn der Produktionsplan nicht erfüllt wird, so zieht man den Direktor dieses Unternehmens unverzüglich in die Sowjetunion ab. [...] Dies teilte mir Böhler-Generaldirektor [Felix] Mayer-Mallenau mit und ich erzählte es auch Oberst Kretzmann".*[107]

Ottillinger wird, nach ihrem Selbstmordversuch, in einer Einzelzelle des Gefängnisses in Baden schärfer bewacht. Der Schlafentzug durch die nächtlichen Verhöre, die belastende, beleidigende Behandlung, die völlige Abschirmung von der Außenwelt, die Ungewissheit über die weitere Vorgangsweise der sowjetischen Organe und letztlich die totale Einsamkeit sollen die 29-jährige Frau zermürben und zu weiteren Geständnissen bringen. Doch das Gegenteil ist der Fall. Schon Anfang Dezember entwickelt sie die Kraft, sich den insistierenden, suggestiven Fragen des Untersuchungsoffiziers entgegenzustellen, als etwa Prichodko, auf die Schwäche Ottillingers hoffend, sofort wissen will:[108]

„Welche Aufträge bekamen Sie vom Mitarbeiter des amerikanischen Geheimdienstes Friediger?" antwortet sie trocken: *„Friediger schlug mir im März 1947 vor, die sowjetischen Besatzungstruppen in Österreich auszuspionieren. [...] Diesen Vorschlag lehnte ich ab und erfüllte keine Aufträge von Friediger".* Und sie bleibt standhaft, als Prichodko nachbohrt: *„Die Ermittlung verfügt über Angaben, dass Sie Friediger mit wertvollen Informationen versorgten. So erklärte Friediger im Kreis der Mitarbeiter des amerikanischen Geheimdienstes Ende April/Anfang Mai, ‚diese Frau ist sehr wichtig für mich [...] Da das Ministerium mit den Russen zu tun hat, habe ich von ihr wertvolle Informationen bekommen und bin imstande diese weiter zu erhalten'. Bestätigen Sie diese Aussage?"* Ihre Antwort: *„Nein, diese Aussage bestätige ich nicht. Tatsächlich habe ich, bevor mir Friediger im März 1947 vorschlug, gegen die sowjetischen Besatzungstruppen zu spionieren, Friediger im gleichen Monat, mit Wissen von Minister Krauland, Daten über die wirtschaftliche Lage in Österreich für Oberst Kretzmann übergeben. Außerdem habe ich auf die mir, in Anwesenheit von Friediger,*

in einem Hotel im 18. Wiener Bezirk von Oberst Kretzmann gestellten Fragen zu den mir bekannten Beziehungen des Ministeriums mit der USIA und zur Situation der USIA selbst Auskunft erteilt. Es ist möglich, dass Friediger deshalb eine solche Aussage tätigte. Ich wiederhole, dass dies vor Friedigers Versuch war, mich für die Spionage gegen die sowjetischen Besatzungstruppen in Österreich anzuwerben".

Prichodko genervt: *„Sie sagen nicht die Wahrheit. Derselbe Friediger erklärte im März 1948 vor Mitarbeitern des amerikanischen Geheimdienstes: ‚es ist sehr schade, dass Frau Ottillinger in letzter Zeit nicht so beharrlich und nachdrücklich für uns arbeitet und keine neuen Russen bringt'. Aus dieser Aussage geht hervor, dass Sie mit dem amerikanischen Geheimdienst in Verbindung standen und seine Aufträge erfüllten. Die Ermittlung schlägt Ihnen vor, den Widerstand aufzugeben und wahrheitsgetreu auszusagen".* Darauf Ottillinger: *„Diese Erklärung Friedigers entspricht ebenso wenig den Tatsachen. Ich lieferte ihm keine Russen im Auftrag des amerikanischen Geheimdienstes. Ich übergab Ingenieur Didenko, der im Herbst 1946 über die Demarkationslinie zu den Amerikanern floh, die Adresse, die ich von Krauland bekommen habe. Er sagte mir, dass er diese Adresse bei den Amerikanern besorgt habe. Davon, dass diese Adresse vom amerikanischen Geheimdienst kam, erfuhr ich später, nach der Flucht Didenkos".* Noch ein letzter Versuch Prichodkos: *„Wenn Sie nicht mit Friediger in Verbindung gestanden sind und seine Aufträge nicht ausgeführt haben, hätte er dann im Mai 1947 und danach im März 1948 über Sie, wie über einen Agenten des amerikanischen Geheimdienstes, gesprochen?"* Nun gibt Ottillinger nochmals zu Protokoll, dass sie im März 1947 über Ersuchen von Oberst Kretzmann, dem US-Geheimdienst Daten über die wirtschaftliche Lage in Österreich übergeben habe. Friediger sei dabei nur der Bote gewesen. Kretzmann habe sie, in Anwesenheit von Friediger, bekannte Fakten über die angespannten Beziehungen zwischen dem Ministerium Krauland und der USIA bzw. über die Situation in der USIA mündlich mitgeteilt. *„Andere Angaben teilte ich dem US-Geheimdienst nicht mit und führte keine Aufträge aus".* Prichodko sieht, dass er damit nicht weiterkommt und bricht das Verhör ab.

Nur wenige Tage später, am 9. Dezember 1948, wird Ottillinger in Baden der Beschluss des MGB mitgeteilt, dass nun gegen sie Anklage erhoben werde: Wegen Nachrichtenbeschaffung für den US-Geheimdienst „ODI" über die ökonomische Lage Österreichs und der USIA, also Spionage, sowie wegen direkter Beihilfe zum „Vaterlandsverrat" von Didenko. Die Anklage soll nach Artikel 58, § 6, Zif. 1 (Spionage) und nach Art. 58, § 14 (Sabotage) des Strafgesetzbuches der RSFSR erfolgen.[109] Es fehlt der gefürchtete, sehr exzessiv auszulegende Paragraph 4 des Artikels 58 (Unterstützung der internationalen Bourgeoise) für die Fluchthilfe von Didenko. Ottillinger bestätigt die Kenntnisnahme noch am gleichen Tag per Unterschrift.

Nur einen Versuch macht Prichodko noch, am Samstag, dem 18. Dezember 1948.[110] Dazu holt er Ottillinger um 4 Uhr früh aus dem Schlaf. Zwei Gefängniswärter bringen sie in das Verhörzimmer, wo mit ihm auch Leutnant Fedotov als Dolmetsch wartet. Im 4-stündigen Verhör geht es allerdings nicht um sie, auch nicht um Didenko, sondern um Minister Krauland und um dessen Kontakte zu den Sowjets, vor allem zu Georgij A. Kulagin, dem Leiter der Wirtschaftsabteilung des sowjetischen Teils der Alliierten Kommission für Österreich, um den Mann, der Didenko nach Wien gebracht hatte und ihm Schutz und Schirm war. Ottillinger kennt Kulagin. Didenko hat ihr viel von ihm erzählt, Kulagin war in die Fluchtpläne eingeweiht, er hat sie gedeckt. Das MGB hatte ihn daher ins Visier genommen. Auch nach wiederholtem Nachfragen bleibt sie aalglatt und gibt nur zu, was den Sowjets ohnehin bekannt ist: Die offiziellen Treffen im Hotel „Imperial", an seinem Arbeitsplatz, rein dienstlich – versteht sich. Die Gespräche wurden nicht gedolmetscht, es gibt keine Mitbeteiligten und Mitwisser, weil Kulagin „fließend Deutsch" spricht. Wie bedacht sie war, Kulagin zu schützen, geht aus einem Detail hervor: Nicht er wollte sie sprechen, sondern sie ihn. *„Soweit ich mich erinnere, wandte ich mich bezüglich folgender Fragen an Kulagin:*

a) *Die Aufteilung der Rohstoffe* [Eisen, Stahl, Kohle] *zwischen den sowjetischen und österreichischen Unternehmen.*
b) *Die Regelung der Erdölförderung zwischen den sowjetischen Besatzungsbehörden und der österreichischen Regierung.*

Außer bei dienstlichen Treffen, sah ich Kulagin noch im August 1946 [20.8.1946] *in Leoben-Donawitz beim Anblasen eines Hochofens* [siehe Foto im Anhang]. *Er befand sich in Gesellschaft des britischen Oberst Watson, der damals in der Industrieabteilung des britischen Teils der Alliierten Kommission für Österreich arbeitete.*

[...] Nach der Flucht von Ingenieur Didenko in die US-Zone ging ich im Dezember 1946 zu Kulagin und fragte ihn nach dem Grund des Besuchs sowjetischer Offiziere in meinem Haus in Steinbach, die Erkundigungen über Didenko einholten. Um jeden Verdacht von mir abzulenken, tat ich so, als ob ich nichts von Didenko wüsste und fragte Kulagin, was denn mit Didenko passiert sei. Seine Antwort war: Didenko ist auf Urlaub. Zum ‚Besuch' sowjetischer Offiziere in meinem Haus erwiderte er nichts."

Ob Krauland persönlich mit Kulagin bekannt sei, will Prichodko noch wissen. *„Ja, sie kennen einander. 1946 sagte mir Krauland in einer unserer Unterredungen, dass er ein Gespräch mit Ingenieur Kulagin gehabt habe. Ich war zu dieser Zeit mit Kulagin schon bekannt und bemerkte, dass er ein sehr kluger Mann sei. Krauland pflichtete mir bei und erklärte: ‚Ja, er ist ein kluger Mann'.*

1947 erzählte mir Krauland nach seiner Rückkehr aus England, dass er beim Einsteigen ins Flugzeug nach London Ingenieur Kulagin traf. Aufgrund dessen vermute ich, dass Kulagin wahrscheinlich auch aus dem gleichen Grund wie Krauland nach London flog, nämlich zur Teilnahme an einer Sitzung zur Ausarbeitung eines Friedensvertrags mit Österreich" [...] Welche Beziehung Kulagin zu Krauland hatte, ist *mir nicht bekannt"*. Mehr ist aus Ottillinger nicht herauszubekommen. Was sie nicht wissen kann, bei den Sowjets liegt auch eine Anzeige eines Österreichers auf, die Ottillinger als Komplizin von Kulagin beschuldigt. Sie wird die Anzeige erst in Moskau bei einem Verhör sehen.[111] Auch mittels Umweg über Krauland versucht der Untersuchungsrichter Ottillinger zu treffen.

Sofort nach den sowjetischen Feiertagen zum Jahreswechsel wird Ottillinger am Dreikönigstag, dem 6. Jänner 1949, nochmals verhört. Allerdings nicht mehr von Prichodko, sondern erstmals vom Ersten MGB-Untersuchungsrichter der Spionageabwehr des Truppenteils 32750 und stellvertretendem Militärstaatsanwalt, Gardemajor Larionov. Die baltendeutsche Dolmetscherin W. E. Lesiune[112] übersetzt und verfasst das Protokoll. Die Atmosphäre wirkt weitaus angenehmer, fast entspannt. Larionov, wirkt *„formell, kühl und in der Sache eher unbeteiligt"*[113], ist es aber nicht. Er braucht zwei Dinge: Mehr Klarheit in der Frage Didenko, weil zeitgleich in Moskau auch die Anklage gegen den flüchtigen „Vaterlandsverräter" vorbereitet wird, und ein klares Schuldbekenntnis Ottillingers, um diese Untersuchung beenden zu können.

Zunächst liest ihr Lesiune den Beschluss über die Erhebung der Anklage in deutscher Sprache vor. Larionov selbst habe die Anklage nach Paragraph 14 gestrichen und stattdessen den Paragraph 4 des Artikels 58 des russischen Strafgesetzbuches (für die Fluchthilfe) angewendet.[114] Nach einer von ihm gegebenen Interpretation des Paragraphen 4[115] will Larionov ein klares Schuldgeständnis und bekommt es sofort. Aus dem Protokoll:[116]

Larionov: „Bekennen Sie sich im Sinne der [eben verlesenen] Anklage für schuldig?" Ottillinger: *„In der gegen mich erhobenen Anklage bekenne ich mich zur Gänze für schuldig. Richtig ist, dass ich im Herbst 1946 dem Sowjetbürger [...], Didenko Andrej, Hilfe beim Vaterlandsverrat leistete. Dabei unterstützte mich der österreichische Bundesminister Krauland, indem er über den US-Geheimdienst die Adresse einer US-Behörde in der westlichen Zone besorgte, wo Didenko eine Aufenthaltsbewilligung für Österreich bekommen konnte"*.

Larionov: „Aus Ihren vorhergehenden Aussagen [...] ist ersichtlich, dass Sie ihn bei der Flucht unterstützten, indem Sie ihre Verbindungen zum US-Geheimdienst nützten. [...]"

Ottillinger: *„Als Didenko mir seine Absicht, in die amerikanische Zone zu fliehen, mitteilte und mich bat, ihm eine Adresse in dieser Zone zu besorgen, um in der ersten Zeit eine Zufluchtsstätte zu haben und dort eine Aufenthaltsbewilligung zu bekommen, antwortete ich ihm, dass ich ihn dabei unterstützen könne, eine Arbeit zu finden und gab ihm eine Adresse, an die er sich in dieser Angelegenheit wenden konnte. Es war die Adresse der ,Vereinigten Eisen- und Stahlwerke' [Vöest in Linz]. Ich konnte ihm jedoch keine Adresse geben, wo er eine Aufenthaltsbewilligung bekommen konnte, weil ich keine wusste. Didenko bat mich, mich in dieser Angelegen-*

heit an Minister Krauland zu wenden, was ich auch machte. Krauland versprach, nachdem er meine Bitte und ihre Gründe angehört hatte, dies zu regeln. Nach zehn Tagen gab er mir die Adresse einer US-Behörde in der amerikanischen Zone (ich erinnere mich nicht mehr an sie), an die Didenko sich wenden konnte, um die Dokumente zu bekommen. [...]."

Larionov: „Welche Beziehung hatte der US-Geheimdienst zur Flucht von Didenko?"

Ottillinger: „*Als ich die Adresse von Krauland erhielt, sagte er mir nicht, von wem er diese Adresse bekommen hatte, und ich fragte ihn nicht. Später, als Krauland mich mit dem Mitarbeiter des US-Geheimdienstes, Kretzmann, bekannt machte und Letzterer sich dafür interessierte, ob ich Didenko kenne, sagte mir Krauland [...], dass er diese Adresse von ihm erhalten habe.*"

Larionov: „Hatten Sie, als Sie beim Vaterlandsverrat Didenkos mithalfen, Verbindungen zum amerikanischen oder zu anderen Nachrichtendiensten?" „*Nein, zu dieser Zeit war ich weder mit dem amerikanischen noch mit anderen Geheimdiensten in Verbindung.*"

Nun versucht Larionov es anders herum.

„Womit ist es zu erklären, dass sich der US-Geheimdienst nach der Flucht Didenkos aktiv daran beteiligte, Sie vor der Gefahr einer Verhaftung durch die sowjetischen Behörden [...] zu verstecken?" Ottillinger: „*Nach der Flucht von Didenko beteiligte sich der US-Geheimdienst tatsächlich aktiv daran, mich vor einer, von den sowjetischen Behörden beabsichtigten Verhaftung zu verstecken. Als Kretzmann und Friedinger mir jedoch vorschlugen, mit dem US-Geheimdienst bei der Spionage, wie ich es verstand, gegen die Russen, zusammenzuarbeiten, kam ich zu dem Schluss, dass sie mich nur decken, weil sie mich zur Spionage für ihren Geheimdienst anwerben wollen.*

Ich bestätige nochmals, dass ich zur Zeit der Flucht Didenkos, trotz meiner aktiven Mitwirkung, keinerlei Verbindung zum amerikanischen oder zu anderen Geheimdiensten hatte. Ich erfuhr erst später von Krauland, dass der US-Geheimdienst an der Flucht von Didenko beteiligt war."

Larionov: „Welche Motive veranlassten Sie ein Verbrechen gegen die Sowjetunion zu begehen, d.h. dem Sowjetbürger Didenko Hilfe zu leisten, das Vaterland zu verraten?"

Darauf kommt die entwaffnende Antwort Ottillingers: „*Ich habe ihn geliebt.*"

Und weiter: „*Wir vereinbarten, dass wir uns, solange die sowjetischen Truppen in Österreich sind, nicht treffen oder einen Briefwechsel führen, um den Verdacht nicht auf mich zu lenken. Nach dem Abzug der sowjetischen Truppen aus Österreich sollten wir getraut werden.*" Ottillinger gibt anschließend nochmals zu Protokoll, sie habe Didenko nach seiner Flucht nur noch einmal in Graz[117] getroffen, „*danach aber nicht mehr.*" Ob sie den nunmehrigen Aufenthaltsort Didenkos kenne? „*Im Frühjahr 1947,* als ich mich vor einer Verhaftung durch die sowjetischen Behörden beim amerikanischen Geheimdienst versteckte, fragte ich bei Kretzmann nach, wo sich Didenko befinde. Er antwortete mir, dass Didenko von den Engländern festgenommen und dann auf seinen Wunsch in die US-Zone übergeben wurde, dass er aber nicht mehr in Österreich sei. Als ich nachfragte, wo er jetzt sei, bekam ich keine Antwort mehr".

Larionov gibt noch nicht auf. „Wo hätten Sie sich mit Didenko treffen können, um zu heiraten?" „Er kennt meinen Wohnort in Wien und wir vereinbarten, dass er mich dort finden würde."

Eine wichtige Information für die sowjetische Gegenspionage, der flüchtige Didenko könnte irgendwie Kontakt zur Familie Ottillingers suchen. Vielleicht auch über westliche Geheimdienste. Daher die Frage, welche Verbindungen Didenko zu ausländischen Geheimdiensten habe? Ottillinger: „Darüber sprach Didenko nicht mit mir und mir ist nichts über seine Verbindungen zu ausländischen Geheimdiensten bekannt. Dienstlich hatte er Bekannte unter den Amerikanern und den Engländern. Von ihnen kenne ich lediglich den englischen Offizier, Oberst Watson. Außerdem hatte Didenko einen Bekannten, den russischen Emigranten Volkov. Diesen haben wir ein Mal auch gemeinsam besucht. Volkov versprach damals, Didenko die Dokumente für die Flucht über die Demarkationslinie auszustellen." Und: „Welche Informationen gaben Sie dem US-Geheimdienst?" „Ich gab einem Mitarbeiter des US-Geheimdienstes Informationen über die allgemeine wirtschaftliche Lage in Österreich. Als ich mich beim amerikanischen Geheimdienst aufhielt, interessierte sich Kretzmann für die Unternehmen der USIA, besonders für ihre Spezialisten. [...] Ich erzählte, dass in den sowjetischen Betrieben ein heftiger Kampf um die Erfüllung der Planvorgaben stattfinde und diejenigen, die diese nicht erfüllten, hart bestraft würden. Außerdem beschrieb ich die Beziehungen zwischen der USIA und den sowjetischen Behörden im ‚Imperial' als angespannt [...]".

Larionov: „Kennen Sie noch weitere Mitarbeiter des amerikanischen Geheimdienstes?" „Außer Kretzmann und Friedinger kenne ich keinen." Aber dann sehr deutlich: „Ich verdächtige Dr. [Peter] Feldl[118], der als Journalist in der von mir geleiteten Sektion des Ministeriums arbeitet, der Zusammenarbeit mit dem US-Geheimdienst, weil ich von ihm gehört habe, dass sein Verwandter (seinen Nachnamen weiß ich nicht) für den US-Geheimdienst arbeite. Ich kann die Zusammenarbeit von Feldl mit dem amerikanischen Geheimdienst allerdings nicht bestätigen, weil ich es auch nicht genau weiß."

Larionov: „Wurde Ihnen vom US-Geheimdienst irgendwann ein Auftrag erteilt, sowjetische Dokumente über Ihnen bekannte sowjetische Bürger zu beschaffen?" „Nein, ich bekam keine solchen Aufträge und führte keine aus. Darum ging es auch bei den Gesprächen mit Vertretern des amerikanischen Geheimdienstes nicht."

„Haben Sie in Ihrer Sache noch etwas zu ergänzen?" Darauf Ottillinger laut sowjetischem Protokoll: „Ich habe schon alles über meine verbrecherische Tätigkeit in den *vorangegangenen Verhören ausgesagt, darum habe ich der Untersuchung nichts mehr hinzuzufügen."*

Nun teilt Larionov Ottillinger über die Dolmetscherin mit, die Untersuchung sei abgeschlossen. *„Zum Zeichen dafür stand er auf und nahm den Akt, der über mich angelegt worden war, in die Hand. ‚Sehen Sie sich diesen Akt an, [...] es sind die Protokolle in Ihrer Sache. Sie ist nun abgeschlossen. Zum Zeichen, dass Sie jetzt wissen, dass die Untersuchung beendet ist, haben Sie diesen Akt hinten zu unterschreiben'. Darauf ich: Ich verstehe nicht, was unterschrieben werden soll. Ich kann ja nichts von all dem lesen, was da drinnen steht."* Doch die Dolmetscherin verweist auf das russische Formular und übersetzt: „Der U-Häftling bestätigt per Unterschrift, dass ihm zur Kenntnis gebracht wurde und er zur Kenntnis genommen hat, dass seine Untersuchung beendet ist". Ottillinger unterschreibt – in ihrer Wahrnehmung ist es die „Kenntnisnahme des Endes der Untersuchung".

Der russische Akt zeigt, dass sie jede einzelne Seite des handschriftlich protokollierten und ihr vorgelesenen Verhörs unterschreibt und außerdem hinzufügt, dass sie „keine Beschwerden gegen die Untersuchung stellen werde".[119] Offensichtlich zufrieden mit dem Ergebnis unterfertigen auch Larionov und Hauptmann d. Justiz Ryšenko das umfangreiche Protokoll.

Bürokratisch genau ordnet daraufhin Larionov am 10. Jänner an, die „während des Arrestes bei der Angeklagten Ottillinger zusammen mit persönlichen Dokumenten beschlagnahmten Aufzeichnungen auf fünf Blättern, zwei Registrierungskarten, zwei Briefe und neun verschiedene Fotos zu vernichten, weil sie „zu dieser Anklage keinen sachlichen Zusammenhang und keinen Wert haben" sowie die Untersuchungsakten von Kretzmann, Friediger und Didenko und anderer, insgesamt von sechs Personen, aus der Akte Ottillinger „zur separaten Verwendung" auszusondern. Bei ihnen blieb man weiter dran.[120] Die bei Ottillinger vorgefundenen Dokumente und Fotos werden noch am selben Tag verbrannt.[121] In den beiden Briefen an das MGB der sowjetischen Truppen in Österreich, also die Untersuchungsbehörde, hat Ottillinger vergeblich die Sachlage aus ihrer Sicht zusammengefasst und die Art des Verfahrens der Form und dem Grunde nach beeinsprucht.[122]

Zwei Tage später, am 12. Jänner 1949, verfasst Larionov sein Gutachten der Anklage, in dem er nochmals die einzelnen Vergehen Ottillingers gemäß den Verhörprotokollen penibel resümiert, das Schuldgeständnis vom 6. Jänner 1949 anführt und als Beweis die Aussagen Alfred Focklers heranzieht. Ihre Schuld: Fluchthilfe für den sowjetischen Staatsbürger Didenko mit Hilfe des US-Geheimdienstes und Übergabe von Spionageinformationen über die USIA an den US-Geheimdienst, „mit dem sie selbst Kontakt hergestellt hatte". Allerdings empfahlen Larionov und Oberst Aminov,[123] das Strafausmaß „mit 15 Jahren Besserungsarbeitslager [Gulag] festzulegen sowie die beschlagnahmten 2740 Schilling, eine Armbanduhr und zwei Goldringe zu konfiszieren und den Staatseinnahmen zuzuführen."[124]

Ottillingers Untersuchungsakt Nr. 1636 wird am 27. Jänner 1949 durch den Militärstaatsanwalt des Truppenteils 28990 (Baden zur Überprüfung an die Sonderkommission (OSO) bei der 3. Hauptverwaltung des MGB der UdSSR in Moskau weitergeleitet.

In den Gulag für 25 Jahre

Sie selbst wird am 26. Januar 1949, an jenem Morgen, als in Teilen Österreichs ein Nordlicht sichtbar war,[125] *„bei Schneetreiben, in einem mit Plachen verhangenen Lastwagen, nach hinten offen, nach Neunkirchen gebracht, ins dortige Gefängnis"*. Mit ihr im Lastwagen, in den sie als erste förmlich über eine eilends aufgestellte Treppe hinauf gestoßen wird, werden Österreicher transportiert. *„Die Männer sahen so entsetzlich aus, dass ich bis ins Innerste erschrak; in Lumpen gehüllt, schmutzig, unrasiert, abgemagert. Den ersten, die hereingestoßen wurden, waren die Hände mit Handfesseln auf den Rücken gebunden. [...] Wir durften kein Wort miteinander sprechen. Alle hielten sich daran, alle haben ihre Köpfe gesenkt. [...] Zum erstenmal sah ich andere Gefangene. Es waren einfach zerquälte Kreaturen. Sie froren im Plachenwagen. [...] Ich hatte zum Glück meinen warmen Wintermantel an."*[126]

Das Gefängnis in Neunkirchen ist im hinteren Teil der sowjetischen Kommandantur als „Durchgangsgefängnis des MGB-Truppenteils 32750" eingerichtet. Eine Zwischenstation in den Gulag. *„Hier war es besser. Meine Zelle war relativ groß, und hatte ein Waschbecken, einen Parkettboden. Ich konnte in den Park und auf die Semmering-Straße sehen, und hin und wieder kam es mir vor, als ob ich ein vorbeifahrendes Auto erkenne."*[127] Auch einige persönliche Gegenstände und Kleidungsstücke, die sie in Baden wieder zurückerhalten hat, wie Kamm, Mantel oder Zahnbürste, darf sie behalten.[128] Hier werden ihr, nach einer ersten Leibesvisitation durch die gefangene russische Ärztin Lena erkennungsdienstlich auch die Fingerabdrücke abgenommen,[129] alles scheint irgendwie geordneter. Selbst Spaziergänge für die Gefangenen gibt es.

Allerdings: Sie ist nicht mehr allein in der Zelle, sondern teilt diese mit Zina, einer gut deutsch sprechenden Rotarmistin, die wegen ihrer Beziehung zu einem westlichen Besatzungssoldaten hier ist, und mit Lena, der Ärztin, die kein Wort Deutsch spricht. Sie und ihr Bekannter, ein sowjetischer Offizier aus der Ölbranche, sollen den Amerikanern Informationen gegeben haben. Von beiden Zellengenossinnen bekommt Ottillinger erste Einblicke in den Gulag-Alltag, russisch/sowjetische Umgangsformen, den Verlust jeglicher Intimsphäre, Betrug, Verrat und die allgegenwärtigen Spitzel. Aber auch die wenigen Möglichkeiten, sich kleine Freiräume zu schaffen. Etwa am Abend, wenn der diensthabende Wärter sein militärisches „otboj" (Entwarnung) durch den Gang ruft, damit die Tagesarbeit beendet und man sich zur Nachtruhe betten kann.[130]

„Ach, Margarita", sagt Zina zu ihr, *„das ist ja schrecklich, Sie haben nichts anzuziehen und lieh mir einmal dies, einmal jenes. Aber Abhilfe war das keine. [...]*

Ich habe dem Gefängnisdirektor meine Lage geschildert".[131] Der Rapport des Gefängnisdirektors, Hauptmann Posadčij, an Oberst Aminov in Baden ist trockenes Amtsrussisch: *„Ottillinger hat unter Berufung auf ihren schlechten Gesundheitszustand eine Eingabe mit der Bitte eingebracht, Lebensmittel und die dringendsten Kleidungsstücke kaufen zu dürfen, wobei die Kosten aus den ihr gehörenden 2740 Schilling bestritten werden sollen".* Das Aufbegehren ist erfolgreich. Posadčijs Rapport vom 29. März 1949 wird von Oberst Aminov noch am gleichen Tag „genehmigt".[132] Allerdings denkt Ottillinger bei der Zusammenstellung der Kaufliste nicht an Decken. *„Später, als ich mich von der Notwendigkeit eines Deckenkaufs von Zina überzeugen ließ, war es für die Decken zu spät. Wir erhielten eine neue Zellengenossin, eine hochschwangere Russin, Lora,*[133] *die mir leid tat. Statt der Decken kaufte ich ihr Babywäsche."*[134]

Während im Durchgangsgefängnis Neunkirchen die Vorbereitungen zur Feier des 1. Mai auf Hochtouren laufen und die Zellengenossinnen immer wieder über das mögliche Strafausmaß für Ottillinger diskutieren, entscheidet die Sonderkommission (OSO) des MGB in Moskau am „grünen" Tisch. Am Montag, dem 11. April 1949 fällt sie ihr Fernurteil: 25 Jahre Haft in einem Besserungsarbeitslager des Gulag. Der dortige Erste Untersuchungsrichter, Major Komarov und sein Vorgesetzter in der 6. Abteilung der 3. MGB-Hauptverwaltung, Oberst Afanasenko, haben sich nicht an den Vorschlag von Larionov gehalten.[135] Generalmajor Vladimir I. Budarev[136] bestätigt als stellvertretender Leiter der 3. Hauptverwaltung des MGB der UdSSR das Urteil. 25 Jahre Haft, berechnet vom 6. November 1948 an. Als Ende der Haft wird der 6. November 1973 errechnet.[137] Eine unvorstellbare Zeitspanne. Ottillinger ist 29 Jahre alt. 25 Jahre Haft, etwa so lang wie ihr bisheriges Leben. Und mehr Jahre, als seit ihrer Festnahme Wochen vergangen sind.

Doch noch weiß sie davon nichts. Auch nicht, dass Zina als Spitzel auf sie angesetzt ist. Sie findet auch nichts Ungewöhnliches dabei, dass Zina ein besseres Essen bekommt, denn sie teilt es mit Ottillinger, oder dass Zina immer wieder für längere Zeit zu „Verhören" geht und mit präzisen Fragen an Ottillinger zurückkommt. Im Gegenteil, die ehemalige Rotarmistin gibt sich betont freundschaftlich. *„Zina tröstete mich: Höchstens 10 Jahre! Ich konnte mir das gar nicht vorstellen. Zehn Jahre! Aber sie meinte nur: ‚10 Jahre sind bei uns ein Kinderurteil. 10 Jahre sind bei uns gar nichts'".*[138] Nach den Mai-Feiern, nachdem Ottillinger sich an einer im Hals stecken gebliebenen Fischgräte schwer verletzt und kurzfristig ins MGB-Spital nach Baden gebracht wurde, erwartet sie täglich ihr Urteil. Am Freitag, dem 13. Mai 1949, trifft es sie dennoch wie ein Blitz:

„Wie saßen, wie immer in der Früh, auf dem Bett und spielten Schach. Plötzlich holte man mich ins Zimmer des Diensthabenden. Dort saß der Polit-Hauptmann, neben ihm ein ungepflegter Soldat [Obersergeant A. Svirinyj]. *Er zog ein paar Schrift-*

stücke aus seiner Tasche und begann mit ihrer Verlesung. Ich verstand fast nichts, nur dass es sich um mein Urteil handeln musste. Da sprang ihm Griša, ein Hilfs-Dolmetsch, der gleichzeitig als Friseur und Wäsche-Verteiler für die Gefangenen eingesetzt war, bei. Man unterbrach sein Rasieren. in der linken Hand ein offenes Rasiermesser, auf dem Schaum und Bartstoppeln klebten. Unwirsch übersetzte er mir den Zettel: Ich bin zu 25 Jahren verurteilt [...], ‚geeignet für leichte körperliche Arbeit'".[139] Quasi nebenbei erfährt Ottillinger, was ihr Leben total verändert: *„Es war das Schlimmste, was ich mir überhaupt vorstellen konnte: 25 Jahre Zwangsarbeit! Mit größter Mühe beherrschte ich mich."*[140] Natürlich ist ihr damit auch klar, dass es keine weiteren Verhöre und auch kein anderes Urteil mehr geben wird. Berufen könne sie später in der Sowjetunion.[141]

„Nachdem ich wieder in meiner Zelle war, mit Zina alle möglichen Szenarien in der Sowjetunion besprochen und auch der Türspion meine Reaktionen ständig beobachtet hatte, war ich froh, dass endlich das Licht ausgedreht wurde. Ich dachte an mein Zuhause, an meine Familie: den Vater, die Mutter, an meinen Bruder, der selbst erst aus Russland als Kriegsgefangener zurückgekommen war. An die Opfer, die meine Mutter für mich gebracht hatte: in meiner Kindheit, Jugend und während des Studiums. [...] Ihr einziger Lohn war, dass ich brav lernte und schnell studierte. Sollte das alles umsonst gewesen sein? 25 Jahre – eine Ewigkeit. Würde ich sie je wieder sehen?"[142]

Nun läuft alles nach Routine ab: Der Sekretär des Neunkirchner Gefängnisses, Staršina Prohorov, übergibt am 20. Mai die Kopie der Fingerabdrücke Ottillingers an den Operativ-Bevollmächtigten des MGB-Truppenteils 32750,[143] ihren Personalbogen (geboren 1919, Sektionsleiterin, Hochschul-Bildung, parteilos, ledig) eine detaillierte Personenbeschreibung mit Passfoto: mittelgroß, schwarze Haare, braune Augen, ovales Gesicht, kleine, breite Nase, dünne Lippen, kleine Ohren, Operationsnarbe am rechten Unterleib.[144] Dazu kommt vor allem die Weisung Nr. 9, SO-28928 vom 23. April 1949 des Innenministeriums der UdSSR, Gulag, 2. Verwaltung, mit dem Zielort ihrer Verbringung: „Dubravnyj Lager'", Bahnhof Pot'ma an der Eisenbahnlinie Moskau – Rjazan'.

Die Weisung[145] wird dem Personalakt Ottillingers beigefügt und bildet die Basis für ihre Deportation mit der Eisenbahn, in einem Viehwaggon, nach Pot'ma, etwa 500 km südöstlich von Moskau. Die Weisung vermerkt noch einmal: „Sie ist ihrem Gesundheitszustand und ihrer Arbeitsfähigkeit nach für leichte körperliche Arbeit geeignet. Sie ist zur Abbüßung ihrer Strafe ins Dubravnyj Lager', Bahnhof Pot'ma der Eisenbahnlinie Moskau – Rjazan' zu verlegen". Zuvor durchläuft sie eine letzte sanitäre Behandlung und die amtliche Bescheinigung vermerkt ausdrücklich, dass es im Gefängnis „keine Epidemien" gibt, und dass ihr Gesundheitszustand eine leichte, körperliche Arbeit zulässt.[146]

Am Mittwoch, dem 25. Mai 1949, wird Ottillinger, gemeinsam mit Zina und vier anderen Frauen, drei Österreicherinnen und einer Russin, in einen Planen-Lkw verladen, kurz darauf, gemeinsam mit Hunderten anderen, in einen bereitstehenden Zug. Unter den Österreicherinnen ist auch eine schlanke, hochgewachsene, sehr elegant gekleidete Frau, eine Schlepperin, wie man wähnt. Ottillinger hat ihre Habseligkeiten bei sich, auch ein kleines Päckchen Heimaterde, Lena und Lora haben es ihr bestickt. *„Sieben Frauen waren wir also, die im oberen Gelaß eines Viehwaggons untergebracht wurden. In den Käfigen auf der anderen Seite des Mittelganges waren 15 Männer verladen worden. Österreicher und Russen, anscheinend lauter Kranke. Das bestätigte sich, als ein Arzt, den ich noch von Baden kannte, hereinkam und hier die Oberaufsicht über den Transport hatte. Der Waggon zählte anscheinend als Krankenwagen, denn in den anderen Waggons waren die Gefangenen wie Sardinen untergebracht."*[147]

Noch bevor der Zug die österreichisch-ungarische Grenze passiert, wird die „elegant gekleidete Österreicherin" von einem Offizier aus dem Waggon geholt und in einem *„guten, schönen Pkw"* fortgebracht. *„Meine Juden"*, wie sie erklärt, die sie über die Grenze gebracht habe, hätten ihr geholfen.[148] Die Fahrtstrecke geht über Ungarn. *„Unterwegs machte mich die Mitteilung, Zina wäre ein Spitzel, angesetzt auf mich, fassungslos. Ich war von ihr menschlich schwer enttäuscht und sah nun die Gefährlichkeit des Spitzelwesens. Jetzt verstand ich auch, warum der Hauptmann vor der Abfahrt in Neunkirchen zu ihr noch gesagt hatte, dies wäre jetzt ihre letzte Chance. Bislang erfolglos, sollte sie jetzt auf der Fahrt nach Russland noch versuchen, Neues von mir zu erfahren".*[149] Der ungarische Grenzort Záhony wird passiert, dann geht es über die Theiß/Tisza auf sowjetisches Staatsgebiet, wo im Grenzort Čop der Zug von der europäischen Normalspur auf die russische Breitspur umgestellt wird. Weiter geht die Fahrt im Viehwaggon nach Lemberg/L'viv in ein Durchgangsgefängnis, wo *„über hundert Frauen in einem einzigen Raum, bei Hitze und ohne jegliche sanitäre Anlagen, Leib an Leib zusammengepfercht, völlig verwanzt, lagen: Es war die Hölle"*.[150] Hier werden Zina und die anderen Österreicherinnen von Ottillinger getrennt. Nach einigen Wochen wird wieder ein Transport zusammengestellt. Die Fahrt geht über Kiew in das Zentrum von Moskau, zum Kazaner Bahnhof.[151] Hier wechselt man auf die Rjazaner Eisenbahnlinie. Das Endziel ist der Bahnhof in Pot'ma[152], das Dubravnyj Lager' des Gulag (Dubravlag), in der Mordowischen ASSR.

Das Gulag-Lager in Pot'ma

Nach drei Tagen und zwei Nächten hält der Zug. *„Wir sahen einen Haufen Uniformierter zu unserem Waggon hereineilen. Vermutlich eine Kommission. Ganz vorne ein kleiner, rundlicher, dicker Mann. Das Laufen fiel ihm schwer, sein Kopf war schon hochrot. Dicht vor unserem Waggon blieb er stehen, schlug die Hände über dem Kopf zusammen und schrie: ‚Bože moj, Bože moj. Njet, njet!' Niemals übernehme ich all* *diese alten Weiber da! Wenn sie jung wären ... So ähnlich deuteten mir die Ukrainerinnen seine Worte und Flüche. Er wehrte sich mit Händen und Füßen und nahm uns nicht. So fuhren wir ein Stück weiter. Zum nächsten Lager. Wieder eine Kommission. Wieder das übliche Spiel mit Papieren, Fragen und Antworten".*

Es ist ein Teillager nahe der Bahnstation von Javas. *„Umständlich wurden wir ins Bad geführt. Untersuchung der Wäsche, Leibesvisitation usw. Aus dem Bad wurden wir auf eine Wiese getrieben. Wieder warten, warten. Bis uns eine Wärterin zu jenem Platz brachte, wo unsere Wäsche lag, die wir nicht ins Bad mitnehmen durften. Gleich begann ein reger Tauschhandel unter den Frauen. Meine Wäschestücke erregten helles Entzücken".* Hier trifft Ottillinger auch auf eine junge Frau, die sie auf Deutsch anspricht, eine Ukrainerin, eine Brigadeführerin, ehe man sie in eine Quarantäne-Baracke, die zusätzlich mit Stacheldraht gesichert ist, einweist.

Das sogenannte „Dubravlag", in dem Ottillinger nun lebt, ist als Sonderlager Nr. 3 (Osoblag) eines der härtesten Speziallager[153] des Gulag. Es wurde erst 1948, auf Basis des dort bereits bestehenden „Temnikovskij Lagers" und einer Kinder-Kolonie der Gulag-Verwaltung, eingerichtet und bestand als Dubravlag, allerdings ab 1953 in der Verwaltung des Innenministeriums, bis 1. Januar 1960. Das Dubravlag wurde im Bezirk Zubovo-Poljansk nahe dem Dorf Javas in der Mordowischen Autonomen Sowjetrepublik errichtet und trug die interne Post-Code-Bezeichnung „ŽCh 385".[154] Die Anzahl der Lager-Häftlinge stieg rasant und erreichte 1950 einen Stand von rund 23.000. Es sind vor allem Verurteilte nach Artikel 58, deutsche, österreichische und japanische Kriegsgefangene und sowjetische Kriminelle.[155] Die als besonders gefährlich eingestuften Verurteilten, wie Ottillinger, werden weitgehend von den anderen Gulag-Häftlingen isoliert.[156] Die einzelnen Teillager (wie Baraševo, siehe Fotos S. 128f), Lazarette („Spezialspitäler") und Friedhöfe sind rund um die Lagerverwaltung des Dubravlag in Javas, etwa 37 km nördlich von Pot'ma, gruppiert.[157]

Die Lebensbedingungen im Dubravlag sind überaus hart: Myriaden von Stechfliegen, lange Arbeitszeiten, besonders harte Arbeitseinsätze, eine sehr schlechte Essensversorgung, Schikanen und Repressalien bei den kleinsten Verstößen oder bei nicht genügender Arbeitsleistung, Bewachung durch Spezialtruppen des Innenministeriums, die Anweisung haben, jeden Fluchtversuch sofort mit der Waffe zu stoppen. Das Lager ist ständig überbelegt, so dass es an den primitivsten Hilfsmitteln zu Köperpflege fehlt. Das einseitige und sehr knappe Lageressen, die Übertragung von Krankheiten durch die Stechmücken und die überaus harte Arbeit schwächen die Häftlinge, die Sterberaten sind sehr hoch.[158]

Die Frauen und Männer des Dubravlagers arbeiten vor allem im „Temnikovskij"-Industriekombinat, in Baustoff- und Schotterwerken, in Ziegeleien, im Bahnbau auf Gleisstrecken, in Kraftwerken und im Hochbau. Physisch etwas schwächere Häftlinge werden täglich zu Fuß oder auf Lastkraftwagen nach Javas gebracht, um in den dortigen Kleiderfabriken und Holzwerken für Domino-Bausteine und Möbel zu arbeiten.[159] Kleinere Lagerpunkte sind die Holzfällerbrigaden im Wald, der Torfabbau, die zentrale Reparaturwerkstätte, landwirtschaftliche Betriebe und die Harzverarbeitung.[160]

Ottillinger wird schon nach wenigen Tagen einer Arbeitsbrigade zugeteilt. *„Ich kam auf einen Lagerplatz, wohin von allen Seiten auf kleinen Pony-Wagen Kartoffeln herangekarrt und auf großen Haufen aufgeschichtet wurden. Dort waren sie in große Holzkisten zu geben und zu Mieten zu schleppen. Zwei Gefangene, meist Frauen, hatten die 100-kg-Kisten zu schleppen. Anfangs durfte ich noch beim Kartoffel-Schlichten helfen, ehe mich die Brigade-Führerin, eine mir aufsässige Jüdin, die beim Lagerchef in hohem Ansehen stand, zum Kisten-Schleppen einteilte. [...] Der Hunger trieb mich, der für alles aufgestellten* [Arbeits]*Norm nachzujagen. In den Händen verlor ich jedes Gefühl. Ich kann nicht beschreiben, welche Schmerzen ich hatte. Abends waren wir alle ein namenloser Zug von gebeugten Frauen, total erschöpft. Wer versucht hatte, sich ein paar Kartoffeln zur Aufbesserung der geringen Kost mitzunehmen, wurde über Nacht in den Karzer, in dem es von Ungeziefern wimmelte, gesteckt"*.[161]

Ottillinger fügt sich nicht in das Schicksal. Ihre Hände sind von der schweren Arbeit angeschwollen, sie kann sie kaum noch bewegen. Sie versucht über die Lagerärztin, eine Jüdin, krank geschrieben zu werden. Vergeblich. Bald wird sie zum Ziehen von landwirtschaftlichem Gerät eingeteilt. *„Ich war einem Wagen vorgespannt, wo sieben Frauen ein Pferd ersetzt haben. Aber ich war als Leitpferd eingesetzt. Das heißt, wenn ich nicht fest gezogen habe, ist die Schnur durchgehangen und der Wächter ist sofort gekommen und hat gesagt: ‚Warum arbeitest Du nicht?'"*[162] Im Winter 1949/50 ziehen die Frauen einen Wagen mit einem Wasserfass. *„Ich war bei dieser Arbeit auch eingeteilt, das Eis aufzuhacken, das Wasser herausschöpfen* [siehe Foto im Anhang], *in ein Fass geben und dann mit den anderen sechs diesen Wagen zu ziehen. Bis zur Küche, zu den Suppenkesseln, die erhöht montiert waren und dort habe ich zu zweit eine 30 Liter Kanne über den Kopf heben und in ein anderes Gefäß gießen müssen, bis das Fass leer war. Und diese Arbeit hat nach einem Jahr sogar starke ukrainische Frauen arbeitsunfähig gemacht. Ich selbst habe in kürzester Zeit Fieber bekommen"*.

Eine betagte Ukrainerin hilft ihr, erledigt für sie einen Teil der Arbeit. Auch andere Mitgefangene helfen, es sind kleine Zeichen der Mitmenschlichkeit: *„Eine Lettin gab mir von ihrem Brot ab, und auch andere, denen ich leid tat, steckten mir einen Bissen zu"*. Damit sind aber auch die Mithäftlinge geschwächt und können die hohen Normvorgaben nur noch unter größter Kraftanstrengung und Entbehrung erfüllen. Wer jedoch die Norm nicht erfüllt, bekommt noch weniger zu essen. Ein Teufelskreis. *„Ich war verzweifelt, dass ich der anderen neben mir die Norm verdarb"*.[163]

Nach der Arbeit in der Landwirtschaft wird Ottillinger der Kleiderfabrik des Dubravlag zugeteilt. Was eine angenehmere Arbeit erwarten lässt, erweist sich als Gegenteil. Die Arbeit am „Fließband" ist schwerer, die Norm kaum zu erfüllen, die Essensrationen werden damit für sie bedeutend dürftiger. *"200 Gramm Brot, statt der sonst üblichen 600 Gramm pro Tag"*.[164] Ottillinger hungert. Und sie schreibt Eingaben, beteuert ihre Unschuld, will die Wiederaufnahme des Verfahrens und sich, schon mit dem erlernten Russisch, selbst rechtfertigen.

Haft in Moskau: Lubjanka und Butyrka

Gemäß einer Weisung der 2. Hauptverwaltung (Auslandsspionage) des MGB der UdSSR vom 22. Februar 1950 wird Ottillinger von Pot'ma weggebracht und in das Innere Gefängnis der Lubjanka in Moskau überstellt,[165] mit verschärfter Eskorte: Statt zwei Personen zur Bewachung nun fünf: Zwei Soldaten, ein weiterer mit Hund, ein Offizier und ein Unteroffizier. Was sie nicht wissen kann, sie kommt nach Moskau „in einer anderen Sache", wie es 1952 die Auslandsspionage in der Abweisung ihres Haftrekurses formuliert. Die „andere Sache" ist die noch immer laufende Untersuchung gegen Alfred Fockler, der 1949, wegen der abgeschafften Todesstrafe, nicht zum Tod verurteilt werden konnte und dessen Verfahren neu aufgerollt wird, sowie ihr eigener Fall. Auch ihr Strafausmaß kann noch erhöht werden. Denn Stalin hat die Todesstrafe am 12. Jänner 1950 wieder eingeführt. Ottillinger freilich hofft, ihre Eingaben hätten das MGB von ihrer Unschuld überzeugt. *„Ich habe zuerst geglaubt, das ist ein Hotel, so schön war die Lubjanka. Mit Teppichen ausgelegt und weiß ich was alles. Ich habe mir gedacht: aha, jetzt wird meine Angelegenheit, gegen die ich ja immer Einspruch erhoben habe, neu verhandelt und ich werde frei gehen"*.

Wieder am Kazaner Bahnhof in Moskau (siehe Foto, S. 136) angekommen, wird sie im „Schwarzen Raben", dem sowjetischen Gefangenenwagen (siehe Foto, S. 133), die letzte Wegstrecke bis zur Lubjanka gebracht. Die Gefangenen werden dazu in Eisengitter-Käfige gesperrt, bis zu sechs in einem „Baran". *„Ich begann zu schwitzen, denn die Luft war bald verbraucht. Ich spürte, dass das Gefangenenauto scharfe Biegungen machte, saß aber dermaßen eingezwängt da, dass ich nicht hin- und herschwanken konnte. Im Wagen gab es nicht einmal eine schmale Ritze, durch die etwas Licht in das Innere des Wagens gedrungen wäre. Plötzlich hielten wir"*. Es ist der Hintereingang der Lubjanka, der Zentrale des KGB (siehe Foto, S. 132). Es folgen die üblichen Aufnahme-Formalitäten, Personalien, Wäscheabgabe und -ausfolgung, Zuweisung der Zelle: *„Ich stand in einem Raum, der mir geradezu märchenhaft erschien. Heraus aus den allerprimitivsten Bauten von Holzbaracken, menschenwürdigen Lebens-Verhältnissen entwöhnt, gab es hier plötzlich einen Teppich, eine Bank, Sessel mit geschwungenen Rückenlehnen, einen Spiegel und anderes. Ein Offizier redete mich höflich mit meinem Namen an und bedeutete, es mir bequem zu machen. Ich dachte, so jetzt beginnt die große Wende. Und freute mich!"*

Doch der Eindruck täuscht, was Ottillinger sehr schnell merkt. Rasch wird sie aus ihren Gedanken über die neue Situation herausgerissen, und zwar höflich, doch mit einem bestimmten Unterton in einen Nebenraum gewiesen. *„Ich wusste sofort: Leibesuntersuchung. Diese Leibesuntersuchung übertraf an Gründlichkeit alles, was ich bisher mitgemacht hatte. Die Frau befahl mir, mich völlig zu entkleiden. Nun begann dieses Weib, alle meine Sachen zu untersuchen, [danach] meinen Körper, und zwar mit überraschender Gründlichkeit. Haarsträhne für Haarsträhne nahm sie auf und schaute nach, ob ich darunter nicht etwas auf der Kopfhaut notiert hätte. Das Beschämendste und für mich Schrecklichste geschah, nachdem eine Schwester, in Weiß gekleidet, eingetreten war, mich auf den Tisch legen ließ und mich gynäkologisch zu untersuchen begann".*

Es folgen eine umständliche Badeprozedur, die Aufnahme sämtlicher Kleidungsstücke, und ein Schlafentzug. Ottillinger hat seit Pot'ma zwei Nächte, jene vor der Abreise und die Nacht im Waggon, nicht mehr geschlafen. *„Ich war von solcher Müdigkeit befallen, dass ich glaubte, ich würde von meinem Hocker sinken. So ging die Nacht vorüber. Dass der neue Tag angebrochen war, merkte ich daran, dass mir ein Stück Brot von 600 Gramm hereingereicht wurde, dazu eineinhalb Stück Zucker und eine Prise Fruchttee, klein zerschnittene getrocknete Früchte".* Als eine weitere Leibesvisitation beginnt, verliert Ottillinger die Nerven und schreit die Frau an: *„Ja, wann kann ich denn nun endlich einmal schlafen?"*

Endlich geht das Licht einmal aus und an. Ein übliches Zeichen zur Nachtruhe. *„Schnell lag ich im Bett. Kaum hatte ich die Augen geschlossen, kam eine Wächterin herein und sagte: ‚Bitte stehen Sie auf und ziehen Sie sich an!' Aber das Licht ist doch aus- und aufgegangen, jetzt kann ich doch endlich schlafen, entgegnete ich. Sie aber flüsterte: ‚Nein! Sie gehen jetzt zum Verhör!'*

Jedes Verhör wird im Verhörbuch protokolliert, der Gefangene hat dazu seinen Namen in einen Schlitz einer Aluminiumplatte einzutragen, die das darunter liegende Buch zur Gänze abdeckt, so dass man keine Kenntnis von den übrigen eingetragenen Namen bekommt. *„In welchen Punkten entspricht das Untersuchungsergebnis bzw. das Urteil nicht der Wahrheit?' wurde ich gefragt. Überhaupt in keinem Punkt, sagte ich. Ich habe weder jemand über die Grenze gebracht noch habe ich Spionage getrieben. Schließlich setzte der Untersuchungsrichter eine sehr ernste Miene auf und ließ mich fragen, ob ich wisse, dass die Todesstrafe wieder eingeführt worden sei. Ja, das sei mir bekannt. Ich will aber nicht verhehlen, dass mich innerlich Entsetzen packte. Zwei Stunden dauerte dieses Verhör".*

Quälende, kurze Verhöre folgen. Man will mehr über Didenko erfahren, mit wem dieser kooperiert habe, die näheren Umstände seiner Flucht und ihrer Hilfe (weil man ihn fieberhaft sucht). Über ihre Beziehungen zu den US-Geheimdiensten und über ihr Umfeld. Trotz der physischen und psychischen Folter des Schlafentzugs bleiben die Verhöre ohne das erwartete Ergebnis. Und die Zeit in der Lubjanka drängt, zumal Häftlinge im Inneren Gefängnis stets nur für wenige Tage festgehalten werden. So wird Ottillinger schon nach drei Tagen, am 10. März 1950 wieder aus der Lubjanka fortgebracht und in die Butyrka, das größte Gefängnis Moskaus, überstellt. Dort soll sie weich gemacht werden durch den Einsatz von Zellenspitzeln und einen ausgeweiteten Schlafentzug.

Plötzlich heißt es für sie: Sachen zusammenpacken, Bettwäsche abziehen. *„Dann wurde ich, schnell, schnell, zu dem ‚Schwarzen Raben' gebracht und los ging es. Durch ein kleines Guckfenster sah ich unterwegs die Stadt. Zum ersten Mal sah ich das Zentrum Moskaus, das war für mich natürlich unerhört interessant. Viele Leute in den Straßen, Autos, Häuserfronten. Schon lange hatte ich solches nicht mehr gesehen. Endlich fuhren wir durch ein hohes Tor und blieben in einem großen Hof stehen. Ich wurde in das Innere des Gebäudes geführt.*

Die Butyrka, das größte Gefängnis Moskaus, war seit Katharina II. für seine brutalen Haftbedingungen bekannt (siehe Foto, S. 130). Während des „Roten Terrors" der 1930er Jahre waren hier bis zu 30.000 Häftlinge zusammengepfercht. Auf einem Areal, das für 1000 Gefangene konzipiert war. Zwischen 1945 und 1953 wurden in den Kellern und Höfen der Butyrka an die 7.000 Menschen hingerichtet, erschossen vor allem von Vasilij M. Blochin.[166]

Die Zelle war im oberen Bereich mit Glaskacheln ausgelegt, die Wand darunter tiefgrün gestrichen, an der Wand stand eine Steinbank, der Boden hatte Steinfliesen. *„Alles in allem eine recht kalte Angelegenheit"*. Ottillinger, die schon einiges über dieses berüchtigte Gefängnis gehört hat, fürchtet die Foltermethoden der Steh- und Wasserkarzer. *„Plötzlich öffnete sich eine schmale Eisentür, ich befand mich in einer winzigen Zelle, einer Art Kabine, in der sich nichts als ein kleines, in die Wand eingelassenes Bankerl befand. Und ein Wasserhahn. Jetzt ist es so weit, dachte ich, man hat mich in einen Wasserkarzer gesteckt. Doch warum mit der Wäsche? Ich legte sie auf die Bank und wartete, bis man beginnen würde, Wasser einzulassen."*

Doch es ist die Zelle vor dem Baderaum, wo sie die Bekanntschaft mit einer jungen Frau macht. Deren erste Frage: „Sitzen Sie auch aus Liebe?" Mit ihr kann sie sich durch ihre ersten Russisch-Kenntnisse schon austauschen, denn schlafen ist hier ohnehin generell verboten. Immer wieder hört sie dies in scharfem Ton der Wächterinnen: „Spat' nel'zja!"

Und Nacht für Nacht sitzt sie vor einem Untersuchungsrichter, jedes Protokoll wird genauestens durchgearbeitet. Ihre Aussagen werden genau protokolliert, mit jenen Focklers verglichen und schon geht es zum nächsten Verhör, über sie, über Fockler, den man parallel dazu wenige Zimmer weiter verhört, und über Didenko, den man immer noch sucht. Der Untersuchungsrichter konstatiert ihr: *„Und wir werden Sie so lange verhören, bis Sie erkannt haben, dass es zwecklos ist, sich gegen uns aufzulehnen"*.

Die Qual der wochenlangen Behinderung am Schlafen kann kaum beschrieben werden. Ihre Zellengenossin Nina verspricht ihr: *„Niemand kann diese Tortur auf*

Dauer ertragen, und schließlich haben noch alle klein beigegeben". Erst nach über zwei Wochen darf Ottillinger zum ersten Mal in ihrer Zelle schlafen.

Mit allen Methoden der Schikane versucht man, Ottillinger zu einem umfassenden Geständnis zu bringen. Am 27. Juni 1950 muss sie sich einer besonders unangenehmen, entwürdigenden Untersuchung auf ihre Jungfräulichkeit unterziehen. Auch damit soll sie gefügig gemacht, ihr Widerstand gebrochen werden. Dabei werden von der Gynäkologin Dr. L. I. Verenzon in der MGB-Klinik nicht nur ihre Vagina, sondern vor allem auch ihr After genauestens untersucht. Festgestellt wird, dass *„die Strafgefangene bereits Geschlechtsverkehr hatte"* und sie in ihrem After keine geheimen Nachrichten versteckt.[167] Immer wieder wird sie auf dem Weg zu den Verhören an den Zellen der Todeskandidaten vorbeigeführt. *„Alles war hier darauf angelegt, denjenigen, der hier die letzten Tage und Stunden seines Lebens zubrachte, von der Hoffnungslosigkeit seiner Lage zu überzeugen"*. Immer wieder muss sie auf die Vernehmungen in der sogenannten „Box" warten, einer Art Käfig, stundenlang, ehe sie auf Befehl – ohne verhört zu werden – wieder in ihre Zelle zurückgebracht wird. Dies soll Ottillinger die Ohnmacht des Gefangenen deutlich machen. Keine Rede mehr von einer Wiederaufnahme des Prozesses in ihrem Sinne. Und immer deutlicher spürt sie, dass ihre Aussagen auch für andere Verfahren gebraucht werden.

Außerdem werden die Verhöre durch MGB-Beamte härter, der Ton rauer. Ottillinger beginnt sich aufzulehnen, schreit Untersuchungsbeamte an, bekommt Beruhigungspillen, die sie natürlich ablehnt, tritt kurz in einen Hungerstreik, beschwert sich über die Haftbedingungen, über ihre harte Arbeit in Pot'ma und kann so ihre Widerstandskraft stärken. Und sie hat erste kleine Erfolge: die Untersuchungsbeamten zeigen Emotionen: *„Glauben Sie nur ja nicht, dass Sie allein gescheit sind. Was bilden Sie sich eigentlich ein, wo Sie sich befinden? Oder meinen Sie, dass Sie uns zum Besten halten können? Wir werden Ihnen beweisen, dass wir zu allem imstande sind. Sie sind schuldig! Sie werden gestehen! Und wir werden Sie dahin bringen. Sie haben doch die Protokolle unterschrieben!"* *„Ja, ich habe unterschrieben, aber ich habe Dinge unterschrieben, die man mir unrichtig übersetzt hat. Ich erhebe Einspruch dagegen."*

Durch den häufigen Zellenwechsel kommt sie immer wieder mit neuen Frauen zusammen. Und da sie bereits über so viel an Kenntnis des Russischen verfügt, um sich mit ihnen austauschen zu können, nützt sie die Begegnungen zu Informationen über das Gefängnis, die Verhörmethoden, den Artikel 58 des russischen Strafgesetzbuches und über die Rechte eines Gefangenen.[168] Den Spitzel in der Zelle[169], die Russin Lena, entdeckt sie rasch und kann die Antworten wohldosiert abstimmen. Bei einem der Verhöre erfährt sie durch eine Unachtsamkeit des Untersuchenden, dass ihre Mutter noch lebt. In Baden hat man ihr im Verhör erklärt, ihre Mutter habe sich umgebracht. Für Ottillinger ein enormes Glücksgefühl, das sie dem verblüfften Untersuchungsrichter, der ihr drohte, bei einem nicht bald erfolgenden Geständnis, ihre Mutter verhaften zu lassen, regelrecht entgegen schleuderte: *„Welch ein Glück! Welch ein Glück! Man sah, wie ihm der Zorn in die Schläfen stieg. Er wurde feuerrot. Sein Finger drückte auf den Knopf"*. Zwei Wächter führen sie zurück in die Zelle.

Mit diesem inneren Energieschub und Hoffnungsschimmer, dass ihre Mutter noch lebt, weiß Ottillinger umzugehen. Jetzt will sie schneller aus dem Gefängnis, aus Russland heraus. Ihre Argumentation zielt nur noch auf eine Wiederaufnahme des Prozesses ab, weil man ihre seinerzeitigen Aussagen unrichtig übersetzt habe und weil sich die Anschuldigungen des Belastungszeugen [Fockler, dessen Namen sie nicht kennt], in den ständigen Verhören immer mehr als konstruiert und haltlos herausstellen. Die weiterführenden Verhöre werden im Frühjahr 1951 teilweise wieder in der Lubjanka durchgeführt:[170] *„Ich wurde befragt, wie sich das abgespielt hat, als mein Akt in Baden abgeschlossen wurde, was der Untersuchungsrichter dort gesagt hat und ob ich den Akt gelesen hätte. Ich konnte ihn doch nicht lesen, der Akt war ja in russischer Sprache geschrieben. ‚Aber man hat Ihnen den Akt doch natürlich übersetzt'. Darauf ich: Nein. Sie können das selbst nachprüfen. Hätte man mir den Akt gewissenhaft übersetzt, wäre ich selbstverständlich sofort auf die Dinge gestoßen, die nicht in Ordnung sind"*.

Der Leiter der Untersuchungsgruppe fast resignierend: *„Also sagen Sie, warum wehren Sie sich so dagegen? Sie sind doch schuldig!' Nein, ich bin nicht schuldig und ich werde das bis zum Schluss behaupten [...] Ja, ich habe unterschrieben, aber ich habe Dinge unterschrieben, die man mir unrichtig übersetzt hat. Ich erhebe Einspruch dagegen"*.

Bei den Verhören erahnt Ottillinger auch, dass sie in Österreich von einem Österreicher, den sie zufällig kurz bei einer Party getroffen hat,[171] beim MGB denunziert wurde. *„Hier in der Butyrka sah ich auch seine Anzeige gegen mich: ich hätte mit einem sowjetischen Ingenieur* [Kulagin] *für die Amerikaner spioniert. Und wieder wiederholten sich die Inhalte der Verhöre in Baden und St. Valentin"*.

Die konstruierte Beweiskette gegen Ottillingers Spionagetätigkeit wird brüchig. Im Unterschied zu Baden, wo die Protokolle sofort nach Ende des Verhörs unterzeichnet wurden, hört man sich in Moskau die Argumente des Häftlings an, überprüft die Aussagen und setzt erst danach ein resultatives Protokoll auf. Mehr ist von ihr nicht herauszubekommen.

„Ich wurde zu keinem Verhör mehr geholt, und niemand kümmerte sich um mich. Die Zeit verging und schließlich wurde ich, ohne dass mir irgendeine Erklärung gegeben worden wäre, in einen anderen ‚Korpus' der Butyrka gebracht, von dem ich schon wusste, dass von hier die Gefangenen in die Lager abtransportiert werden".

Die Verhöre sind abgebrochen, Focklers Todesurteil auf dem Weg, Didenko verhaftet, Ottillinger in der Butyrka. *„Immer wieder geriet ich in Wut darüber, dass ich immerhin 18 Monate in Moskau zugebracht hatte, dass man mich mit Nachtverhören* *bis zur Bewusstlosigkeit gequält, mit Einzelhaft, Entbehrungen und Einschränkungen aller Art zur Verzweiflung getrieben hatte und mich nun anscheinend abschieben wollte, und dass alle diese Prozeduren kein anderes Resultat hatten, als ein nacktes Protokoll zu unterschreiben, wonach eine aus Österreich gegen mich erstattete Anzeige jeder Grundlage entbehrte"*.[172]

Doch ihre Strategie, wegen offensichtlicher Verfahrensmängel ein abermaliges umfassendes Verhör vor einer Untersuchungskommission oder einem hohen Untersuchungsrichter zu erreichen, bei dem sie ihre Unschuld beweisen könne, geht, nach einigen schriftlichen Beschwerden, auf. Am 27. Juli 1951 berichtet der Leiter der Butyrka, Oberst Šokin, dem Leiter der Voruntersuchungsabteilung der 2. MGB-Hauptverwaltung, Oberst Rublev, „die Strafgefangene Ottillinger Margarita bittet, zu einem Untersuchungsrichter bestellt zu werden".

Noch während des Wartens auf das erbetene, entscheidende Verhör erkrankt Ottillinger in der Butyrka schwer an Ruhr, hat hohes Fieber und verliert stark an Gewicht. Nach längerem Hin und Her kommt sie am 18. August 1951 in die Krankenabteilung des Gefängnisses. Sie liegt dort vom 7. bis 12. September 1951 in einem Zimmer mit Anna A. Amstislavskaja,[173] die vom Untersuchungsgefängnis Lefortovo in die Butyrka hierher wechselte, und mit der jüdischen Schriftstellerin Sofija S. Vinogradskaja, früher Mitglied im sowjetischen Schriftstellerverband.[174] Vinogradskaja, eine Kommunistin der ersten Stunde und Frauenrechtlerin, hatte einen großen, ehemals einflussreichen Bekanntenkreis im engsten Umfeld Lenins, von Nadežda K. Krupskaja, der Gemahlin Lenins, über den Bildungs-Volkskommissar Anatolij V. Lunačarskij in Künstlerkreisen und im Schriftstellerverband. Jetzt sitzt sie wegen „antisowjetischer Agitation" und als Jüdin im Zuge des von Stalin geplanten großen Juden-Pogroms („Ärzte-Verschwörung") in Untersuchungshaft. Der Lebensgefährte ihrer Schwester, Evgenij A. Preobraženskij, wurde als Trotzkist schon 1937 hingerichtet.[175] Die Frauen erzählen ihre Lebenswege, ihre Schicksale, äußern Vermutungen. Vinogradskaja erzählt den beiden Mitgefangenen, *„dass sich die Situation der Juden in der UdSSR stark verschlechtert habe, dass man sie unterdrücke und ihre Rechte einschränke und dass viele von ihnen verhaftet würden"*.[176] Auch Ottillinger erzählt von Österreich, von ihrer hohen Position in der österreichischen Regierung und von ihren Vermutungen zu den Gründen ihrer Verhaftung drei Jahre zuvor. Am 12. September wird Vinogradskaja weggebracht, Amstislavskaja bleibt, Ottillinger nur noch drei Tage. Gegenüber Amstislavskaja verhält sie sich sehr vorsichtig, denn Ottillinger hält sie – richtigerweise – für einen Spitzel. Ihr gibt sie daher nur jene Informationen, von denen sie sich selbst einen Nutzen erwartet. Natürlich berichtet Anna Amstislavskaja dem MGB, was sie von Ottillinger erfahren hat.[177]

Immer wieder auf Etappe: Nach Pot'ma und in die Lubjanka

Obwohl nicht ganz genesen und noch fiebrig, wird sie auf Anweisung der Auslandsspionage des MGB[178] am 15. September 1951 wieder „*auf Etappe*" geschickt. „*Kaum hatte ich das Ärgste überstanden, kaum konnte ich mich auf den Beinen halten, jagte man mich einfach aus dem Bett hinaus. Da saß ich nun im Schwarzen Raben, vollgepackt, geschwächt, fiebernd, einen Bahntransport von vielen hundert Kilometern vor mir*". Sie weiß es schon: Das ferne Ziel ist wieder Pot'ma.

Währenddessen wird in Moskau Alfred Fockler der Prozess gemacht. Seine Spionagetätigkeit im Dienste der USA und gegen die Sowjetunion gilt als erwiesen. Am 1. Oktober wird Fockler im Lefortovo-Gefängnis zum Tod verurteilt, anschließend in eine Todeszelle der Butyrka gebracht, wo er auf seine Hinrichtung wartet. Das Todesdatum wird mit 1. November 1951 angegeben. Sein Leichnam wird, ebenso wie die letzten erschossenen österreichischen Stalin-Opfer, im ersten Moskauer Krematorium, im Donskoj Kloster (siehe Foto, S. 133), verbrannt und seine Asche in ein Massengrab, direkt hinter dem Krematorium, gestreut.[179]

Eine „verstärkte" Eskorte aus mehreren Soldaten und einem Offizier bringt Ottillinger per Bahntransport vom Kazaner Bahnhof in Moskau nach Pot'ma, zurück ins Dubravlag. Als dürre Auskunft wird dem Aufnahme-Lager seitens der Butyrka noch mitgeteilt: Der Häftling habe eine „sanitäre Behandlung absolviert" und die sanitäre Situation des Gefängnisses zeige keine Epidemien. Dem Akt liegt auch eine daktyloskopische Karte (Fingerabdrücke zur erkennungsdienstlichen Behandlung) bei, wird bürokratisch vermerkt. Ottillinger kommt am 17. September 1951 in Pot'ma an, es ist empfindlich kalt.[180]

Fein säuberlich vermerkt und im Registrierbuch Nr. 1458 eingetragen wird ihre persönliche Kleidung, die ihr von der Leiterin der Verwaltung für persönliche Gegenstände, Gut'ko, abgenommen wird:[181] 1 Servietten-Tasche, 1 Handtuch, 4 Damen-Slips, 1 Trikothemd, 1 Seidenhemd, 1 Seiden-Nachthemd, 2 Paar Seidenstrümpfe, 1 Paar Wollsocken, 1 getragenes Baumwollhemd, 1 Seidenbluse, 1 gesticktes Tischtuch, 2 Strick-Wolljacken, 2 Wollkleider, 1 Wollkostüm, 1 Winterkostüm, 2 Wintermäntel, 1 Paar Lederschuhe, 1 Paar Schuhe aus Zelttuch [vermutlich Gamaschen-Schuhe], ein kleines Pölsterchen (mit Schaumstofffüllung) und 1 Paar Filzstiefel [Valenki].

Die zweitägige Zugfahrt bei schon kühlen Temperaturen greift Ottillingers Gesundheit weiter an. „*In Pot'ma kam ich so krank an, dass ich nur mehr einen Wunsch hatte: In einer Ecke zu liegen und dort zu sterben. Nur ja keine Bahnfahrt mehr und kein Verhör. Im zentralen Krankenhaus des Lagers, wohin man mich gebracht hatte, wurde ich mit den Tbc-Kranken zusammen gelegt, obwohl ich selbst diese ansteckende Krankheit noch nicht hatte*".

Der Stationsarzt ist ein West-Ukrainer, er war noch in der Österreichisch-Ungarischen Monarchie aufgewachsen. Er spricht Ottillinger Trost zu, kümmert sich um ihre Gesundheit, auch die Mitgefangenen der Abteilung sagen ihr zu.

Doch schon einen Monat später soll sie vom Krankenbett weg wieder nach Moskau, „auf Etappe". *„Nein, rief ich. Sie können machen, was Sie wollen, aber ich fahre von hier nicht mehr weg!"* Vergeblich. Am 24. Oktober ersucht die Auslandsspionage des MGB den Direktor des Inneren Gefängnisses der Lubjanka, Oberst Mironov, *„die Unterbringung der Strafgefangenen Ottillinger Margarita, die wir aus einem Besserungsarbeitslager zur 2. Hauptverwaltung des MGB der UdSSR[182] bestellt haben, im Inneren Gefängnis der MGB der UdSSR zu gewährleisten"*. Am 25. Oktober 1951, einem Donnerstag, geht es los.[183] *„Heraus aus der Baracke, eineinhalb Kilometer zu Fuß mit den Wäschebeuteln auf dem Rücken. Links und rechts von mir Uniformierte, bewaffnet und mit Hund. Hinein in den Zug und ab nach Moskau. Und dort gleich wieder mit dem ‚Schwarzen Raben' in die Lubjanka. Ich war mehr tot als lebendig"*.

Ottillinger versteht nicht, warum sie schon wieder nach Moskau soll, von wo man sie erst im September weggebracht hat. Außerdem ist sie noch nicht genesen und halb krank. Sie ist aufsässig, sie hat nichts mehr zu verlieren. Sie macht bei den obligaten Untersuchungen und Aufnahmeprozeduren Schwierigkeiten, ist betont unfreundlich, ja ekelhaft und zeigt, *„dass ich jedem hier, hätte ich dazu die Gelegenheit, an die Gurgel springen und ihn spüren lassen würde, was es heißt, gequält zu werden"*. Der lautstarke, verzweifelte und gleichzeitig stolze Protest hilft. Ottillinger kommt in eine Zelle zu zwei Ärztinnen und erhält ein liegendes Regime, Krankenkost und Verhöre nur bei Tag, woran man sich dann doch nicht hält. Außerdem: weiterhin Schlafentzug. Am 30. Oktober wird sie ausdrücklich nochmals mit der „Anstaltsordnung" für Häftlinge im Inneren Gefängnis der Lubjanka bekannt gemacht.[184]

Schon tags darauf, am 31. Oktober 1951, beginnt um 12.10 Uhr das erste Verhör durch Hauptmann Zotov, dem Assistenten des Leiters der Untersuchungsabteilung der MGB-Auslandsspionage. *„Mein Untersuchungsrichter blickte mir erwartungsvoll entgegen und sagte: ‚Setzen Sie sich. Es ist bekannt, dass Sie um eine Vorladung vor den Untersuchungsrichter gebeten haben. Was können Sie dem Untersuchungsrichter erklären?' Ich fuhr ihn sofort an; auf Russisch. ‚Sie werden von mir kein Wort herausbekommen, wenn Sie mir nicht das Regime geben, wenn ich nicht das entsprechende Krankenessen bekomme, wenn Sie mich in meiner Zelle nicht schlafen lassen. Ich bin krank und ich lasse mir das alles nicht mehr gefallen!' Er herrschte mich an: ‚Sie werden mich noch kennenlernen, wenn Sie sich weiter so benehmen! Ich werde Sie so behandeln, dass Sie die Wände hinaufklettern!' ‚Sie können mir gar keine größere Freude machen, als wenn Sie alles tun, mir dieses Leben abzukürzen. Merken Sie sich das! Mit nichts können Sie mich einschüchtern. Setzen Sie mich in den Karzer, Sie kön-*

nen mich totquälen, Sie können mich totschlagen: mir ist alles egal. Nichts können Sie von mir haben!' Ich schrie und schrie, und er hörte mir zu".

Nachdem Ottillinger ihrem Unmut und Zorn dem Untersuchungsrichter entgegengeschleudert hat, versucht sie, die Gründe für ihre Verurteilung als falsch darzustellen. Obwohl das Protokoll des Verhörs Emotionen nahezu gänzlich weglässt und eher als resultativ anzusehen ist, zeigt es dennoch die ungeheure Anspannung beider Beteiligter und die Taktik Ottillingers, in die Offensive zu gehen:[185] *„Ich werde mit der Anklage wegen Spionage für den amerikanischen Geheimdienst beginnen. Ich weise diese Anschuldigung kategorisch zurück, da ich keine amerikanische Spionin war. Ich stand in keiner kriminellen Verbindung zum sowjetischen Ingenieur Didenko und zum Mitarbeiter der Wirtschaftsabteilung des sowjetischen Teils der Alliierten Kommission in Österreich, Kulagin. […] Ich bin zum Schluss gekommen, dass ich ein Opfer der Intrigen des amerikanischen Geheimdienstes geworden bin, der mich augenscheinlich verdächtigt hatte, Beziehungen zu Russen zu haben und daher beschlossen hat, mich zu beseitigen. Meine Geschäftsbeziehungen mit Russen, vor allem mit Didenko und Kulagin, und mein Bestreben mit den Russen auf wirtschaftlichem Gebiet […] eine Verbindung herzustellen, dienten offensichtlich auch als Basis für diese Verdächtigungen.*

Ich erachte es außerdem als notwendig, die Mitarbeiter des MGB darauf aufmerksam zu machen, dass der Österreicher Feldl Peter,[186] *Doktor der Wirtschaftswissenschaften, vor meiner Verhaftung mein Stellvertreter im Ministerium für Vermögenssicherung und Wirtschaftsplanung, Verbindungen zum amerikanischen Geheimdienst hatte. Bezeugt wird dies durch die Tatsache, dass seine Schwester die Frau eines Mitarbeiters des amerikanischen Geheimdienstes ist. […]*

Ich sage dies, weil ich Feldl verdächtige, Beziehungen zum sowjetischen Geheimdienst zu haben, mit dem er, wie ich meine, ein doppeltes Spiel spielte.

Zotov: „Beginnen wir der Reihe nach. Sie behaupten also, dass Sie keine Verbindungen zum amerikanischen Geheimdienst hatten?" Ottillinger: *„Ja, ich behaupte das."*

Zotov: – „Sie behaupten außerdem, dass Sie in keiner kriminellen Beziehung zu Ingenieur Didenko standen?" Ottillinger: *„Ja, ich behaupte das."*

Zotov: „Die Untersuchung muss Ihr unaufrichtiges Verhalten im laufenden Verhör konstatieren. Im Laufe der Untersuchung in Ihrer Sache haben Sie Ihre Verbindung zum amerikanischen Geheimdienst bereits bestätigt. Warum widersprechen Sie dem jetzt?"

Ottillinger: *„Nein, ich habe das nicht bestätigt."*

Zotov: „Erlauben Sie. Die Untersuchung erinnert Sie daran, dass Sie eine Verbindung mit den Mitarbeitern des amerikanischen Geheimdienstes Kretzmann und Friediger bestätigt haben. Stellen Sie das jetzt auch anders dar?"

Ottillinger: *„Ich widerspreche nicht, dass ich auf die Frage der Untersuchung, ob ich die amerikanischen Offiziere Kretzmann und Friediger kenne, geantwortet habe,* *dass ich sie kenne, jedoch war mir nicht bekannt, dass sie Spione sind. Das erfuhr ich bedeutend später."*

Zotov: „Sie sind wie schon früher nicht ehrlich. Bei der Untersuchung haben […] auch Spionagebeziehungen mit ihnen eingestanden. Sie stehen offenbar mit den Fakten auf schlechtem Fuß?"

Ottillinger: *"Wenn das auch so in den Verhörprotokollen festgehalten wurde, so ist das ein Missverständnis, das durch eine schlechte Übersetzung erklärbar ist. Ich muss sagen, dass der Dolmetscher, der in meinen Fall involviert war, die deutsche Sprache schlecht beherrschte".*

Das Verhör wird um 16 Uhr lediglich unterbrochen und zwei Tage später, am 2. November 1951, um 13.30 wieder aufgenommen. Zotov zeigt ihr ein Foto, auf dem der britische Major Arthur Cox zu sehen ist. Ottillinger gibt zu, Cox von einem Bankett zu kennen, das im Wiener Rathaus anlässlich der Abreise eines hohen britischen Repräsentanten gegeben wurde.[187] *„Cox trat auf diesem Bankett sehr hochmütig und aufgeblasen auf. Aus diesem Grund dachte ich, dass er aufgrund seiner Position, eine wichtige Person war. Später habe ich ihn nicht mehr getroffen. […] Über eine Beziehung Didenkos zu Cox ist mir nichts bekannt."* Knapp vor 17 Uhr geht Hauptmann Zotov zum Abendessen, Ottillinger wird in ihre Zelle gebracht. Um 21.30 sitzt sie wieder vor Zotov, der sie sofort scharf anfährt:[188] „Es ist bekannt, dass Sie im Laufe der Untersuchung in Ihrer Sache die kriminelle Tätigkeit einer Reihe von Personen verheimlicht haben. Wir ersuchen Sie, jetzt darüber auszusagen". Ottillinger weist dies entrüstet zurück. Sie könne nur über Dr. Peter Feldl[189] aussagen, der ihrer Ansicht nach mit dem US-Geheimdienst in Verbindung sei, *„obwohl er ein Kommunist ist. […] ‚Wie mir bekannt wurde, ist die leibliche Schwester von Feldl mit einem offiziellen Mitarbeiter des amerikanischen Geheimdienstes verheiratet […] Wie ich mich jetzt erinnere, hat mich mein Minister Krauland am 4. November 1948 zu sich ins Büro gebeten, das war so um zehn Uhr nachts, und mir einen Brief zu lesen gegeben, den er vom Minister für auswärtige Angelegenheiten Österreichs, Gruber, bekommen hatte. In diesem Brief informierte Gruber Krauland darüber. […] Bis zu diesem Brief wussten weder Krauland noch ich, und ich nehme an, auch die anderen Mitarbeiter des Ministeriums […]nicht, dass Feldl mit einem amerikanischen Spion verwandt ist. Besonders, weil Feldl einer der bedeutenden Kommunisten der KPÖ war. Wie erstaunt war Feldl doch, der einen Schrecken bekam, als ich ihm unerwartet die Frage stellte: ‚Ist Ihr Verwandter wirklich ein amerikanischer Spion?'. Darauf erbleichte er furchtbar und antwortete – ‚Ja'. Und dennoch besuchten diesen Feldl oft russische Offiziere, die in Österreich waren, was mir einen Grund gab, anzunehmen, dass er gegen die Russen arbeitete, indem er sich als ein Mann ausgab, der ihnen nahe steht. […] Krauland erklärte mir, nachdem er den Brief durchgelesen hatte: ‚Diese Tatsache muss überprüft werden und, wenn sie be-*

stätigt wird, dann muss man Feldl aus dem Ministerium entlassen'. [Ob gegen Feldl Maßnahmen ergriffen wurden] *weiß ich nicht, weil ich buchstäblich am Tag nach der Sache mit dem Brief, das heißt am 5. November 1948, verhaftet wurde. Im Laufe der Untersuchung meiner Sache* [durch die sowjetische Gegenspionage] *sagte ich aus, dass Feldl ein Verwandter eines amerikanischen Spions ist, doch die Untersuchung zeigte aus irgendeinem Grund kein Interesse daran. Deshalb dachte ich, dass Feldl auch mit dem russischen Geheimdienst in Verbindung stand"*. Doch bei Peter Feldl winkt Zotov verärgert ab. Ottillinger unterschreibt das Protokoll. Es ist mitten in der Nacht, 3. November 1951, nach 1 Uhr früh, zwei Tage nach der Exekution Focklers.

Nun versucht es der MGB bei Sofija S. Vinogradskaja. Sie, die noch immer auf ein möglichst mildes Urteil wartet, soll Ottillinger belasten und über die vertraulichen Gespräche im Krankenzimmer der Butyrka Anfang September 1951 berichten. Noch am selben Tag wird sie vom Untersuchungsrichter, Obstlt. Makarenko, stundenlang einvernommen.[190] Unter dem enormen psychischen Druck erzählt sie, was ihr Ottillinger anvertraut hat: „Unter den Mitarbeitern des Ministeriums [in dem Ottillinger arbeitete] war ein Österreicher [Dr. Peter Feldl], dessen Schwester mit einem US-Spion verheiratet war […]. Sie [rief] diesen verdächtigten Mitarbeiter zu sich und begann ihn zu beschuldigen, dass er beim Ausfüllen des Fragebogens die Tatsache, dass seine Schwester mit einem amerikanischen Spion verheiratet sei und er mit ihnen gemeinsam in einer Wohnung lebe, verheimlicht habe. […]".

Und auf Nachfrage: „Ihre Verhaftung [am Tag darauf] erklärte sie mir so, dass die Amerikaner, als sie von dem verdächtigten Mitarbeiter erfahren hatten, dass Ottillinger im Ministerium seine Beziehung zum amerikanischen Geheimdienst öffentlich enthüllt hatte, entschieden, sich ihrer unverzüglich zu entledigen. Zu diesem Zweck legten sie angeblich den sowjetischen Besatzungstruppen provokatorisch gefälschtes Material über ihre angebliche Spionagetätigkeit zu Gunsten des amerikanischen Geheimdienstes durch die eigenen Leute vor".

Ottillinger gab Vinogradskaja tatsächlich eine ihrer Vermutungen preis, die sie teilweise bis zu ihrem Tod nicht ganz aufgab, wonach ihre Verhaftung unter Mithilfe des US-Geheimdienstes erfolgt sei, indem die Amerikaner den Sowjets gefälschtes, belastendes Material über sie gegeben hätten. Für die Amerikaner habe Ottillinger „keinen Informations- und Beschaffungswert mehr dargestellt", so dass man sich ihrer entledigen wollte. Eine persönliche Vermutung, aus der auch Verzweiflung spricht und für die sich keine nachprüfbaren Beweise, allerdings viele Hinweise für das Gegenteil finden lassen.[191]

Über Didenko, den man pausenlos verhört, gibt Vinogradskaja zu Protokoll, woran sie sich aus den Gesprächen mit Ottillinger erinnert: „Dass er zu jener Gruppe sowjetischer Mitarbeiter gehörte, die [Ottillingers] Ministerium kontrollierten und er über die Arbeit unmittelbar mit ihr verbunden war. Wobei sie so sehr befreundet waren, dass er bei ihnen zu Hause war und ihnen erzählte, dass er gebürtiger Ukrainer sei, Parteimitglied, und" – offensichtlich Ottillingers Schutzbehauptung für Didenko – „bei ihrer Familie sogar heftige Propaganda für die Ideen der Sowjetmacht betrieb, ihnen die Lehre der Partei erklärte und Ottillingers Mutter unter seinem Einfluss der KPÖ beitrat und auch sie beabsichtigte, der Partei beizutreten. Darum überraschte seine Flucht zu den Amerikanern ihre Familie nicht nur, sondern enttäuschte sie auch ein wenig hinsichtlich der Ergebenheit und Aufrichtigkeit sowjetischer Menschen".

Ottillinger habe auch ihre Unzufriedenheit mit der mangelnden Qualifikation der Untersuchungsrichter ausgedrückt, „was sie [die MGB-Mitarbeiter] daran hinderte, zu verstehen, wen sie vor sich hätten". Außerdem habe ihr Ottillinger erzählt, dass sich durch die begangenen Fehler der Roten Armee als Besatzer, die „Liebe der Österreicher in Enttäuschung verwandelte". Zudem habe die Sowjetunion in Österreich drei entscheidende Fehler gemacht: Die „ungeschickte Reparationspolitik, die Beschlagnahmungen und Demontagen, was zu erhöhter Arbeitslosigkeit geführt hätte", die „Bescheidenheit der sowjetischen Lebensmittelsortiments" sowie das Nachgeben der sowjetischen Besatzer in der Währungsreform. „Und sie bat mich, niemandem davon zu erzählen".

Auch Ottillinger wird nun über Vinogradskaja ausgefragt. Doch auch sie liefert dem Untersuchungsrichter Zotov keine neuen Informationen. Dass Vinogradskaja Mitglied des sowjetischen Schriftstellerverbandes war, an einem neuen Buch schreibe („Die weiße Stadt"), dass sie wegen antisowjetischer Tätigkeit verhaftet wurde und man von ihr die Nennung von Personen erwarte, mit denen sie „antisowjetische Gespräche" geführt habe. Ottillinger, vor allem aber Amstislavskaja, hätten ihr geraten, beim Verhör doch ein paar Namen zu nennen. Darauf Vinogradskaja: „Soll mich der Untersuchungsrichter an die einzelnen Fakten erinnern, dann werde ich sie zugeben!"[192] Vinogradskaja lässt sich nicht unterkriegen. Auch Ottillinger bleibt bei ihrer Linie.

Daher lässt Zotov Ottillinger sofort nach den sowjetischen Feiertagen zur „Oktoberrevolution" am Freitag, 9. November 1951, wieder rufen. Und er beginnt um 22.30 mit einer neuen Taktik. In freundlichem Ton hofft er, sie zu einer für ihn brauchbaren Aussage zu bringen: „Haben Sie die Absicht, auf die Frage, ob Ihnen Personen bekannt sind, die eine verbrecherische Tätigkeit gegen den sowjetischen Staat begangen haben, wahrheitsgetreue Aussagen zu machen?" Doch Ottillinger lässt sich durch diese Vernehmungs-Methode nicht irritieren und verneint abermals, solche Personen zu kennen. Als Zotov die Zwecklosigkeit auch dieser Methode erkennt, schreit er sie an: „Sie lügen! Ihnen sind derartige Personen bekannt, doch Sie verheimlichen sie vor den Ermittlungsorganen!" „*Nein!*" Wieder erzählt sie von Feldl. Wieder brüllt sie Zotov an. Es ist bereits nach Mitternacht und Ottillinger, nun sehr eingeschüchtert, übermüdet, gibt dem psychischen Druck nach und gibt Zotov eine vage Vermutung wieder, mit der er aller Wahrscheinlichkeit nach nichts anfangen kann und die auch nicht mehr überprüfbar scheint. Auch in dieser Phase zeigt sich die intellektuelle Überlegenheit Ottillingers gegenüber dem etwa gleichaltrigen Untersuchungsrichter: *„Eine Verbindung zum Geheimdienst zu haben, freilich nicht zum amerikanischen, sondern zum französischen, verdächtige ich den Leiter der Transportabteilung des französischen Teils der Alliierten Kommission in Österreich. [...] Seinen Nachnamen weiß ich nicht mehr. Er ist 45–50 Jahre alt, groß, brünett, ein Offizier der französischen Armee, wenn ich mich nicht irre, im Rang eines Obersten. [...] Im Oktober 1948 rief er mich im Ministerium an und bat mich um ein Treffen zu einer, wie er sich ausdrückte, wichtigen Frage. Ich empfing ihn in Anwesenheit meines Referenten für Transportfragen, Dr. Korwitsch, bei mir im Büro. Ich war erstaunt, als er mir plötzlich und unvermittelt folgende Fragen stellte: ‚Sagen Sie, welche geheimen bilateralen Vereinbarungen hat die österreichische Regierung mit den Russen in Transportfragen getroffen, und welche Maßnahmen planen Sie im Rahmen des Marshall-Plans für den Wiederaufbau der Eisenbahnlinien, die durch die russische Zone Österreichs führen?'*

Zotov: *‚Was haben Sie dann darauf geantwortet?' Erstens habe ich mein Erstaunen darüber geäußert, dass er die Fragen an mich stellt, weil sie nicht in mein Aufgabengebiet fallen; zweitens habe ich gesagt, dass ich nicht über derartige Informationen verfüge und habe ihm empfohlen sich an die Alliierte Kontrollkommission zu wenden, worauf er überaus skeptisch reagierte.*

Eine solche Fragestellung von Seite dieses Mannes hat mich veranlasst anzunehmen, dass diese Informationen den französischen Geheimdienst interessieren, in dessen Auftrag er offenbar in der Annahme kam, dass ich sie ihm ohne Einwände geben würde".

Zotov will mehr erfahren: „All das ist wenig überzeugend und nicht so wichtig, solange Sie nicht konkrete Personen, die eine kriminelle Tätigkeit gegen die UdSSR ausüben, nennen". Ottillinger verneint, abermals, solche Personen zu kennen.[193]

Um 1.45 Uhr früh verlangt Ottillinger vor einer Unterzeichnung des Protokolls eine Übersetzung ins Deutsche. Sie hat von Mithäftlingen erfahren, Strafgefangene hätten ein Recht darauf. Hauptmann Zotov schlägt zu so später Stunde einen persönlichen Ton an: „Aber das ist doch eine Schikane. Warum versteifen Sie sich darauf? Für mich bedeutet das nur Schwierigkeiten. Sie wissen doch, wie wenig Übersetzer hier sind".

Nach einigen Tagen legt man ihr das ganze Protokoll in deutscher Sprache vor. Und sie unterschreibt ihre ins Russische übersetzten, zusammengefassten Aussagen. Nun traut sich Ottillinger noch weiter und beschimpft zu Beginn eines weiteren Verhörs Zotov mit ordinären, schwer zu übersetzenden Ausdrücken des russischen Gefängnisjargons und droht ihm eine Beschwerde beim Generalstaatsanwalt an. Blitzartig reagiert dieser. Er bricht ab. Sein Vorgesetzter, Major Ožerel'ev, soll verfügen, wie es mit Ottillinger weitergeht.

Gleich nach diesem Eklat im Verhör setzt sich Ottillinger hin und ersucht am 16. Dezember 1951 handschriftlich in deutscher Sprache den Leiter der Untersuchungsabteilung des MGB, Oberst Ivan F. Rublev,[194] um die Möglichkeit einer persönlichen Vorsprache. Dieser ungewöhnliche Schritt einer Strafgefangenen erregt Aufsehen im Lager. Was will Ottillinger mit ihm besprechen, über wen will sie sich beschweren? Auch der Wortlaut der Eingabe lässt noch keinen Schluss zu: *„Sehr geehrter Herr Oberst! Ich erlaube mir an Sie die höfliche Bitte zu richten, mich zu einer Unterredung in einer persönlichen Angelegenheit zu empfangen. Es ist mit bekannt, dass Ihre Zeit kostbar ist, dennoch bitte ich Sie innständig [sic!] meine Bitte zu erfüllen. Dr. Ottillinger".* Die Eingabe wird von der Übersetzerin der Untersuchungsabteilung, Potapova, wortwörtlich übersetzt, die Anrede jedoch im Russischen von „sehr geehrter" auf „hochverehrter Herr Oberst" verbessert.[195]

Zotovs Vorgesetzter, Major Ožerel'ev, nimmt sich nun selbst der Sache an. In der Hand hat er die Spitzel-Berichte von Anna Amstislavskaja: Demnach kenne Ottillinger in Wien einen MGB-Mitarbeiter, der mit dem US-Heeresnachrichtendienst CIC in Verbindung stehe. Außerdem hält er ihre mannigfachen Beschwerden in Händen: über die schwere körperliche Arbeit in Pot'ma (etwa als Wasserträgerin), über das Einschleusen von Spitzeln in die Zellen, über die Ignoranz ihrer Russisch-Kenntnisse und ihre Petitionen zur Strafmilderung, weil der Haftgrund auf Basis von Ungereimtheiten in der Untersuchungsphase konstruiert wurde. Vor allem aber, so verspricht Amstislavskaja, würde Ottillinger auspacken, sollte sie entsprechend ranghoch, etwa von einem Minister, empfangen werden.

Das Verhör setzt Ožerel'ev auf den Weihnachtstag, 25. Dezember 1951, 16.10 Uhr an. Er will es schnell ohne formale Fehler hinter sich bringen. Die Aussagen werden von der Stenotypistin Afanas'eva mitgeschrieben. Eine Übersetzerin ist nicht mehr notwendig, Ottillinger kann sich bereits einigermaßen in Russisch artikulieren.[196] *„Der neue saß unpersönlich, kalt wie ein Steinblock hinter seinem Schreibtisch".* Ožerel'ev lässt sich auch auf keine Diskussionen ein, er weiß, dass er ihr in der Sache und vom Intellekt her unterlegen ist. Er geht strikt nach dem Spitzelbericht vor und fragt sofort und gezielt nach Kontakten von Sowjetbürgern in Österreich zu westlichen Geheimdiensten. Ottillinger erklärt ihm, völlig abweichend von den Erwartungen aus dem Spitzelbericht, nur mit fünf oder sechs Sowjetbürgern aus der sowjetischen Besatzungsverwaltung bekannt gewesen zu sein. Von deren Kontakten zu westlichen Geheimdiensten wisse sie gar nichts. Dies stünde aber im Widerspruch zum Bericht von Amstislavskaja, wirft Ožerel'ev ein. Ottillinger bestreitet, dies je auch nur angedeutet zu haben. Ožerel'ev bohrt nicht nach, im Protokoll vermerkt er lediglich: „dass [Ottillinger] solche Personen nicht gekannt hat und nicht kennt". Darauf verhört Ožerel'ev sie zu ihren ehemaligen Mitgefangenen in der Gefängnis-Krankenstation der Butyrka, Amstislavskaja und Vinogradskaja. Lediglich kurz wird auf eine angebliche Flucht

General Lebedenkos aus der sowjetischen Zone Österreichs eingegangen, über die Amstislavskaja mit Ottillinger kurz gesprochen hat (die angebliche Flucht Lebedenkos, des Wiener Stadtkommandanten, war ein Gerücht, siehe Anm. 21).

Nach einer Stunde ist das Verhör beendet. Major Ožerel'ev hat nicht erreicht, was er wollte. Das Stenogramm des Verhörs wird in eine Reinschrift gebracht und von Ottillinger Seite für Seite unterfertigt. Es wird ihr letztes Verhör bleiben.

Wieder zurück in ihrer Zelle setzt sie sich hin und schreibt am 30. Dezember 1951 eine Beschwerde an die „Sonderkommission" der sowjetischen Staatssicherheit, jene Behörde, die sie zu 25 Jahren Gulag verurteilt hat (siehe Foto, S. 140). Sie will eine Überprüfung des seinerzeitigen Urteils aufgrund unsachgemäßer Erhebungen und einer „nicht richtig geführten Untersuchung". Sie bestreite, für die Amerikaner spioniert zu haben. Vielmehr habe sie gegenüber den „Russen" eine freundschaftliche Politik betrieben. Außerdem halte sie den Gedanken geradezu für abwegig, gegen die Sowjetunion zu arbeiten, stamme sie doch aus der Arbeiterschicht. Sechs Tage später, am 5. Jänner 1952 ersucht die Sonderkommission Ožerel'ev in der „Sache Ottillinger" um die Erstellung eines entsprechenden Gutachtens.

Der lässt sich nicht zweimal bitten. Binnen fünf Tagen hat er das Gutachten fertig, reingeschrieben und vom stellvertretenden Leiter der 2. Hauptverwaltung des MGB (Auslandsspionage), dem Weißrussen Oberst Nikolaj P. Novik[197], abgezeichnet und bestätigt. „In Anbetracht des Dargelegten habe ich beschlossen, die Gefangene Ottillinger Margarethe, als eine amerikanische Spionin, zur weiteren Verbüßung der Strafe in ein Sonder-Besserungsarbeitslager [Sonderlager des Gulag] zu überstellen, ohne ihrer Beschwerde auf Überprüfung des Urteils der Sonderkommission beim MGB der UdSSR stattzugeben".[198] Ottillingers Beschwerde ist damit abgewiesen, das Urteil, 25 Jahre Gulag, bleibt aufrecht.[199] Sie selbst erfährt davon in Moskau noch nichts.

Sie trägt seit Weihnachten die unangenehmen Konsequenzen der Verhöre. Laufende Schikanen sollen sie zermürben: die Krankenkost wird ihr gestrichen, Proteste ihrerseits nicht mehr beachtet. Dazu kommen ständig kleine „Nadelstiche" der Wärterinnen. Sie weiß auch nicht, wie ihre Beschwerde aufgenommen wurde.

Zum dritten Mal nach Pot'ma

Am Dienstag, dem 22. Jänner 1952 wird Ottillinger zur Ärztin Ferova gerufen, die ihr nach einer Untersuchung Transportfähigkeit bescheinigt.[200] Wenige Tage später sitzt sie wieder im „Schwarzen Raben" in Richtung Kazaner Bahnhof.

„Im Transportwagen hörte ich plötzlich in deutscher Sprache: ‚Sind Sie auch Österreicherin?' Tatsächlich traf ich hier eine Landsmännin. Sie trug Wattekleider, hatte eine Wattehose, aber an den Füßen rote Hausschuhe mit weißen Pompons. Wir

machten uns bekannt und sie erzählte mir, dass sie nach Sibirien unterwegs sei. So also schickte man diese Österreicherin in das weite Sibirien: in einer Wattekleidung, aber an den Füßen kein festes, warmes Schuhwerk, sondern nur Hauspatschen".[201]

Am Montag, 28. Jänner 1952, kommt Ottillinger in Pot'ma an und wird fast einen Monat lang, bis zum 21. Februar 1952, der Durchgangs-Abteilung Nr. 18 des Lagers zugewiesen. Anschließend arbeitet sie bis 23. Mai 1952, in der „Schneiderei" für Militäruniformen, die als Teillager 9 eingerichtet ist. Erst hier wird ihr am 7. März offiziell der Beschluss des MGB auf Abweisung ihres Rekurses vom 30. Dezember 1951 durch einen Inspektor bekannt gegeben.[202] Wie in der Gulag-Bürokratie üblich, muss auch diese Bekanntgabe bürokratisch gemeldet werden.

Doch das Dubravlag ist mit der Rückmeldung der erfolgten Bekanntgabe an das MGB in Moskau säumig, weshalb der Lager-Chef eine entsprechende schriftliche Rüge bekommt: „Füllen Sie die Anfragen rasch aus und halten Sie in Zukunft das Ausfüllen von Anfragen nicht zurück!"[203]

In Österreich weiß man von alledem nichts, ja die Familie weiß nicht einmal, ob Margarethe überhaupt noch lebt. Auch die Bemühungen und Urgenzen der österreichischen Stellen in Moskau sind verebbt, Ottillinger weitgehend vergessen. Nun ein neuer Hoffnungsschimmer. Daher versucht der politische Vertreter der Österreichischen Bundesregierung in Moskau, Norbert Bischoff, jetzt wieder, dem Schicksal von Ottillinger nachzugehen und urgiert dazu am 8. Februar 1952 im Bundeskanzleramt in Wien die 1948 angelegten Personaldaten.[204] Dr. Gordian Gudenus besorgt sie ihm.[205]

Ottillinger selbst schreibt aus dem Lager am 23. April eine Eingabe an das MGB in Moskau und ersucht darin, ihr den Briefwechsel mit ihren Verwandten in Österreich zu erlauben. Die Staatssicherheit wartet mit einer Antwort und fordert dazu am 20. Mai 1952 Stellungnahmen der GUPVI-Verwaltung und des Dubravlag ein.[206] Neben diesem offiziellen Weg versucht sie illegal Informationen nach draußen zu bringen. Tatsächlich gelingt es ihr im April 1952, ein erstes Lebenszeichen nach Österreich zu geben. Obwohl die Information vage, spärlich und geeignet ist, Hoffnungen zu wecken, deren Basis nicht zu überprüfen ist, bringt „Die Presse" am 29. April 1952 eine kurze Notiz: „[…] Es handelt sich um eine Nachricht an eine, Frau Ottillinger nahestehende Person. Die vorgedruckte Karte enthält fünf Zeilen mit dem üblichen stereotypen Text und stammt aus Tiflis im Kaukasus, wo Frau Ottillinger in einer Truppenwäscherei arbeitet".[207]

Die sensationelle Mitteilung wird sofort von der österreichischen Vertretung in Moskau überprüft, doch das sowjetische Außenamt gibt darüber keine Informationen. Allerdings wird rasch klar, dass Ottillinger noch lebt. Doch ihr genauer Aufenthaltsort bleibt weiterhin unbekannt. Auch Ottillingers Familie, die Eltern und ihr Bruder, erfahren die Presse-Meldung nur über den Sender „Rot-Weiss-Rot". Den Inhalt bestätigen auch sofortige Nachforschungen des Innenministeriums, worauf das Außenamt am

3. Juni 1952 Bischoff ersucht, bei den zuständigen Moskauer Stellen „die über Ottillinger getroffene Verfügung zu erheben und für sie eine Schreiberlaubnis zu erwirken". Bischoff versucht dies am 10. Juli 1952 im sowjetischen Außenamt.[208] Ohne Erfolg. Auch die Stellungnahmen der GUPVI und des Dubravlag sind nicht befürwortend. Ottillinger erhält weiterhin keine Schreiberlaubnis und keine Post oder Paketsendungen.

Denn aus West-Deutschland und aus Österreich treffen Anfang 1952 im Lager erste Liebesgaben-Pakete ein. Damit gibt es unter den Gefangenen plötzlich eine Zwei-Klassen-Gesellschaft: Frauen, die zusätzlich Lebensmittel und andere Zuwendungen erhalten und den Lageralltag damit viel leichter bewältigen können, und solche, die derartige Pakete nicht erhalten. Sie sind auf die Mildtätigkeit der Mitgefangenen angewiesen. Auch an Margarethe Ottillinger ist ein „geschlossenes Paket" adressiert, sie erhält es allerdings nicht. Die Lager-Staatssicherheit hat das Paket abgefangen und ersucht am 23. April die Lagerverwaltung, das Paket zu untersuchen, „damit wir darüber die Strafgefangene in Kenntnis setzen".[209]

Die Vorsicht scheint angebracht. Denn in Moskau behält man die Unterbringung und Behandlung Ottillingers im Auge und das MGB argwöhnt, dass es bei der Führung ihres Aktes zu Unregelmäßigkeiten kommt. Eine spezielle Kommission untersucht daraufhin die Akte Ottillinger im Dubravlag und meldet am 17. Mai 1952 nach Moskau: Der Personalakt Ottillinger werde ordnungsgemäß geführt.[210] Ottillinger ist keine Nummer mehr. Die sowjetischen Behörden wissen ab dem Frühjahr 1952, dass sie eine Inhaftierte im Lager haben, für die sich der Staat Österreich interessiert. Dies schafft für die Inhaftierte etwas mehr an Sicherheit. Dr. Pammer von der Generaldirektion für die öffentliche Sicherheit des Innenministeriums und Legationssekretär Dr. Tschöpp informieren das Bundeskanzleramt und das Auswärtige Amt laufend über den Stand der Ermittlungen. Am 30. Mai 1952 erkundigt sich sogar der stellvertretende Gulag-Chef, General-Leutnant Amjak S. Kobulov[211], persönlich beim Dubravlag nach dem Verbleib von Ottillinger und bemängelt, dass diese gar nicht auf der GUPVI-Liste des Lagers aufscheine, was sich damit erklärte, dass zum Zeitpunkt der Listenerstellung Ottillinger noch nicht im Lager war.[212]

Ottillinger arbeitet währenddessen in der Schneiderei des Lagers (Teillager 9) und macht zahlreiche Bekanntschaften mit gefangenen Russinnen. Die Frauen trösten einander, um die täglichen, harten Anforderungen zu meistern, an den Nähmaschinen, in den großen Waschküchen, bei der Kartoffelernte, zu der man, auch bei leichteren Krankheiten, eingeteilt wird und um 6 Uhr früh, oft bei strömendem Regen, aufs Feld getrieben wird. Ottillinger erkrankt, hat Ruhr-Anfälle, wird immer wieder untersucht. Eine gefangene Ärztin beschließt, ihr mit einer Novocain-Injektionskur[213] zu helfen. Das Beste, das man im Teillager 9, der Schneiderei, aufbringen kann. Eine Besserung stellt sich allerdings nicht ein. Am 24. Mai 1952 ist man am Ende der Möglichkeiten und verlegt Ottillinger in das Invaliden-Lager (Teillager 10).[214] *„Nach den Novocain-*

Spritzen drehte ich vollkommen durch. Ich hatte Halluzinationen und Weinkrämpfe, war todkrank. Fast hätte man mir Luft in den Bauch gepumpt. Ich hatte das Glück, hier Angela, eine Wienerin, zu treffen. Mit ihr konnte ich alle Erinnerungen an Wien aufwärmen, eine Frau aus meiner Heimat. Mehr noch: Ohne Angelas Fürsorge wäre ich an der schweren Krankheit, die so akut geworden war und die von den Lagerärzten nicht erkannt wurde oder werden wollte, gestorben. Angela hatte ein Ärztekonsilium durchgesetzt, das mich untersuchte und das Ergebnis in einem Protokoll festlegte".[215]

Angela hat zwar im Invaliden-Lager ein hohes Ansehen, auch bei Schwestern und Ärzten, ein Konsilium aller Lagerärzte einzuberufen, stand freilich nicht in ihrer Macht. Hier wirkten die ständigen Urgenzen aus Wien (vor allem von Bundeskanzler Leopold Figl, Außenminister Karl Gruber und dem österreichischen Geschäftsträger in Moskau, Norbert Bischoff). Denn am 5. August 1952 wies der stv. Leiter der Auslandsabteilung „A" des MGB der UdSSR, Obstlt. Krotov, das Lager an, ein ärztliches Gutachten zum Gesundheitszustand Ottillingers zu erstellen und ihm nach Moskau zu berichten.[216]

Am 14. August 1952 untersucht schließlich eine ärztliche Kommission des Dubravlag, zusammengesetzt aus dem Leiter der Sanitätsabteilung, Major Maksimov, dem Leiter des Zentralkrankenhauses des Dubravlag, Major Sloev und Dr. med Onosovskij, Ottillinger und stellt fest:[217] „Die Patientin klagt über Schmerzen in der rechten Körperseite, über Atemnot, Bauchschmerzen, allgemeine Schwäche und Schlaffheit, Appetit- und Schlaflosigkeit. Als Anamnese wird verzeichnet: Lungentuberkulose (krank seit 1928, wurde dagegen in Wien behandelt), seit 1949 Bauchschmerzen, feuchte Rippenfellentzündung rechtsseitig. An objektiven Anzeichen wird festgehalten: eine drastisch verminderte Nahrungszufuhr, Hautoberfläche und Schleimhaut schwach gefärbt. Lungen – perkutorisch – in beiden unten rechts dumpfer Schall, Atmung auf der rechten Lungenspitze rauh, weiter unten nicht mehr vorhanden. Links perkutorisch lungenhafter Schall und etwas rauhes Atemgeräusch. Katarrhalische Erscheinungen. Herz nach links verschoben mit verbreiterter linker Grenze. Beim Abtasten Schmerzen im Bauch. Stuhlgang breiig, zwei- bis dreimal täglich. Körpertemperatur bis 38 Grad. BK [Bakterienkultur] im Sputum nicht vorhanden. Darmtuberkulose, Intoxikation." Ottillinger ist todkrank. Eine Besserung scheint unter den Bedingungen der Unterbringung im Ivaliden-Teillager nicht mehr möglich, die notwendigen Abwehrkräfte des Körpers können vor allem durch die dauernde mangelhafte und sehr einseitige Ernährung auch nicht mehr aktiviert werden. Helfen könnten entsprechende Antibiotica, doch über diese verfügt man nicht.

Auch die Ärzte-Kommission befundet klar: „Die Strafgefangene Ottillinger M. A. ist eine stabile Invalidin und für körperliche Arbeit nicht einsetzbar. Sie ist außerstande, für sich selbst zu sorgen. Derzeit kann sie auch nicht auf Etappe geschickt werden. Sie bedarf einer Behandlung in einem Krankenhaus". Der Befund verändert mit einem Schlag die Haftsituation Ottillingers. Dazu kommt auch das wieder vorgebrachte Interesse des Staates Österreich an ihrem Schicksal, sodass man sich gegenüber der Gulag-Zentrale in Moskau keine Verfehlung leisten will. Selbst die ihr feindlich gesinnte ukrainische Ärztin verschreibt ihr nunmehr Erleichterungen: ein neues Bett, immer wieder erneuerte, frische Wäsche, sie bekommt Injektionen, ein eigens für sie gekochtes Essen und Angela, die Österreicherin, wird als ihre persönliche Pflegerin eingeteilt. *„Ich nahm alles hin mit der aufrichtigen Dankbarkeit eines Menschen, der in seiner Hilflosigkeit jeden menschlichen Beistand wohltuend empfindet [...] Wenn schweres Unglück über einen Gefangenen kam, so fand sich stets doch wenigstens ein mitfühlender, hilfsbereiter Mensch".*[218]

Der Empfehlung der Ärzte, teilweise sind sie auch selbst Gefangene, wird wenige Tage später stattgegeben und Ottillinger in einem eigens unter Dampf gestellten, kleinen Zug, ins Zentralkrankenhaus Pot'ma/Korpus Tbc, überstellt. Dies bedeutet für sie jedoch, Abschied von der fürsorgenden Wienerin Angela zu nehmen. *„Ich bekam in dem mir schon bekannten Krankensaal ein Bett. Es stand bei der Tür, wo es von den offenen Fenstern und Türen her erbärmlich zog".* Neuerliche Untersuchungen durch die gefangene Ärztin, die vor ihrer Haft in einem Moskauer Spital gearbeitet hatte, und auch durch den Chefarzt ergeben: *„Rippenfellentzündung mit Exsudat. Ein klarer Fall, stellt die Ärztin fest".*[219] In den folgenden Nächten, mit hohem Fieber und Schweißausbrüchen, ohne Hoffnung, je wieder nach Österreich und zu ihrer Familie zu kommen, keimt in ihr der Gedanke, im Falle einer Rückkehr, zum Dank eine Kirche zu bauen. Wider Erwarten bessert sich, nach einigen Wochen der Behandlung, ihr Gesundheitszustand merkbar.

Entscheidend für ihre weitere Behandlung in Gefangenschaft werden ab dem Sommer 1952 die Interventionen und Bemühungen der österreichischen Stellen. Zudem wird immer klarer, dass auch nach sowjetischem Recht die Haftdauer für die ihr zur Last gelegten Taten nicht angemessen erscheint und sie, bedingt durch ihre Krankheit, im Lager für einen Arbeitseinsatz körperlich nicht mehr in der Lage sein wird. Streng geheim empfiehlt daher der stellvertretende Minister für Staatssicherheit der UdSSR, Generaloberst Sergej A. Goglidze[220], am 23. August 1952 der Sonderkommission seines Ministeriums, für Ottillinger die Umwandlung der Lagerhaft in eine Gefängnishaft „in Erwägung zu ziehen".[221] Die unerwartete und unübliche Intervention des stellvertretenden MGB-Ministers bleibt dem Lagerchef in ihrer Bedeutung nicht verborgen. Um sich selbst ein Bild von der gefangenen Österreicherin zu machen, holt er sie zu einem Verhör, das allerdings eher ein Gespräch ist. *„Er hatte sich sachlich und menschlich benommen, soweit dies bei einer solchen Prozedur überhaupt möglich ist. [...] Es freue ihn, dass ich die Krankheit überwunden habe. Dies nahm ich als Hinweis, dass sich meine Sache in einem anderen Fahrwasser befand. Niemals wäre sonst ein so persönliches Wort gefallen".*[222]

Nach einer aktenmäßigen Prüfung des Falles Ottillinger durch die Abteilung „A" des MGB (Archiv) wird festgestellt, „dass Ottillinger im Jahre 1946 zu den offiziellen Mitarbeitern des amerikanischen Geheimdienstes, Oberst Kretzmann Edward (Edwin) und Friediger Charles Kontakte hergestellt und – in Erfüllung ihrer Aufträge – dem US-Geheimdienst Informationen über die Situation in den USIA-Betrieben, über die Wechselbeziehungen zwischen der USIA und dem österreichischen Ministerium für Wirtschaftsplanung, über sowjetische Fachleute sowie Unterlagen über die ökonomische Situation Österreichs übergeben hatte. […] Sie büßt ihre Strafe im Sonderlager Nr. 3 des MVD der UdSSR ab. Zur Gewährleistung einer strengen Isolierung und Verhinderung von Kontakten zur Außenwelt würde ich empfehlen, die Archiv- und Ermittlungssache Nr. 272017 über die Anklage gegen Ottillinger Margarita der Sonderkommission beim MGB der UdSSR vorzulegen, damit diese für die noch verbliebene Strafzeit eine Umwandlung der Abbüßung der Strafe – den Aufenthalt in einem Besserungsarbeitslager – in eine Gefängnishaft in Erwägung zieht. Zur weiteren Abbüßung der Strafe wäre Ottillinger Margarita in ein Sondergefängnis des MGB der UdSSR zu verlegen".[223]

Liebesbeziehungen von Österreicherinnen mit Sowjetsoldaten waren aus sowjetischer Sicht schwere Vergehen und wurden dementsprechend, meist mit hohen Gulag-Strafen, geahndet; besonders dann, wenn die Damen neben intimen Beziehungen zu Sowjetangehörigen auch intime Beziehungen zu US-Soldaten unterhielten. Auch die Besitzerin eines Bordells in Wien, in dem vor allem zahlreiche sowjetische Soldaten und Offiziere verkehrten, und die selbst in einer Liebesbeziehung mit einem US-Offizier stand, hatte 25 Jahre Gulag-Haft als Strafe erhalten.

Etwa ein Jahr später wurde eine Prostituierte (genannt der „Tiger") aus demselben Wiener Bordell verhaftet, wegen Spionage zu 15 Jahren Gulag verurteilt und in Ottillingers Zelle untergebracht. Die Frauen in der Zelle fürchten eine Ansteckung, zumal die Dame auch eine venerische Erkrankung hat. Mit einem Hungerstreik versuchen sie die Verlegung der Frau zu erreichen und haben Erfolg. Auch Ottillinger beteiligt sich an der Aktion.[224]

Schon am 10. September 1952 entspricht die Sonderkommission beim Minister für Staatssicherheit der Empfehlung Goglidzes und beschließt, für Ottillinger „die verbliebene Strafzeit im Besserungsarbeitslager durch eine Gefängnishaft zu ersetzen".[225] Nun geht es schnell. Ihr Haftort soll der Polit-Isolator in Vladimir werden. Die Leitung der MGB-Haftanstalten weist am 24. September den Direktor des „Sondergefängnisses" Vladimir, Obstlt. Žuravlev, an, „die Strafgefangene zu übernehmen und […] sie in einer Zelle unterzubringen". Außerdem wird dem Sondergefängnis noch mitgeteilt, dass „die Frage des Briefverkehrs mit den in Österreich lebenden Verwandten in Bezug auf Ottillinger vom MVD der UdSSR nicht aufgeworfen wurde".[226]

Es folgt eine kurze ärztliche Untersuchung, bei der die Transportfähigkeit Ottillingers bescheinigt wird. Auf ihre Frage, wohin es gehe und warum, antwortet die Ärztin

Šačneva nur: „Ich weiß gar nichts. Ich weiß nur, dass der Befehl gekommen ist, Sie für den Transport fertig zu machen. Aber woher dieser Befehl gekommen ist, das ist mir unbekannt. Was von uns geschehen kann, Ihre Lage zu erleichtern, ist geschehen".[227] Und sie unterschreibt den Akt an den Direktor in Vladimir. In die Rubrik für ärztliche Vermerke über den Gesundheitszustand Ottillingers schreibt sie kein Wort. Die Zeilen bleiben leer.[228] Am 24. September wird Ottillinger aus der Kranken-Abteilung fortgebracht.

Vom Gulag in den Polit-Isolator Vladimir

„Eines Morgens, Ende September, ich war noch keineswegs gesund, hieß es: ‚Nehmen Sie die Sachen, Sie fahren!' Wohin, wusste ich freilich nicht. Selbst die Ärztin verstand nicht, dass man mich in einem derartigen Zustand, von der Rippenfellentzündung noch nicht genesen, auf Transport schickte".[229] Nur eine Stunde Zeit gibt man ihr zum Packen. Zwei junge, strafgefangene Mädchen aus Litauen helfen ihr dabei. Ein kurzer Abschied von einigen Mitgefangenen des Krankensaales, die übliche bürokratische Prozedur beim Verlassen der Abteilung und ab geht es in einem Gefängnis-Waggon, der an die „Tepluška", einen beheizbaren, für die Beförderung von Personen eingerichteten Güterwaggon, angehängt wird. Die Fahrt zum Durchgangslager von Pot'ma dauert nicht lange.[230] Erstmals kommt sie, nach der üblichen Aufnahmeprozedur, in eine Einzelzelle, wie dies für die zu 25 Jahren Verurteilten üblich ist, wenn ihre Strafe in eine Gefängnishaft umgewandelt wird. Sie weiß es freilich nicht. Noch kennt Ottillinger weder den Grund ihrer Überstellung noch das Ziel des Transportes. Eine Gefängniswärterin, die sie noch von ihrem früheren Aufenthalt im Durchgangslager kennt, flüstert ihr in einem unbemerkten Augenblick zu, sie komme in den Ural.

Am 1. Oktober 1952, einem Mittwoch, *„kam ein Vorsteher bei der Tür herein, Aktenmappe unterm Arm, stellte sich in Positur und las von einem Blatt Papier sinngemäß: Sie haben 25 Jahre bekommen. Vier haben Sie bereits abgebüßt. Die restlichen Jahre werden nach einem obersten Beschluss in eine Gefängnisstrafe umgewandelt. [...]"*[231] Nun endlich weiß sie, weshalb sie auf Transport ist: Umwandlung der Haft, vom Lager ins Gefängnis. Ottillinger ist 33 Jahre alt, 21 Jahre Gefängnis stehen ihr noch bevor, wo, weiß sie noch nicht. Der „Vorsteher", wie ihn Ottillinger nennt, ist der Inspektor der Sonderabteilung [Durchgangslager] des Dubravlag, Pugaev. Es ist der „Beschluss der Sonderkommission des MGB", schon vom 10. September 1952, den ihr Pugaev nun mitteilt und den Ottillinger per Unterschrift zur Kenntnis zu nehmen hat. *„Ich hatte zu unterschreiben, und schon war er wieder bei der Tür draußen".* Doch erstmals setzt sie vor ihren Namenszug die russische Abkürzung „z/k" für Häftling Ottillinger.[232] *„Ich blieb allein mit meinen Gedanken. Bedeutete dies eine Erleichterung oder Erschwerung? Vor allem, wohin sollte ich kommen?"*[233]

Schon tags darauf wird sie früh am Morgen, bei Kälte, Nässe und über den in der Nacht gefallenen, ersten Schnee mit „verstärkter Eskorte"[234] vom Durchgangslager Pot'ma zum Bahnhof getrieben. *„Ich wurde in das Innere des Gefängniswaggons hineingeschoben. Konnte noch sehen, wie eilig meine Wächter davonstürmten, froh mich los zu sein. Ich verkroch mich in alles, was ich bei mir hatte: Mantel, Kleider, Decke".* Im Gefangenenwaggon bringt man sie über Moskau nach Vladimir, 220 Kilometer nordöstlich der sowjetischen Hauptstadt. In Moskau erfolgt die Überstellung vom Kazaner Kopfbahnhof zum Kursker Kopfbahnhof, wieder mit dem „Schwarzen Raben". Ottillinger hat Fieber, kann sich kaum noch auf den Beinen halten. Unterwegs im Zug wird es ihr zur Gewissheit, dass es in Richtung Ural geht, entlang der berüchtigten „Vladimirka", jener Trasse, auf der seit Katharina II. die Häftlinge in ungezählten Marschkolonnen, mit Eisenketten an Füßen und Händen, in Richtung Sibirien getrieben wurden.[235] Die erhaltene Marschverpflegung reicht nicht für mehrere Tage, woraus sie schließt, dass es nicht allzu weit gehen wird. Einige gefangene Frauen munkeln im Waggon, es könnte Vladimir sein, der große Polit-Isolator.

Sie sollten recht behalten. Der Zug hält am Bahnhof in Vladimir, es ist schon dunkel, 19 Uhr abends, Samstag, 4. Oktober. Draußen tobt ein heftiges Herbst-Unwetter mit Sturm und Regen. *„Schnell, schnell! Über Stufen fiel ich mehr hinunter als ich hinunterstieg. Der Regen prasselte auf mich nieder. Man sah die Hand nicht vor den Augen".*[236]

Im „Schwarzen Raben" wird Ottillinger in den nicht weit vom Bahnhof auf einem Hang gelegenen Polit-Isolator von Vladimir gebracht, einem der größten Gefängnisse des Landes (siehe Fotos, S. 141). Die übliche Aufnahmeprozedur mit Bad und Übergabe der gestreiften Gefängniskleidung, Rock und Jacke, dauert mehrere Stunden. *„Die Sträflingskleidung passte eher einem Mann als mir. Dazu riesengroße Männerschuhe mit Bindfaden an den Ösen, aus denen ich bei jedem Schritt herausschlüpfte. Auf diese hing der viel zu weite Rock hinunter, Jacke und Rock gingen weit über die Knie. Die nassen Haare hatte ich mit einem Handtuch zusammengebunden. So latschte ich über den Hof in Richtung meiner Zelle".*[237]

Erst gegen Mitternacht ist sie im 2. Stockwerk, in einer verstaubten, schon länger nicht benützten Zelle. Ein Strohsack und eine „Bušlat", eine Art Matrosenjacke aus Tuch mit Wattefütterung, werden ihr nachgebracht. *„Ich rollte mich wie ein Igel zusammen. Meine erste Nacht in Vladimir".* Trocken vermerkt dazu der Akt: „Ich, die Strafgefangene Ottillinger Margarita Antonovna wurde nach Eintreffen im Gefängnis[238] mit der Anstaltsordnung für Häftlinge in den Gefängnissen des MGB der UdSSR vertraut gemacht. 4.10.1952". Und Ottillinger unterschreibt bereits in russischer Schrift.[239]

Mit der Aufnahmeuntersuchung wartet man nicht lange. Schon am 7. Oktober kommt sie zu einer Ärztin und noch am selben Tag hält der ärztliche Leiter der

Sanitätsabteilung schriftlich fest, dass bei Ottillinger Resterscheinungen einer feuchten Rippenfellentzündung vorhanden sind. Dennoch „eignet sie sich für körperliche Arbeit". *„Ich bat* [die Ärztin] *um warme Wäsche. ‚Nein, warme Wäsche wird nur bewilligt, wenn ein Mensch krank ist."* Sie kommt in eine neue Zelle, Nummer 28 im Block 3: In ihr stehen zwölf Betten, in zwölf Fächern kann die Wäsche aufbewahrt werden. Für Ottillinger eine Wohltat, zumal die Zelle auch nur zur Hälfte belegt ist. Durchwegs interessante Gesprächspartnerinnen, wie die Ärztin Genija, die Komponistin Tamara, Darja, eine ehemalige Diplomatengattin, Katharina, die Chauffeursgattin und eine Wienerin, die Ottillinger schon auf dem Transport nach Lemberg/L'viv kennengelernt hat. Auch hier gibt es einen internen Informationsdienst zum Politchef („Politkapitan") des Gefängnisses. Darja und Tamara werden rasch als Informantinnen ausgemacht. Weil die Außentemperaturen immer weiter sinken, bittet sie am 30. November in russischer Sprache, *„zu erlauben, dass man mir aus meinen persönlichen Sachen die warme, ärmellose Jacke herausgibt, denn ich habe starke Schmerzen auf der rechten Körperseite"*. Der Gefängnisdirektor gestattet dies tags darauf.[240] Im Winter 1952/53 wird Ottillinger auf ihre Bitte hin in eine andere, kleinere Zelle, Nr. 32 im Block 3,[241] mit vier Betten verlegt. Hier trifft sie auf Liza Vasil'evna, eine überzeugte Kommunistin, die wegen der Zugehörigkeit zu einer Gruppe, die angeblich einen Anschlag auf NKVD/MVD-Chef Lavrentij P. Berija plante, verurteilt wurde.

In Österreich versuchen Ottillingers Eltern, mehr über den Aufenthaltsort ihrer Tochter in Erfahrung zu bringen, eine Schreibmöglichkeit oder gar das Versenden eines Paketes zu erwirken. Sie wenden sich mehrfach an das Außenamt, das wiederum den politischen Vertreter in Moskau, Norbert Bischoff, ersucht, auf die sowjetischen Stellen entsprechend einzuwirken. Zufällig am Todestag Stalins, am 5. März 1953, ein kleiner Erfolg: Das österreichische Innenministerium meldet intern: Ottillinger wurde 1949 in Lemberg/L'viv gesehen und verbüße eine Haftstrafe von 20 Jahren.[242] Nun weiß man in Wien, dass Ottillinger lebt und teilt dies auch ihren Eltern mit. Therese Ottillinger schreibt am 6. April 1953 die ersten, kurzen Zeilen an ihre Tochter, im Format der Karten von Kriegsgefangenen: „Wir sind alle gesund, hoffen von Dir dasselbe. Ich hoffe, daß Du diesen Brief erhalten wirst und wir vielleicht eine Antwort bekommen".[243]

Anfang Juni 1953 ersucht Bischoff im Auftrag des Bundeskanzleramtes/Außenamt die sowjetischen Stellen, Ottillinger „die Korrespondenz mit ihren Eltern zu gestatten und sie nach Möglichkeit in eine österreichische Strafanstalt zu überstellen". Ebenso solle Bischoff herausfinden, welche Art von Strafe Ottillinger verbüße und wo sie sich befinde.[244] Mitgesandt wird ein zweites Schreiben von Therese Ottillinger, in dem sie Bezug auf die in der Sowjetunion nach Stalins Tod laufenden Amnestieverfahren nimmt und um die Möglichkeit eines Briefwechsels und einer Überstellung ihrer Tochter ins Gefängnis nach Stein ersucht.

Am 27. Juni 1953 amnestiert die Sowjetunion 630 Österreicherinnen und Österreicher. Es sind vor allem Menschen, die man aus den verschiedensten, oft nichtigsten Gründen zu langen Haftstrafen verurteilt hatte und die diese in Gulag-Lagern und Gefängnissen verbüßten. Sie kehren in einem organisierten Transport über Marmaros Sziget/Sighetu Marmației nach Österreich zurück. In Wiener Neustadt werden sie am 14. Oktober von Bundespräsident Theodor Körner, Außenminister Karl Gruber, Innenminister Oskar Helmer und einer großen Menschenmenge herzlich willkommen geheißen. Als der Zug mit den für einen Personentransport etwas umgebauten Viehwaggons um 19 Uhr einrollt, ist Ottillinger nicht dabei.[245] Sie kommt in Pot'ma gerade aus der Krankenstation und findet ihre österreichischen Mitgefangenen nicht mehr. Ein schwerer Schlag für sie.

Sofort folgen mehrere Urgenzen durch Bischoff und im August/September die Weiterleitung eines Päckchens der Familie an ihre Tochter im Wege über das Außenamt, weil ihre Adresse noch immer unbekannt ist.[246] Der Brief wird erst, nach einer weiteren Urgenz Bischoffs, am 21. Oktober, gemeinsam mit der Bitte der Aushändigung eines übersandten Mantels, vom sowjetischen Innenministerium an Gefängnisdirektor Begun in Vladimir weitergeleitet.[247]

Auch Ottillinger ersucht am 26. Mai 1953 über die Gefängnisverwaltung um einen Briefkontakt mit zu Hause. Ohne Erfolg. Auch dieses Ersuchen wird abgelehnt, mit der besonders merkwürdigen Formulierung, dass dem Innenministerium die Frage eines Briefwechsels Ottillingers mit ihren Verwandten in Österreich „nicht in den Sinn gekommen ist".[248] Die weiteren Vorstöße, doch noch einen Briefverkehr für Ottillinger zu erwirken, bleiben Ende November 1953 wirkungslos. Mehr noch: Offensichtlich genervt von den laufenden Vorsprachen, Petitionen und Beschwerden aus der österreichischen politischen Vertretung in Moskau und von Ottillinger selbst, bescheinigen das Innenministerium und der Gefängnisdirektor Begun Ende November 1953 klar, dass ihr „der Briefverkehr mit ihren im Ausland lebenden Verwandten sowie der Empfang von Postpaketen und Geldüberweisungen – VERBOTEN ist".[249] Lediglich die eigenen Schuhe zu reparieren, wird ihr am 4. September 1953 gestattet, denn die Gefängnis-Schuhe sind, ebenso wie die Gefängniskleider, kaum noch brauchbar. Ende November bittet sie, inzwischen wieder in die Zelle 28 des Blocks 3 verlegt, ihre eigenen Filzstiefel auf Staatskosten reparieren zu dürfen, *„denn ich habe selbst kein Geld, benötige aber wegen meines Gesundheitszustandes warmes Schuhwerk"*, was ihr auch erlaubt wird.[250]

Im Gefängnis hat Ottillinger mehr Zeit und Ruhe als im Lager. Sie kann Bücher aus der Bibliothek entlehnen, lesen. Und ihr bleibt die politische Veränderung im Lande nach Stalins Tod nicht verborgen, obwohl den Gefangenen die Zeitungen immer mit dreimonatiger Verspätung ausgehändigt werden. Auch der stalinistische Lagerchef wird ausgewechselt, der neue, Oberstleutnant Begun, scheint umgänglicher zu sein;

das Ministerium für Staatssicherheit wird in das Innenministerium integriert. Der Umgang mit den Gefangenen wird etwas menschlicher, sie erhalten ihre Privatkleider zurück.

Der neue Gefängnischef lässt sie rufen, fragt, ob sie das Urteil gerecht finde und ermuntert sie: „Wenn Sie wollen, schreiben Sie noch einmal eine Beschwerde". Bereits am 25. Mai 1953 richtet sie mit Hilfe von Mithäftlingen zwei gleichlautende, umfangreiche Beschwerden in russischer Sprache, nun nicht mehr an das MGB, sondern an das Innenministerium und an den Generalstaatsanwalt der UdSSR, Roman A. Rudenko.[251] Darin wiederholt sie umfassend ihre schon mehrfach vorgebrachten Argumente zur nochmaligen Überprüfung ihres Falles, weil sie das Urteil nach Artikel 58, Paragraphen 4 und 6 als falsch erachte (Fluchthilfe für Didenko und Spionage zugunsten der US-Besatzungsmacht). Didenko, der ihre Verhandlungen mit Ingenieur Kulagin zum Abschluss eines Sondervertrages für Erdöl mit der UdSSR eingefädelt hat, habe sie lediglich dienstlich gekannt und ihm nicht zur Flucht verholfen, weil ein Teil der Bundesregierung und die US-Besatzungsmacht gegen den Abschluss eines Erdöl-Vertrages mit der UdSSR gewesen seien.[252] Der Spionage-Vorwurf basiere einzig auf nicht bewiesenen und nicht nachprüfbaren, fragwürdigen Aussagen „Fokler-Müllers" [richtig: Focklers]. Sie bestreitet rundweg den Wahrheitsgehalt dieser Aussagen, weil sich hinter dem Namen „Fokler", wie sie meint und zu Papier bringt, „Dr. Müller", ein Mitarbeiter ihres Ministeriums, verberge, zu dem sie ein dienstliches Verhältnis gehabt habe. Zudem beschwert sie sich über grobe Verfahrensmängel: Keine Gegenüberstellung mit dem Ankläger („Fokler-Müller"), kein Aufbieten eines Staatsanwalts im Verfahren, sehr mangelhafte Übersetzung ihrer Aussagen.[253] Dazu übermittelt sie dem Haupt-Militärstaatsanwalt am 27. Oktober 1953 eine weitere Beschwerde.[254]

Ottillinger belastet in dieser Beschwerde einen „Dr. Müller" aus ihrem Ministerium. Tatsächlich konnte sie in der Lubjanka einen kurzen Blick auf die Anklage in russischer Schrift werfen und den Namen „Fokler-Müller" erheischen. Da sie nur den Personalchef ihres Ministeriums, Johann Müller, kennt, und „Fokler" [Fockler] ihr gänzlich unbekannt ist, glaubt sie, [Johann] Müller habe sie der Spionage beschuldigt und „*Vogler*"/Fokler sei sein Pseudonym gewesen.[255] Ottillinger glaubte mangels Unterlagen bis zu ihrem Tode 1992 an diese Version.[256]

Es lässt sich nicht mehr feststellen, auf welchem Wege Ottillingers Rekursantrag dem österreichischen Innenministerium bekannt wurde, vermutlich jedoch über die laufenden Heimkehrer-Befragungen der Heimkehrer-Abteilung 14 (Hofrat Rudolf Berdach). Jedenfalls ersucht das Innenressort am 14. Dezember 1953 das nunmehr von Figl geführte Außenamt,[257] in Moskau zu verifizieren, ob die Nachricht über die Wiederaufnahme des Verfahrens richtig sei. Am 13. Jänner 1954 informiert die Generaldirektion für die öffentliche Sicherheit das Außenamt, dass – anhand der einlangenden Informationen – Ottillinger 1951 im Gefängnis Verchne Uralsk und im Juni

1953 im Gefängnis Vladimir gesehen wurde. Von dort sei sie mit unbekanntem Ziel abtransportiert worden. Die Informationen sind zwar ungenau, großteils falsch, aber sie deuten doch auf eine bestimmte geografische Region hin, wo sich Ottillinger aufhalten könnte: Östlich von Moskau, eventuell im Norden des Landes. Die folgende Heimkehrer-Information ist dagegen sehr präzise: „Das Verfahren in Moskau wird neu aufgerollt. Da Ottillinger die russische Sprache beherrscht, habe sie die Absicht, ihre Verteidigung selbst zu übernehmen".[258] Das Außenamt informiert darüber am 2. Februar 1954 auch die Familie und versichert ihr, dass man weiterhin die „Gewährung des Korrespondenzrechtes für Ihre Tochter verlange".[259]

In Vladimir überbringt Gefängnisdirektor Begun am 27. März 1954 Ottillinger persönlich die Nachricht, dass ihre Beschwerden nun „bei der Sonderabteilung des Innenministeriums des Truppenteils 32750 eingetroffen sind und derzeit geprüft werden".[260] Auch die Beurteilung durch den stellvertretenden Gefängnisdirektor, Hauptmann Krot, fällt positiv aus. Bei der Strafgefangenen handle es sich um eine „stabile Invalide, die zur körperlichen Arbeit nicht fähig ist. Das Benehmen von Ottillinger in den zwei Jahren Gefängnishaft war einwandfrei. Sie beging keinerlei Verstöße und wurde auch keiner Ordnungsstrafe unterzogen". Der Verwaltung des Gefängnisses liege über sie auch kein kompromittierendes Material vor. Gleichzeitig werden an den stellvertretenden Leiter der MVD-Gefängnisverwaltung der UdSSR, Oberst Denisov, Protokollauszüge der OSO-Sonderkommission und weitere Beurteilungen übermittelt.[261]

Auch die Familie in Österreich lässt nichts unversucht, den Aufenthaltsort ihrer Tochter herauszufinden und sie, wenn irgendwie möglich, nach Hause zu bekommen. Therese Ottillinger schreibt Ende Jänner 1954 an Nationalratspräsident Felix Hurdes und an Außenminister Leopold Figl, sie habe „von Heimkehrerinnen aus Russland in der letzten Zeit erfahren, dass sie mit meiner Tochter beisammen waren, die besonders darunter leidet, dass sie von uns seit ihrer Verhaftung überhaupt keine Nachricht erhalten hat, […] obwohl sie […] allmonatlich über das Rote Kreuz eine Karte schreibt. Von diesen Heimkehrerinnen erfuhr ich auch, dass sie im Oktober v. Js. [Oktober 1953] noch in einem Lager ungefähr 60 km von Moskau entfernt war". Und sie schreibt die ihr von den Heimkehrerinnen überbrachte Lager-Anschrift in russischen Buchstaben nieder: „Pot'ma, P. Ja. 368/10. Moskovskaja železnaja doroga".[262]

Figl setzt sofort alle Hebel in Bewegung. Bischoff spricht mehrfach im sowjetischen Außenministerium vor, versucht Pakete der Familie an Ottillinger weiterzuleiten, überreicht Briefe der Familie. Anfang August 1954 richtet Bischoff ein Gnadengesuch für Ottillinger an die sowjetischen Behörden. Die Pakete kommen zurück, die Briefe und Karten werden in Moskau nicht weitergeleitet, das Gnadengesuch bleibt unbeantwortet.[263] Ottillinger hat weiterhin kein Recht, Briefe zu erhalten oder solche zu schreiben. Ein an sie adressiertes, von den sowjetischen Behörden an die österreichische Botschaft retourniertes Paket, wird im August auf Ersuchen von Anton Ottillinger sogar an die Gefangene Helene Hinzmann,[264] von der man als Adresse das Postfach Moskau, 5110/36 kennt, weitergeleitet. Sie soll im Gulag-Lager „Rečlag" in Vorkuta, nördlich des Polarkreises, interniert sein.[265] Das Paket wird allerdings als unzustellbar retourniert und im Februar 1955 Ottillinger nach Vladimir zugestellt.[266]

Erst am 5. Oktober erhält man in Wien Kenntnis vom genauen Aufenthaltsort Ottillingers und kennt das Postfach 5110/49 (Gefängnis Vladimir). Ihr Vater, Anton Ottillinger, hat die Heimkehrer-Mitteilung dem Bundeskanzleramt überbracht, wie eigens mit Aktenvermerk festgehalten wird. Norbert Bischoff weiß es zu diesem Zeitpunkt noch nicht. Er geht noch am 1. November 1954 davon aus, dass sich die Gefangene unter der Postfachnummer 5110/43 [Pot'ma] befindet.[267]

Der wirkliche Durchbruch gelingt Ottillinger am 10. März 1955, als der stellvertretende KGB-Chef Generalleutnant P. I. Ivašutin[268] (siehe Foto, S. 134) auf Basis der „Erklärungen" Ottillingers, eines Briefes ihrer Eltern an den Obersten Sowjet und einer Note der österreichischen Botschaft mit der Bitte um Überprüfung des Falles, „befindet":

- dass „die Anklage wegen Spionage zugunsten des amerikanischen Geheimdienstes durch die Aktenunterlagen nicht bewiesen wird",
- dass zwar das Faktum des „Vaterlandsverrates" seitens Didenkos erwiesen sei und Didenko im Verhör ihre direkte Unterstützung bestätigte, dass Ottillinger jedoch jede Hilfe dabei bestritt.

Daher folgt Ivašutin dem Vorschlag des Ober-Untersuchungsrichters der 1. Abteilung der Untersuchungsverwaltung des KGB, Major Bulygin, und den mitunterzeichnenden KGB-Abteilungsleitern, Oberst Motavkin und Oberst Kallistov, und bestätigt die Reduktion des Strafausmaßes von 25 auf 10 Jahre.[269]

Nur acht Tage später erhält sie offiziell Schreiberlaubnis, von der sie schon ahnt und die Karte schon am 9. März verfasst. *„Meine Erregung beim Schreiben der ersten Karte nach Hause werde ich nie vergessen"*. Am 4. April 1955, knapp vor der Moskau-Reise der österreichischen Delegation zu Verhandlungen um den Staatsvertrag, kann das Außenamt in Wien mitteilen, dass die Familie erstmals eine postalische Nachricht von ihrer Tochter aus Vladimir erhielt.[270]

Rückkehr nach Österreich

Von den erfolgreichen Staatsvertragsverhandlungen der österreichischen Delegation mit Julius Raab, Adolf Schärf, Leopold Figl und Bruno Kreisky Mitte April 1955 in Moskau erfährt Ottillinger aus der Parteizeitung „Pravda". *„Unbeschreiblich war der Jubel unter uns Österreicherinnen, als der Erlass des Obersten Sowjets [vom 21. April 1955] veröffentlicht wurde, wonach alle Österreicher amnestiert würden, ausgenommen jene, denen in den letzten zwei Jahren Spionage nachgewiesen wurde. [...]*

Die Wächterinnen behandelten uns schon eher als Freie, denn als Gefangene".[271] Die amtliche Bescheinigung folgt am 6. Mai 1955, unterfertigt vom Leiter der Ersten Sonderabteilung des Innenministeriums der Sowjetunion, Oberst Aleksandr S. Sirotkin.[272]

Nun hat sie nur noch die Rückreise im Kopf, die Formalitäten, die Abgabe der Gefängnis-Gegenstände und den Empfang der persönlichen Sachen. *„In einem blauen Kuvert brachten mir ein Offizier und eine Kassierin Uhr, Armband und Ringe und fragten, ob diese Gegenstände mir gehörten. Ich bekam jetzt meine Uhr, die in Baden in alle Bestandteile zerlegt worden war, hier in Vladimir wieder ganz zurück. Und sie funktionierte".*

Per Bahn geht es über Moskau, über die ihr schon bekannten Bahnhöfe, abermals nach Pot'ma, wo das Durchgangslager zu einer Art Repatriierungslager umfunktioniert wurde.[273] Hier wird sie sofort bei ihrem Eintreffen am 18. Mai 1955 gefragt, wohin sie entlassen werden wolle (natürlich zu ihrer Familie nach Steinbach bei Mauerbach in Niederösterreich, ist ihre schriftliche Antwort).[274] Doch während der langen Wartezeit auf die Abreise, erkrankt Ottillinger abermals an einer Rippenfellentzündung. *„Wieder kam ich auf Station und hatte nur einen Wunsch: Durch diese Krankheit nicht noch länger hier belassen und beim nächsten Transport nach Österreich mitgenommen zu werden. Die Formalitäten erledigte ich am Krankenbett".*[275] Sie füllt die Vollmacht für Franz Herzig[276] aus, alle auf ihren Namen eintreffenden Pakete in Empfang zu nehmen. Hier unterschreibt Ottillinger wenige Minuten vor ihrer Abfahrt nach Österreich, wiederum über Moskau, auch, alle ihr gehörenden Gegenstände, Wertsachen und das Geld zurückerhalten zu haben und „gegenüber der Administration der Lagerabteilung keinerlei Ansprüche zu erheben".

Es ist Dienstag, 21. Juni 1955: *„In Zweier- und Dreierreihen strömte alles beim Tor von Pot'ma hinaus, jenem Zug entgegen, der die Freiheit bringen sollte. Am Ende der Kolonne: ich, auf einer Tragbahre. Keine Gefangenenwaggons mehr, sondern normale Personenwagen mit Liegebetten in jedem Abteil. In Moskau hatten wir noch rasch alle Sehenswürdigkeiten der Stadt zu besichtigen. Auch ich auf meiner Tragbahre. Dann wurden wir in einen Expresszug umwaggoniert. Ein Komfort, eine Ausstattung, die mir schon vollkommen fremd war. [...] Die erste Mahlzeit – schon ganz österreichisch: Schnitzel, Salat und Bratkartoffeln. Als der Zug die sowjetisch-ungarische Grenze bei Čop passierte, war der Jubel schon groß, als wir aber über die österreichische Grenze fuhren, steigerte er sich in einen unbeschreiblichen Taumel. Ich selbst lag krank in meinem Abteil und konnte nicht mitfeiern, nicht einmal aufstehen. Als in der ersten österreichischen Station Blumen auch für mich durch mein Abteilfenster flogen, freute ich mich trotz meiner Krankheit ungeheuer".*[277]

Der Transport erreicht am 25. Juni 1955 die „Heimkehrerstadt" Wiener Neustadt. Alles, was Rang und Namen hat, ist auf den Beinen, um den Zug willkommen zu heißen. Ottillinger wird auf einer Tragebahre aus dem Zug gehoben, bedeckt mit Blumen, gefilmt von der „Austria Wochenschau" und von „FOX". *„Ich fand die Meinen wieder und erschrak, dass ich keine Tränen hatte. So sehr war ich der Freude und Rührung entwöhnt".* Und angesichts des Blumenmeers sinniert Ottillinger: *„Werden den Blumen auch die anderen Dinge folgen, wenn wir wieder ins Leben eintreten wollen?"*[278]

Schon ein Jahr später wird der „Bürgerin Ottillinger Margarita" am 18. Juli 1956 im Wege über die sowjetische Botschaft/Konsularabteilung in Wien „zur Kenntnis gebracht, dass nach den uns von kompetenten sowjetischen Regierungsstellen zugegangenen Nachrichten, Ihre Verurteilung durch Beschluss des Obersten Sowjets vom 15. Juni 1956 aufgehoben wurde".[279]

Nach einer Genesungsphase von einigen Monaten will Ottillinger wieder in den Arbeitsprozess. Sie fühlt sich noch zu jung, um in Pension zu bleiben. Das Finanzministerium hat Ottillinger mit 1. Mai 1956 pensioniert. Ihr Ministerium gibt es nicht mehr, die ehemaligen Sektionen sind aufgeteilt auf das Finanzministerium unter Reinhard Kamitz und das Verstaatlichtenministerium unter Karl Waldbrunner. In der Nachfolgeabteilung ihrer Planungssektion im Finanzministerium wird sie nicht aufgenommen. Über einen Hinweis von Paul Schärf, den Bruder des Bundespräsidenten, und über Vermittlung von Karl Kummer, Franz Köck und Walter Raming, wendet sie sich an die Österreichische Mineralölverwaltung (ÖMV, heute OMV) und erhält im Oktober 1956, mit Hilfe von Bundeskanzler Raab, eine Anstellung als Konsulentin. Bereits im Jahr darauf wird sie Prokuristin und noch im Dezember 1957 Vorstandsdirektorin für die Bereiche „Personal, wirtschaftliche Planung und Koordinierung". Ottillinger ist gerade einmal 38 Jahre alt. „Young and brilliant", so bezeichnete sie nach dem Krieg ein US-Geheimdienstbericht. Als einzige Frau im Vorstand der ÖMV gestaltet sie deren Entwicklung zu einem der größten österreichischen Wirtschaftsunternehmen wesentlich mit.

Vor allem kann sie noch einmal, nun aber als Vorstandsdirektorin der OMV, nach Moskau reisen, sowjetische Experten treffen, und die ersten Gaslieferverträge zwischen Österreich und der Sowjetunion vorbereiten. Auf Basis dieser Arbeiten und der unterzeichneten Verträge, beliefert die Sowjetunion ab 1. September 1968 (zwei Wochen nach dem Einmarsch von Warschauer-Pakt-Truppen in der Tschechoslowakei!) Westeuropa mit Erdgas. Die Übernahmestelle in Österreich steht an der slowakischen Grenze (siehe Foto, S. 161).

Daneben engagiert sie sich in vielen Bereichen, oft im Stillen. Mit dem Wiener Erzbischof, Kardinal Franz König, beteiligt sie sich an der Gründung des Afro-Asiatischen Instituts in Wien und versucht die notwendigen Geldmittel aufzutreiben, ist bis 1964 Vizerektorin des Instituts, danach wird sie Kuratoriumsmitglied in der neu gegründeten Stiftung „Pro Oriente".

Vor allem ihr, sich selbst im Lager Pot'ma gegebenes Versprechen, zum Dank für eine, damals wenig wahrscheinliche, glückliche Rückkehr nach Österreich, in Wien eine Kirche zu bauen, setzt sie energisch mit der von Fritz Wotruba entworfenen „Kirche zur Heiligsten Dreifaltigkeit auf dem Georgenberge" in Wien-Mauer, um. Wotruba selbst erlebt die Fertigstellung und Weihe der Kirche nicht mehr – er verstirbt im August 1975 an einem Herzinfarkt.

1982 scheidet Margarethe Ottillinger aus dem Vorstand der ÖMV aus und geht in Pension. Doch gerade bei ihr kann man in dieser Phase durchaus von einem „Unruhestand" sprechen: Sie unternimmt mehrere längere Reisen nach Chile sowie China und widmet sich zahlreichen weiteren – teilweise caritativen – Aktivitäten und vielen Vorträgen. 1989 zieht sie in das in Wien-Mauer neu errichtete Haus der Servitinnen um.

Mit großem Interesse verfolgt sie den Zerfall der UdSSR und die Öffnung der sowjetischen Archive Anfang der 1990er Jahre. Als auch ihr Geheimakt des KGB reproduziert werden kann, steht sie für mehrere Interviews und Gespräche mit Stefan Karner zur Verfügung. Wiederholt fragt sie sich nach der Lektüre ihres Personalaktes, wieso gerade sie in die Fänge von Stalins Strafjustiz geraten ist. Kurz nach der Publikation dieses Dossiers verstirbt sie am 30. November 1992.

Zu Ehren der tiefgläubigen, zuletzt auch als Tertiarierin des Servitinnen-Ordens aktive Ottillinger wurde der Platz vor der Wotruba-Kirche im Jahr 2012 „Ottillingerplatz" benannt. Der feierliche Akt folgte am 9. Juni 2013. Ihr Leben und Wirken wurde von der epo-FILM, Wien – Graz, mit Ursula Strauss unter dem Titel „Die Frau die zu viel wusste" 2016 verfilmt (Drehbuch: Martin Betz, Regie Klaus T. Steindl). Die „Universum History"-Dokumentation in ORF 2 am 4. März 2016 hatte, obwohl auf dem spätabendlichen Sendeplatz ausgestrahlt, mit 302.000 durchgehenden Zusehern und einem Marktanteil von 19 Prozent die besten Werte aller bisherigen Dokumentationen von „Universum History".

Conclusio

1948 verschärfte sich der Kalte Krieg zwischen Ost und West. Dies spiegelte sich auch in den Verhaftungen von Österreichern durch die sowjetische Besatzungsmacht wider. Immer mehr Österreicher wurden des Vorwurfs der Spionage für die Amerikaner, Briten oder Franzosen beschuldigt und als Spione verurteilt. In vielen Fällen, auch nach damaliger sowjetischer Gesetzeslage, ohne ausreichende Begründung und Beweise. 1948 nahmen die Verhaftungen nicht nur zahlenmäßig zu, sie erreichten ab Mitte 1948 auch eine neue Ebene. Hatte man bis dahin vor allem Zivilisten ohne besondere Funktionen verhaftet, so waren nun mit Franz Kiridus und Anton Marek die Chefs der „Gruppe 5", einer inoffiziellen, im Geheimen agierenden Einheit der Staatspolizei, betroffen. Es waren dies gezielte Verhaftungen auf der „zweiten" und „dritten" Ebene. Die politisch Verantwortlichen blieben in Österreich von der sowjetischen Besatzungsmacht unbehelligt. Im Gegensatz etwa zur gängigen Praxis in den mittelosteuropäischen Staaten oder der DDR verhaftete die Sowjetmacht in Österreich keine Minister oder ranghohe Politiker.

Nach der Verhaftung Ottillingers im November 1948 intervenierten die österreichen Regierungsstellen von Anfang an vehement beim sowjetischen Hochkommissar Vladimir V. Kurasov. Erfolglos. Aleksej S. Želtov soll zudem unverhohlen gedroht haben, Ottillingers Schicksal möge auch anderen Beamten der österreichischen Regierung „als Warnung dienen".

Dies spricht dafür, dass mit der Verhaftung Ottillingers (wohl auch neben anderen) der österreichischen Regierung klar aufgezeigt werden sollte, dass ihr nahezu einseitig eingeschlagener prowestlicher Kurs, der sich gerade in der Wirtschaftspolitik manifestierte, Grenzen habe und die Sowjetunion nicht stillschweigend zusehen würde, vor allem wirtschaftliches Terrain gegenüber den Westmächten zu verlieren.

Ottillinger passte aus sowjetischer Sicht perfekt in das „Fangnetz" der sowjetischen Besatzungsmacht. Gegen sie lagen konkrete Hinweise vor, die für eine Tätigkeit als amerikanische Agentin sprachen und die nur schwer zu entkräften sein würden. Ottillinger sah Österreichs Zukunft zweifelsohne westorientiert, auf der Basis von Marktwirtschaft. Ebenso wie ihr Chef, Minister Peter Krauland, ein Mann, dem das sowjetische System zutiefst zuwider war. In ihrer Tätigkeit stand Ottillinger zwar in engem Kontakt mit hochrangigen Vertretern der Alliierten, im Dienste amerikanischer Nachrichtendienste stand sie aber nicht. Durch unglückliche Umstände konnte aber, vor dem Hintergrund der damaligen Situation in Österreich und vor allem in Wien, durchaus der Eindruck entstehen, dass sie auch eine Agententätigkeit ausführe. Eine Involvierung Kraulands in die Festnahme und Verhaftung Ottillingers (die sowjetische Verfahrensweise hatte drei Etappen: Festnahme, Verhaftung, Verurteilung) ist nicht nachweisbar. Sein Verhalten nach der Anhaltung und Festnahme seiner Sektionsleiterin in St. Valentin ist zwar merkwürdig, sogar feige. Ein Indiz für seine eigene Verstrickung in geheimdienstliche Operationen der Sowjets ist es nicht. Seine späteren Verfehlungen dürfen nicht mit der Causa Ottillinger vermengt werden.

Die sowjetischen Geheimdienstorgane sammelten seit 1945/46 Informationen über Ottillinger. Dabei war ihnen natürlich nicht entgangen, dass sie eine Liebesbeziehung zu einem wichtigen sowjetischen Stahl-Experten gehabt hatte, dem sie die Flucht in den Westen ermöglichte. Zudem wurde Ottillinger durch einen vom amerikanischen Geheimdienst angeworbenen Österreicher, der den Sowjets ins Netz gegangen war, als US-Spionin bezeichnet.

Eine Verhaftung dieser Größenordnung ist kaum als autonome Aktion der sowjetischen Besatzungsbehörden in Österreich vorstellbar. Fragen derartiger Brisanz und der zu erwartenden Folgen wären, in der damaligen sowjetischen Realpolitik, ohne das

Einverständnis von Stalin, zumindest jedoch von Außenminister Vjačeslav M. Molotov, nicht entschieden worden. Ohne Zustimmung von ganz oben wurden solche Operationen von sowjetischen Geheimdienstorganen nicht durchgeführt.

1948 trat der Kalte Krieg in seine erste „heiße" Phase. Stalin ließ die Zufahrtswege der Alliierten nach West-Berlin blockieren. Der Ausbruch eines neuerlichen Krieges in Europa schien möglich. Die Verhandlungen über den Abschluss des österreichischen Staatsvertrags wurden abgebrochen. Die Sowjetunion ging in ihren Besatzungszonen in Deutschland und in Österreich immer rigoroser vor.

Die drei prominentesten „Fälle" Marek, Kiridus und Ottillinger fanden weltweites Echo. Moskau setzte mit diesen Verhaftungen auch klare politische Botschaften an die österreichische Regierung ab und zog die Zügel enger. Es waren gezielte Schüsse vor den Bug. Ottillinger wurde ein willkommenes Opfer der sowjetischen Geheimdienste. Aus politischer Sicht wäre Moskau wohl auch die Verhaftung eines anderen Spitzenbeamten recht gewesen. Gegen Ottillinger meinten die Sowjets aber handfeste Beweise für eine Spionagetätigkeit im Auftrag der USA zu haben.

In den zahlreichen Verhören, deren Protokolle aus dem Archiv des FSB in diesem Buch erstmals analysiert wurden, zeigte sich Ottillinger den Untersuchungsrichtern intellektuell überlegen und versuchte die konstruierte Anklage zu widerlegen. Dabei war sie sehr mutig und forderte bisweilen sogar Gerechtigkeit vom stalinistischen Justizsystem. Doch Gerechtigkeit gab es unter Stalin keine. Immer, wenn Ottillinger bei den Verhören die Oberhand zu erlangen schien, wurden diese abrupt abgebrochen. Als selbst die verhörenden Tschekisten der Lubjanka einsehen mussten, dass bei Ottillinger keine Spionagetätigkeit nachgewiesen werden konnte, wurde ihr Berufungsverfahren beendet.

Von allen konstruierten Vorwürfen blieb auch aus sowjetischer Sicht 1952/53, wenn überhaupt, nur ein Straftatbestand übrig: Hilfestellung beim Überlaufen eines sowjetischen Staatsbürgers in den Westen. Der Hauptanklagepunkt „Spionage" war nicht mehr aufrecht zu erhalten. Dennoch blieb sie, obwohl strafverkürzt auf zehn Jahre, weiterhin im Polit-Isolator Vladimir in Haft. 1955, nach dem erfolgreichen Abschluss des Staatsvertrages „vorzeitig entlassen", kehrte Ottillinger am 25. Juni 1955 schwerkrank nach Österreich zurück. 1994 wurde sie von der russischen Haupt-Militärstaatsanwaltschaft in allen ihr seinerzeit zur Last gelegten Anklagepunkten rehabilitiert.

Anmerkungen zum Textteil

1   1938 begannen die 1937 gegr. Reichswerke „Hermann Göring" mit der Errichtung der Hütte Linz (Reichswerke AG für Erzbergbau und Eisenhütten „Hermann Göring" Linz), 1939 wurde sie (ab 1941 im Teilbetrieb) mit der Alpine Montan zur Alpine Montan Aktiengesellschaft „Hermann Göring", Linz, fusioniert. Der Konzern lieferte bis Kriegsende auf Basis der Erze vom Kärntner und steirischen Erzberg rund 5 Prozent der deutschen Stahlerzeugung. Am 5. Mai 1945 erreichten US-Truppen Linz und beschlagnahmten die Hütte als „Deutsches Eigentum", die, wieder getrennt von der Alpine Montan, im Juli/Oktober 1945 in Vereinigte Österreichische Eisen-und Stahlwerke AG (Vöest) umbenannt wurde. Im Sommer 1946 übergab US-Hochkommissar Mark W. Clark die Vöest an die Republik Österreich zur treuhändigen Verwaltung, zehn Tage später wurde die Vöest verstaatlicht und erhielt aus dem US-Marshallplan jene Mittel, die ihr eine rasche Expansion ermöglichten. Spätestens mit der Entwicklung des LD-Verfahrens 1952 wurde sie, gemeinsam mit der Alpine, zum Paradebetrieb der Verstaatlichten Industrie Österreichs. Vgl. u. a. Stefan Karner, Die Eingliederung der österreichischen Montanindustrie in die deutsche Kriegsrüstung: Die Alpine Montan 1938–1945, in: Der Anschnitt 1/1981, S. 17–30 (= Karner, Alpine-Montan); ders., Die österreichische Alpine Montangesellschaft. Ihre Eingliederung in die Reichswerke Hermann Göring und in die deutsche Kriegsrüstung, in: Geschichte des Erzberggebietes. Leoben 1979, S. 105–131. Hans Jörg Köstler (Red.), Werk Donawitz, Entwicklung und Umfeld 50 Jahre LD-Verfahren. Donawitz 2002; Oliver Rathkolb (Hg.), NS-Zwangsarbeit: Der Standort Linz der „Reichswerke Hermann Göring AG Berlin" 1938–1945, 2 Bde. Wien 2001.

2   Hans Igler, Dkfm. Dr., geb. 29.7.1920 in Wien, gest. 5.5.2010 in Wien. Von 1938 bis 1945 Soldat der Deutschen Wehrmacht. Daneben studierte er an der Hochschule für Welthandel in Wien. 1946 Diplomkaufmann, 1947 Doktor. Von 1946 bis 1950 war er Mitarbeiter im Bundesministerium für Vermögenssicherung und Wirtschaftsplanung, zuständig für die Abwicklung des Marshallplans. Von 1950 bis 1955 war er im Bundeskanzleramt, bis 1953 stellvertretender, danach Leiter des ERP-Büros. Dazu war er Wirtschaftsberater von Julius Raab bei den Verhandlungen zum Staatsvertrag. Danach bis 1959 Vorstandsvorsitzender der Österreichischen Industrie- und Bergbauverwaltung, Holding für verstaatlichte Betriebe. Seit 1960 fungierte er in führenden Positionen im Vorstand der Schoeller & Co. Bankaktiengesellschaft. Von 1972 bis 1980 war er Präsident der Industriellenvereinigung. Vgl.: Ernst Bruckmüller (Hg.), Österreich-Lexikon. Wien 2001, S. 223. – Hans Malzacher, geb. 14.10.1896 in Traisen/NÖ, gest. 16.10.1974 in Villach, Dr. mont., 1936 Generaldirektor der Simmering-Graz-Pauker AG, zwischen 1938 und 1941 Generaldirektor der Alpine Montan, Reichswerke „Hermann Göring" in Linz. Mit dem Bedeutungsverlust der Alpine innerhalb der RW „Hermann Göring" schied Malzacher aus dem Vorstand aus und übernahm danach bis 1945 die Generaldirektion der Hütte Teschen/Cieszyn in Polen, 1944/45 wurde Malzacher einer von vier Stellvertretern von NS-Rüstungsminister Albert Speer, zuständig für den Rüstungsbezirk „Südost" Österreich, Norditalien, Böhmen, Mähren, Schlesien), dem u. a. der Unterbezirk Donau-Drau zugehörte und dem Franz Leitner von Böhler vorstand. Zu Kriegsende von der US-Besatzungsmacht als Geschäftsführer der Hütte Linz eingesetzt, wurde er bald von der österreichischen Exekutive als „Kriegsverbrecher" verhaftet und blieb bis 1947 inhaftiert. Im Nürnberger Prozess gegen die Hauptkriegsverbrecher sagte er als Zeuge gegen Albert Speer aus, danach half er im Aufsichtsrat beim Aufbau der Tiroler Röhren- und Metallwerke AG in Sollbad Hall. Später wurde Malzacher noch Vorsitzender des Aufsichtsrates der Voest und von Steyr-Daimler-Puch. Vgl. Hans Malzacher, Begegnungen auf meinem Lebensweg. 2 Bde. Villach 1967 und 1971. Vgl. Bruckmüller (Hg.), Österreich-Lexikon, S. 305; Karner, Alpine-Montan, S. 17–30. Zum ERP für Österreich

vgl. u. a.: Arno Einwitschläger, Amerikanische Wirtschaftspolitik in Österreich 1945–1949. Wien – Köln – Graz 1986; Günter Bischof – Anton Pelinka – Dieter Stiefel, The Marshall Plan in Austria. Contemporary Austrian Studies, Vol. 8. New Brunswick 2000; Wilfried Mähr, Der Marshall-Plan in Österreich. Wien 1989. Hans Malzacher, Aus meinem Berufsleben. Villach 1975. Das im Selbstverlag erschienene Buch ist eine Autobiographie und gibt unklare Angaben seiner Karriere. Die wenigen Hintergrundinformationen zur Causa Ottillinger sind schwammig und auch zeitlich falsch eingeordnet.

3   Walther Kastner, Dr. jur., geb. 1902 in Gmunden, gest. 1994 in Wien. Im Ständestaat arbeitete Kastner im Finanzministerium. In der NS-Zeit war er in der Kontrollbank tätig und kontrollierte die Arisierung von Großbetrieben. Seit 1940 war er NSDAP-Mitglied. 1942 wechselte Kastner in den Vorstand der Semperit-AG, 1944 war er Aufsichtsrat der Simmering-Graz-Pauker. Nach 1945 arbeitete er als NS-Belasteter zunächst als Hilfsarbeiter bei einem Kunstbergungstrupp, ab 1946 als Konsulent im Ministerium von Krauland. Dort war er für die Rückgabe mancher Firmen zuständig, die er selbst als Leiter der Kontrollbank „entjudet" hatte. Krauland soll seinen Werkvertrag entgegen der Bedenken der Alliierten durchgesetzt haben. Ab 1949 arbeitete er als Wirtschaftsanwalt. 1964 wurde er als Professor für Handelsrecht an die Universität Wien berufen. Er war Mitautor des 5. Österreichischen Restitutionsgesetzes und Ehrenmitglied der Österreichischen Akademie der Wissenschaften Seine große Gemäldesammlung stiftete er dem Oberösterreichischen Landesmuseum in Linz. Vgl.: Walther Kastner, Mein Leben – kein Traum. Aus dem Leben eines österreichischen Juristen. Wien 1995; Bruckmüller, Österreich Lexikon, S. 241; Brigitte Bailer-Galanda, „Schauen Sie, das Ungeordnete ist natürlich schlimmer wie das Geordnete": Skizze zu Walther Kastner, Jurist und Staatsbedensteter für Diktatur und Demokratie, in: Michael Pammer (Hg.), Erfahrung der Moderne. Festschrift für Roman Sandgruber zum 60. Geburtstag. Stuttgart 2007, S. 289–300; Peter Böhmer, Wer konnte, griff zu. „Arisierte" Güter und NS-Vermögen im Krauland-Ministerium (1945–1949). Wien – Köln – Weimar 1999 (= Böhmer), S. 28, 38; Hans Safrian – Hans Witek, Und keiner war dabei: Dokumentation des alltäglichen Antisemitismus in Wien 1938. Wien 1988, S. 144–156 (Liste der 99 unter Aufsicht der Kontrollbank „arisierten" Betriebe).

4   Leopold Figl, geb. 2.10.1902 in Rust/NÖ, gest. 9.5.1965 in Wien, Agraringenieur; 1934–1938 Direktor des nö. Bauernbundes, 1938–1943 inhaftiert im KZ Dachau, 1944/45 im KZ Mauthausen. 1945 Landeshauptmann von NÖ und Staatssekretär (= Minister) der prov. Staatsregierung unter Karl Renner (SPÖ), 1945 Mitbegründer der ÖVP und bis 1952 deren Bundesparteiobmann, nach den Wahlen und der Konstituierung von Parlament und Bundesregierung am 20.12.1945 erster Bundeskanzler der 2. Republik Österreich bis 1953, danach bis 1959 Außenminister, Staatsvertrags-Verhandler und -Unterzeichner. 1959-1962 Erster Präsident des Nationalrates, 1962–1965 wieder nö. Landeshauptmann. Vgl. u. a. Bruckmüller (Hg.), Österreich-Lexikon, S. 122; Ernst Trost, Figl von Österreich. Wien 1992; Helmut Wohnout, Leopold Figl und das Jahr 1945: Von der Todeszelle auf den Ballhausplatz. Wien 2015.

5   Heinrich Gleißner, geb. 26.1.1893 in Linz, gest. 18.1.1984 in Linz, Dr. jur., ab 1930 Direktor der Kammer für Land- und Forstwirtschaft in Oberösterreich, 1933/34 (unter Bundeskanzler Engelbert Dollfuß) Staatssekretär im BM für Land- und Forstwirtschaft, 1934–1938 Landeshauptmann von Oberösterreich, 1939–1941 inhaftiert in den KZ Dachau und Buchenwald, 1945–1971 als ÖVP-Politiker Landeshauptmann von Oberösterreich, 1951 unterliegt er als ÖVP-Kandidat in der Wahl zum Bundespräsidenten knapp Theodor Körner. Vgl. Bruckmüller (Hg.), Österreich-Lexikon, S. 155.

6   Gespräch mit Dr. Gerhard Hermann, Wien, 25.1.1994. – Hermann war 1947–1950 Konzepts-Jurist im BM für Vermögenssicherung und Wirtschaftsplanung, danach bis 1980 in der Bundeswirtschaftskammer, zuletzt als Leiter des Referates „Internationales und nationales Zollrecht". – Auf der Rückfahrt von seinem Auftritt in Linz wurde am 5.11.1948 auch Bundeskanzler Leo-

pold Figl etwa zwei Stunden an der Zonengrenze von den Sowjets aufgehalten und kontrolliert. ÖStA, BMI, Landessicherheitsdirekton Niederösterreich, Monatsbericht für den November 1948.

7   CA FSB, Akt A. Fockler. 1636 – AUKR, MGB CGV, Feldpost-Nr. 32750, 8.12.1948 (Charitonov). – Zu Fockler siehe Kurzbiographie im Anhang. Edith Petschnigg, Stimmen aus der Todeszelle. Kurzbiografien der Opfer: Alfred Fockler, in: Stefan Karner – Barbara Stelzl-Marx (Hg.), Stalins letzte Opfer. Verschleppte und erschossene Österreicher in Moskau 1950–1953. Unter Mitarbeit von Daniela Almer, Dieter Bacher und Harald Knoll (= Karner – Stelzl-Marx, Stalins letzte Opfer). Wien – München 2009 (= Petschnigg, Fockler), S. 368–370.

8   Vgl. auch: Harald Irnberger, Nelkenstrauß ruft Praterstern. Am Beispiel Österreich: Funktion und Arbeitsweise geheimer Nachrichtendienste in einem neutralen Staat. Wien 1981 (= Irnberger), S. 37. – Die sowjetische Ordnung kannte drei Etappen der Haft: Festnahme, Arrest, Haft.

9   Vgl. dazu u. a. Hans Seidel, Österreichs Wirtschaft und Wirtschaftspolitik nach dem Zweiten Weltkrieg. Wien 2005 (= Seidel), S. 401–419; Otto Klambauer, Die USIA-Betriebe. 2 Bde. Phil. Diss. Uni-Wien 1978; ders., Staat im Staate. Sowjetisches Vermögen in Österreich 1945–1955, in: Stefan Karner – Gottfried Stangler (Hg.), „Österreich ist frei!" Der Österreichische Staatsvertrag 1955. Unter Mitarbeit von Peter Fritz und Walter Iber. Horn – Wien 2005, S. 182–189; Ernst Bezemek – Otto Klambauer, USIA und USIA-Betriebe in Niederösterreich: Geschichte, Organisation, Dokumentation. Studien und Forschungen aus dem NÖ Institut für Landeskunde, Bd. 5. Wien 1983. Zur SMV vgl. vor allem: Walter Iber, Die Sowjetische Mineralölverwaltung in Österreich. Zur Vorgeschichte der OMV 1945–1955. Veröff. d. L. Boltzmann-Instituts f. Kriegsfolgen-Forschung, hrsg. von Stefan Karner, Bd. 15. Innsbruck – Wien – Bozen 2011 (= Iber, SMV); Stefan Karner, Österreichs Wirtschaft unter sowjetischer Besatzung 1945–1955. Ansätze zu einem Überblick, in: Karl Hardach (Hg.), Intern. Studien z. Geschichte v. Wirtschaft und Gesellschaft. Teil 1. Frankfurt am Main 2012. – Gespräche des Autors mit Dr. Gerhard Hermann, Wien, 1992–1994.

10 Staršina war in der Sowjetarmee und heute in der russischen Armee der höchste Unteroffiziersrang und entspricht international dem Stabsfeldwebel (NATO-Rangcode OR-8). Im österreichischen Bundesheer entspricht Staršina dem Rang eines Unteroffiziers; Mladšij Seržant [Untersergeant] ist ein niedriger sowjetischer/russischer Unteroffiziersrang (NATO Rangcode OR-4) und entspricht etwa einem Wachtmeister beim Österreichischen Bundesheer.

11 CA FSB Moskau, K-106182. Akt M. Ottillinger, Festnahmeprotokoll, handschriftlich, 5.11.1948 der Gegenspionage/Spionageabwehr des MGB [Ministerstvo Gosudarstvennoj Bezopasnosti, Ministerium für Staatssicherheit], Truppenteil Feldpost-Nr. 30451; Maschinschriftliche Niederschrift Ottillingers für die Österreichische Staatspolizei, v. 17./18.7.1955.

12 Rudolf Lehr, Landeschronik Oberösterreich. Linz 2012, S. 368. Herrn Direktor des Oberösterreichischen Landesarchivs, Dr. Gerhart Marckhgott, danke ich für den Literaturhinweis. Die Übergabe der Enns-Grenzkontrolle durch die Amerikaner an die Österreicher erfolgte am 3.10.1948. Zu den Zonen in Österreich vgl. allgemein Manfried Rauchensteiner, Der Sonderfall. Die Besatzungszeit in Österreich 1945 bis 1955. Graz – Wien – Köln 1979 (= Rauchensteiner, Sonderfall); zu den Aufgaben der sowjetischen Kommandanturen vgl. Valerij Vartanov, Die Aufgaben der Militärkommandanturen in der sowjetischen Besatzungszone Österreichs 1945–1955, in: Karner – Stelzl-Marx, Rote Armee, S. 163–178; Stefan Karner – Barbara Stelzl-Marx – Alexander Tschubarjan (Hg.), Die Rote Armee in Österreich. Sowjetische Besatzung 1945–1955. Dokumente (russisch und deutsch). Graz – Wien – München 2005 (= Karner – Stelzl-Marx – Tschubarjan, Rote Armee. Dokumente); speziell zur sowjetischen Zone in Niederösterreich u. a.: Stefan Eminger – Ernst Langthaler (Hg.), Sowjets – Schwarzmarkt – Staatsvertrag. Stichwörter

zu Niederösterreich 1945–1955. St. Pölten – Wien – Linz 2005 (= Eminger – Langthaler, Sowjets).
13 Gespräche des Autors mit Frau Dr. M. Ottillinger 1992.
14 Das MGB entstand 1946 im Zuge der sowjetischen Ministeriumsreform aus dem NKGB. 1946 hatte die 3. Verwaltung des MGB die bis dahin separat agierende „Smerš" [ein Akronym für „smert' špionam" „Tod den Spionen"] übernommen. Die Smerš, zwischen 1943 und 1946 die sowjetische Sonder-Abwehrbehörde, wurde seinerzeit mit ihren Sonderabteilungen vom Innenministerium NKVD abgetrennt und direkt Stalin als Vorsitzendem des Staatskomitees für Verteidigung (GKO) unterstellt. Leiter der Smerš wurde Viktor Abakumov, der von 1946 bis 1952 auch Minister für Staatssicherheit (des MGB) war, unter Chruščev verurteilt und erschossen wurde. Die Smerš beschäftigte sich neben der „Beobachtung" der rückzuführenden Millionen sowjetischen Kriegsgefangenen vor allem mit der „Entlarvung ausländischer Spione". Vgl. dazu v. a. Vadim J. Birstein. Smersh. Stalin's Secret Weapon. Soviet Military Intelligence in WWII. London 2011 (= Birstein, Smersh); Aleksandr I. Kokurin – Nikita V. Petrov, Lubjanka. Organy VČK–OGPU–NKVD–NKGB–MGB–MVD–KGB 1917 1991. Spravočnik [Organe der VČK–OGPU–NKVD–NKGB–MGB–MVD–KGB 1917 1991. Ein Handbuch]. Moskau 2003; Christopher Andrew – Oleg Gordiewsky, KGB. Die Geschichte seiner Auslandsoperationen von Lenin bis Gorbatschow. München 1990 (= Andrew – Gordiewsky), S. 438–548; ergänzend auch Žak Rossi, Spravočnik po GULAGu [Handbuch des Gulag]. 2 Bde. Moskau 1991(= Rossi, GULAG), hier Bd. 1, S. 364.
15 Ottillinger war weder NSDAP-Mitglied noch NSDAP-Anwärterin. Sämtliche Detailrecherchen im Bundesarchiv Berlin (Materialien des ehemaligen „Berlin Document Centre"), in den Gauakten sowie in den persönlichen Unterlagen verliefen negativ. Sie entzog sich der NSDAP durch ihre karitative Tätigkeit im Rahmen des Deutschen Roten Kreuzes – Gespräche des Autors mit Frau Dr. M. Ottillinger 1992.
16 Maschinschriftl. Niederschrift Ottillingers für die Österreichische Staatspolizei, v. 17./18.7.1955, S. 3; Privatbestand Karner, Sammlung Ottillinger; ÖStA, BMI, Landessicherheitsdion NÖ, Monatsbericht Nov. 1948. – Die Einschätzung Ottillingers basiert auf mehreren Gesprächen mit dem Autor 1992 und aus ihren eigenen, umfangreichen, maschinschriftl. Erinnerungen, ÖStA, AVA, E/1737 (Nachlass Ottillinger), 43 und 44.
17 M. Ottillinger, geb. 1919, Wohnort Steinbach, Doktor der Handelswissenschaften, ledig, Sektionsleiter, parteilos, einer Arbeiterfamilie entstammend, 1947 Antrag auf ÖVP-Mitgliedschaft, Eltern: Anton und Theresia Ottillinger, ein Bruder, Karl). CA FSB Moskau, K-106182. Akt M. Ottillinger, Personalbogen, ausgefüllt von der Dolmetscherin Lesjune, die – wie alle Übersetzer in Verfahren vor Gericht oder in U-Haft – auf den Artikel 95 des StGB der RSFSR hingewiesen wurde, wonach eine fehlerhafte Übersetzung strenge Strafen nach sich ziehen würde.
18 CA FSB Moskau, K-106182. Akt M. Ottillinger, Durchsuchung 6.11.1948, handschriftliche Notiz.
19 Gespräche des Autors mit Frau Dr. M. Ottillinger 1992 und ÖStA, AVA, E/1737 (Nachlass Ottillinger), 43 und 44.
20 Ebd.
21 Garde-General-Leutnant Nikita Fedotovič Lebedenko, geb. 1899 im Dorf Čajkovka im Gebiet Odessa/Ukraine, gest. 1956 in Moskau; sowj. Heerführer, „Held der Sowjetunion", diente in der Roten Armee seit 1919, u.a. auch im Bereich Trans-Baikal, im sowj.-finnischen Krieg, im Zweiten Weltkrieg an verschiedenen Frontabschnitten, zuletzt an der Weichsel und vor Berlin). Von Mai bis Oktober 1945 Militärkommandant von Dresden, danach vom 15. Oktober 1945 bis 18. Mai 1948 Militärkommandant von Wien. Anschließend in der Vorošilov-Militärakademie, von April 1949 bis Mai 1952 Kommandeur des 9. Garde-Schützen-Korps. Ende Mai 1952 aus Gesundheitsgründen in die Reserve des Verteidigungsministeriums in Moskau zurückberufen,

starb Lebedenko am 16.6.1956 bei einem Verkehrsunfall in Moskau. Vgl. G. M. Savenok, Venskie vstreči [Wiener Begegnungen]. Moskau 1961. Lebedenko wurde in Wien vielfach als Inbegriff des Schreckens der sowjetischen Besatzungsherrschaft gesehen. Unter der Hand wurden „Gebete" als Flugblätter verteilt, die auf ihn Bezug nahmen: „Gegrüßest sei'st du, Lebedenko, toller Knabe, der Schreck ist mit dir, du bist vermaledeit unter den Befreiern und vermaledeit ist die Sucht deiner Räuber nach Uhren und Weibern. Grausiger Lebedenko, verschwinde jetzt von unseren armen Wienern und nicht erst in der Stunde unseres Absterbens. Amen". AdBIK, Sammlung Ingrid Meixner, Graz. Flugblatt aus dem Jahr 1946. Wien.

22 Melderegister Wien, Meldezettel v. 22.5.1947. Polizei-Wachzimmer Rochusgasse, v. 6.9.1947. Die Wohnungs Kraulands war in Wien III, Am Modenaplatz 6, Tür 9. Minister Krauland ergänzde als Quartiergeber handschriftlich, Ottillinger lebe in seiner Wohnung „als Gast". Krauland ehelichte 1933 Vera Krasser, die er auf einem Ball des ÖCV in Wien kennengelernt hatte. Die Familien Krasser und Krauland waren eng mit dem ÖCV verflochten. ÖCV-Informationen. Auch Krauland war CV-Mitglied. www.oecv.at/Biolex/Detail/10909104, v. 21.10.2015.
23 Maschinschriftl. Niederschrift Ottillingers für die Österreichische Staatspolizei, v. 17./18.7.1955, S. 4.
24 Gespräche des Autors mit Frau Dr. M. Ottillinger 1992 und ÖStA, AVA, E/1737 (Nachlass Ottillinger), 43 und 44.
25 Ebd.
26 Gespräch des Autors mit M. Ottillinger, v. 6. Mai 1992.
27 Alfred Fockler, alias Alfred Müller, alias Arthur Friedmann, geb. 1907 in Wien, Österreicher, Kriminalbeamter, Wien 6, ab März 1946 arbeitete Fockler mit mehreren Agenten in Österreich, zunächst im SSU, dem US-Strategic Services Unit, ab 1947 im US-Aufklärungsdienst ESD-22 (External Survey Division) in der Spionage gegen die sowjetischen Besatzungsstreitkräfte und gegen sowjetische Behörden in Wien. Vgl. dazu: Petschnigg, Fockler, in: Karner – Stelzl-Marx, Stalins letzte Opfer, S. 368–370 und die Biographie im Anhang.
28 Edwin M. J. Kretzmann, 42, 178 groß, verheiratet, ein Kind. Seine Frau lebte mit dem Kind in den USA. Berufs-Spion, wohnte zuerst im Wiener Hotel „Bristol", später in einer Privatwohnung im 19. Wiener Gemeindebezirk. Während des Krieges arbeitete Kretzmann in der OSS, ab 1945/46 in Wien mit dem Ziel der „Erkundung des österreichischen Wesens, der politischen Lage und der politischen Parteien". CA FSB, Akt Alfred Fockler. 1636 – AUKR, MGB CGV, Feldpostnr. 32750, 8.12.1948 (Charitonov).
29 G-2 war die nachrichtendienstliche Abteilung bzw. der Offizier bei jeder militärischen US-Einheit. Dazu auch: Birstein, Smersh; Andrew – Gordiewsky, S. 438ff; ergänzend auch Rossi, GULAG, S. 364.
30 Frdl. Mitteilung von Thomas Hohn, Arlesheim/CH, v. 10. Mai 2005.
31 Gespräch des Autors mit M. Ottillinger v. 6. Mai 1992.
32 Georgij Andreevič Kulagin war der Leiter der Wirtschaftsabteilung des sowjetischen Teils der Alliierten Kommission für Österreich. RGASPI, Moskau, F. 17, op. 127, d. 1720, S. 80–84.
33 Beim ersten Verhör in St. Valentin spielt kurzfristig auch Ottillingers Aufenthalt in London eine Rolle, weil sich unter ihren „Papieren" auch eine Eintrittskarte zum Piccadilly Circus in London fand und ihr daraus auch eine Spionagetätigkeit für die Briten vorgeworfen wurde, was sie jedoch schnell entkräften konnte. Handschriftliche Erinnerungen Ottillingers, verwahrt im ÖStA, Wien, Nachlass Ottillinger.
34 Charles B. B. Friediger [im russischen Originaltext oft: Friedinger], 45, mittelgroß, korpulent, spärliches Haar, deutscher Akzent, arbeitete für Kretzmann. CA FSB, K-106182, Akt M. Ottillinger.
35 Die Eisen- und Stahl AG, Wien, Kurzbezeichnung für die Vereinigten Österreichischen Eisen-

36 CA FSB, Akt M. Ottillinger, Verhör vom 7.11.1948. – Vor dem Überlaufen zerstritt sich Didenko allerdings mit Polinskij. Ottillinger nahm an, dass dieser nicht über die Absicht Didenkos in den Westen zu gehen, informiert war.
37 Volkov, etwa 30 Jahre alt, groß, schlank, Brillenträger, das Unterkiefer etwas nach vorne geschoben, längliches, bleiches Gesicht, war aus Polen nach Österreich gekommen und verkehrte häufig im Hotel „Imperial". CA FSB, Akt M. Ottillinger, Verhör vom 6.11.1948 [recte 7.11.1948].
38 CA FSB, Akt M. Ottillinger, Verhör vom 6.1.1949.
39 Ebd. – Zu den verbotenen Liebesbeziehungen zwischen sowjetischen Armeeangehörigen und Österreicherinnen und den teilweise daraus resultierenden Verurteilungen wegen „Beihilfe zum Vaterlandsverrat" vgl. Barbara Stelzl-Marx, Stalins Soldaten in Österreich. Die Innensicht der sowjetischen Besatzung 1945–1955. Kriegsfolgen-Forschung, Bd. 6. Wien – Köln – Weimar 2012, S. 440–454.
40 Das Counter Intelligence Corps (Spionageabwehr) (= CIC) war Spionageabwehr und Gegenspionage der US Army d. h. der militärische Gegenspionagedienst, zuständig für das gesamte US-amerikanische Militär.
41 CA FSB, Akt M. Ottillinger, Verhör vom 6.11.1948 [recte 7.11.1948].
42 Ebd.
43 Zur Zwangspsychiatrie in der UdSSR hat v. a. Anatolij St. Prokopenko, Bezumnaja psichiatrija o primenenii v SSSR psichiatriji v karatel'nych celjach [Die wahnsinnige Psychiatrie. Geheime Materialien über die Anwendung der Psychiatrie in der UdSSR im Strafvollzug]. Moskau 1997; ders., „Lekari" duši. O nravach v rossijskoj psichiatrii [Die „Heiler" der Seele. Über die Arten der russischen Psychiatrie]. Moskau 2005, gearbeitet; Gespräche des Autors mit Prokopenko Mitte der 1990er Jahre in Moskau. Zu Didenko: Eigene Recherchen.
44 CA FSB, Akt M. Ottillinger, Verhör vom 7.11.1948.
45 CA FSB, Akt M. Ottillinger, Verhör vom 6.11.1948 [recte 7.11.1948].
46 ODI = „Office of Director of Intelligence" [Büro des obersten Geheimdienstfunktionärs der USA].
47 CA FSB, Akt M. Ottillinger, Verhör vom 7.11.1948.
48 Karner, Ottilinger, S. 40f.
49 Gespräche des Autors mit Ottillinger 1992, tw. abgedruckt in: Karner, Ottilinger, S. 42ff.
50 Gespräche des Autors mit Ottillinger 1992. – Die Informationen zur folgenden Schilderung verdanke ich Herrn Dr. Gerhard Hermann, Wien, 1946 Konzepts-Jurist im BM für Vermögenssicherung und Wirtschaftsplanung, Wien. Schreiben Hermanns an den Autor, v. 16.2.1994.
51 Das Büro Kraulands lag gerade unter der Sonnen- und Monduhr des inneren Hofes der Hofburg („Amalienburg"). Frdl. Mitteilung von Herrn Dr. Gerhard Hermann, Wien, v. 8.7.1994.
52 Franz Kiridus wurde, ebenso wie Anton Marek, von Staatssekretär Ferdinand Graf (ÖVP) zum Leiter der „Gruppe 5" ernannt (aufgestellt als Maßnahme gegen den Chef der Wiener Sicherheitspolizei, Heinrich Dürmayer, der ein aktives KPÖ-Mitglied war und die Wiener Polizei mit Kommunisten unterwanderte). Kiridus führte vor allem Erhebungen gegen ungarische Staatsbürger sowie Angehörige der Besatzungsmächte durch. Seine Festnahme durch sowjetische Organe erfolgte am 16. Juli 1948 an der Zonengrenze am Semmering. In Baden wurde er wegen Spionage gegen die Sowjetunion zu 25 Jahren Haft verurteilt. Nach dem Abschluss des Österreichischen Staatsvertrags kehrte er aus der Sowjetunion zurück. Vgl. Irnberger, S. 37f., 92f.; Harald Knoll – Barbara Stelzl-Marx, Die Fälle Marek und Kiridus. Zur sowjetischen Strafjustiz in Österreich, in: Stefan Karner – Gottfried Stangler (Hg.), „Österreich ist frei!". Der Österreichische Staatsvertrag 1955. Horn – Wien 2005, S. 143–147.

Ministerialrat Dipl.-Ing. Paul Katscher wurde im Dezember 1947 in Wien verhaftet, allerdings nicht wegen seiner Funktion als Ministerialrat der ÖBB, sondern wegen vorgeblicher Spionage gegen die Sowjetunion. Katscher wurde ebenso wie Ottillinger in Baden inhaftiert und im Februar 1948 wegen Spionage verurteilt. Auf dem Transport in die Sowjetunion verstarb Katscher am 9. Juni 1949 in Lemberg/L'viv. AdBIK, Datenbank verurteilter Österreicher.
Kriminalinspektor Anton Marek, der u. a. 1934 jene Turnhalle in der Wiener Siebenstern-Gasse entdeckte, in der sich die NS-Putschisten gesammelt hatten, wurde am 17. Juni 1948 auf der sowjetischen Generalprokuratur in Wien festgenommen und sofort ins Gefängnis der Zentralen Gruppe der sowjetischen Streitkräfte in Österreich, nach Baden bei Wien, gebracht. Nach 1945 war Oberinspektor Anton Marek von Innenminister Helmer und Stapo-Chef Oswald Peterlunger, ebenso wie Kiridus, zum Leiter der als eine Art Privatpolizei aufgestellten und geführten „Stapo-Gruppe 5" bestellt worden. Eine seiner wichtigen Aufgaben war die Bespitzelung von Stapo-Chef Heinrich Dürmayer (KPÖ) sowie die Befragung von DPs und Flüchtlingen, woraus er wertvolles, nachrichtendienstlich verwertbares Material schöpfte. Er kehrte, wie auch Ottillinger, mit dem 70. Heimkehrertransport am 25. Juni 1955 aus der Sowjetunion nach Österreich zurück. Vgl. auch: Harald Knoll – Barbara Stelzl-Marx, Sowjetische Strafjustiz in Österreich. Verhaftungen und Verurteilungen 1945–1955, in: Karner – Stelzl-Marx, Rote Armee. Beiträge, S. 295; RGVA, Moskau, F. 461, d. 190448. PA Anton Marek. William Lloyd Stearman, US-Geheimdienstler, meint dazu: „Westliche Befürchtungen, dass die Verhaftung Mareks Teil der Vorbereitungen eines kommunistischen Staatsstreichs gewesen sei, wurden durch die Verhaftung des Gendarmeriebeamten Franz Kiridus am 16. Juli 1948 und des Beamten der oö. Landesregierung, Friedrich Müller-Willborn am 22. Juli 1948 bestärkt. – William Lloyd Stearman, Die Sowjetunion und Österreich 1945–1955. Ein Beispiel für Sowjetpolitik gegenüber dem Westen. Bonn – Wien – Zürich 1962, S. 77; Irnberger, S. 92f.
Oskar Helmer, geb. 16.11.1887 in Gattendorf (Westungarn, heute Burgenland), gest. 1963 in Oberwaltersdorf. 1921–1934 und 1945 Mitglied der nö. Landesregierung, 1935–1945 bei Versicherungen beschäftigt, als Innenminister von 1945 bis 1959 baute Helmer die österreichische Polizei auf, politisch war der SPÖ-Politiker ein Großkoalitionär. Vgl. Bruckmüller (Hg.), Österreich-Lexikon, S. 196 und: Walter Mentzel, Helmer Oskar, in: Eminger – Langthaler, Sowjets, S. 62–66.

53 John Willoughby Winterton, geb. 1898, gest. 1987, Generalmajor der britischen Armee, kämpfte während des Zweiten Weltkrieges in Burma und Italien, 1945 stv. Kommissar der Alliierten Kommission für Österreich, Jänner bis Juli 1950 britischer Hochkommissar in Österreich, 1951–1954 Militärgouverneur und Kommandant der britischen und US-Zone des freien Territoriums von Triest.

54 ÖStA, Österreich 15, Zl. 118.256, Pol 48. Ottillinger Verhaftung an der Ennsbrücke. Verbalnote, tel. genehmigt von Vizekanzler Adolf Schärf. Note v. 6./8.11.1948.

55 Vladimir Vasil'evič Kurasov, geb. 1897 in St. Petersburg, gest. 1973 in Moskau, Armeegeneral, im Juni 1945 Chef des Stabes der Sowjetischen Militäradministration in Deutschland, Mai 1946 – April 1949 Oberkommandierender der Zentralen Gruppe der sowjetischen Streitkräfte in Österreich und Militär- bzw. Hochkommissar. Danach u. a. Chef der Vorošilov-Militärakademie sowie der Militärakademie des Generalstabs, Professor. Träger höchster militärischer Auszeichnung. Begraben am Friedhof des Neu-Jungfrauen-Klosters in Moskau. Vgl. Harald Knoll – Peter Ruggenthaler, Biographische Skizzen zur sowjetischen Besatzungszone in Österreich 1945–1955. Eine Auswahl, in: Karner – Stelzl-Marx – Tschubarjan, Rote Armee. Dokumente, hier S. 922f.

56 Aleksej Sergeevič Želtov, Generaloberst, geb. 1904 in Char'kov, gest. 1991 in Moskau. Politoffizier der Sowjetischen Streitkräfte. 1946–1950 Abgeordneter des Obersten Sowjets der UdSSR,

Mitglied des Militärrates der Zentralen Gruppe der sowjetischen Streitkräfte und stv. Sowjetischer Militär- bzw. Hochkommissar in Österreich (1946–1950), 1957 wesentlich am Sturz Marschall Žukovs beteiligt, 1958–1959 Leiter der administrativen Abt. des ZK der KPdSU, Träger hoher militärischer Orden, in seiner Pension: Vors. d. sowjet. Komitees der Kriegsveteranen. RGASPI, Moskau, F. 17, op. 127, d. 1720. Verz. d Mitarbeiter des sowj. Teils der Alliierten Kommission für Österreich 1948; Knoll – Ruggenthaler, Biographische Skizzen, S. 912 und 937.

57 ÖStA, Österreich 15, Zl. 183391-6RS/52. Anhaltung Ottillinger. AV zur Einsicht HBM Krauland, 14.11.1948. – Um wen es sich dabei handelte, ist unklar.
58 Ebd.
59 NARA, Washington, RG 263, Murphy, b. 188, Telegramm des Gesandten Erhardt an Secretary of State, v. 12.11.1948, 2:45 p.m. – Ich danke meinem Freund, Univ. Prof. i.R. Siegfried Beer, Graz, für die Zurverfügungstellung des Telegramms in Kopie.
60 ÖStA, Österreich 15, Zl. 118414. Pol 48. Einlegeblatt.
61 Marie Émile Antoine Béthouart, geb. 1889 in Dole, gest. 1982 in Fréjus, General der französischen Armee, besetzte als Kommandant des 1. Korps der 1. Franz. Armee im April und Mai 1945 Vorarlberg und Tirol, hatte Kontakte zu Widerständlern, 1946–1950 französischer Hochkommissar in Österreich. Galt als großer Freund Österreichs, besonders Tirols.
62 Geoffrey Keyes, geb. 1888 in New Mexico, gest. 1967 in Washington D.C., Generalleutnant, während des Zweiten Weltkrieges Kommandant des II. US-Corps in Nordafrika und in Europa, 1946 Kommando über die 7. Armee von General Patch, als Nachfolger von General Clark von Mai 1947 bis 1950 britischer Militär- bzw. Hochkommissar in Österreich.
63 Alexander Galloway, geb. 1895, gest. 1977, Generalleutnant der brit. Armee, kämpfte während des Zweiten Weltkrieges auf verschiedenen Kriegsschauplätzen, v. a. im Nahen Osten. Von Oktober 1947 bis Jänner 1950 brit. Hochkommissar in Österreich, später Direktor der UNRWA in Jordanien und beschäftigte sich intensiv mit arabischen Flüchtlingen nach dem israelisch-arabischen Krieg von 1948.
64 Wiener Tageszeitung, v. 11.11.1948.
65 Friedrich Böhm dürfte mit ziemlicher Sicherheit wegen der Unterstützung einer Desertion festgenommen worden sein. AdBIK, Datenbank verurteilter Österreicher.
66 Zitate aus den Medien: AVP RF, F. 066, op. 29, p. 137, d. 15.
67 Siehe die einzelnen Presseberichte sowie eine Zusammenfassung bei: AVP RF, F. 066, op. 29, p. 137, d. 15, S. 103–112. Bericht über von Militärtribunalen verurteilte Österreicher und über von sowjetischen Organen vorgenommene Verhaftungen, 1948.
68 AVP RF F. 066, op. 29, p. 137, d. 15. Bericht Kurasov v. Ende Nov. 1948. Der Bericht Kurasovs scheint quellenkritisch höchst problematisch, weil er eine Reihe falscher Angaben beinhaltet. Sie wurden nachrecherchiert und richtiggestellt.
69 Franz Gruber verstarb am 2. März 1949 auf dem Transport nach Lemberg/L'viv. – AdBIK, Datenbank verurteilte Österreicher.
70 Johann Wetzlhofer hatte 1945 als Bürgermeister die Waffen des Ortes eingesammelt, aber nicht abgeliefert. Im Juli 1948 wurde er deswegen verhaftet und im November 1948 zu 5 Jahren Haft verurteilt. Im März 1953 übergab ihn die sowjetische Besatzungsmacht an das österreichische Gefängnis in Stein, von wo er im Juni 1953, kurz vor Ende seiner Haftzeit, entlassen wurde. AdBIK, Datenbank verurteilte Österreicher.
71 Die drei wurden im Jänner 1949 zu 25 Jahren verurteilt und kamen am 20.6.1955 mit dem 69. Heimkehrertransport nach Österreich zurück. AdBIK, Datenbank verurteilte Österreicher.
72 August Loibl besaß als Jäger eine Waffe und wurde wieder freigelassen. AVP RF, F. 066, op. 29, p. 137, d. 15. Bericht Kurasov v. Ende Nov. 1948.
73 Dr. Rafael Spann (Sohn des Nationalökonomen Prof. Othmar Spann) wurde am 21. Jänner 1948

an der Zonengrenze bei Ennsdorf festgenommen, im November 1948 von der Sonderbehörde zu 25 Jahren verurteilt. Am 25.6.1955 repatriiert. Wurde später Direktor von Seibersdorf. – Gustav Schweiger, verhaftet im März 1948 und schon im Juni 1948 zu 25 Jahren verurteilt und am 20.6.1955 repatiiert. – Johann Kaiser, im April 1948 verhaftet und im Juli 1948 zu 20 Jahren verurteilt. Schon am 14.10.1953 mit dem 60. Heimkehrertransport repatriiert.
Eduard Czubik. Im Juni 1948 wurden in seiner Wohnung Waffen gefunden. Im März 1949 wurde er deswegen zu 10 Jahren Haft verurteilt. Am 6.9.1954 wurde er als Schwerkranker mit dem 62. Heimkehrertransport repatriiert.

74 Ebd. – Vgl. zum gesamten Bereich der sowjetischen Besatzung in Österreich, zu den Deportationen und Verhaftungen, zum teilweise von Angst erfüllten Alltag, zu den Spionageaktivitäten und Gegenmaßnahmen v. a. Karner – Stelzl-Marx, Rote Armee, Beiträge und Karner – Stelzl-Marx – Tschubarjan, Rote Armee, Dokumente.

75 AVP RF, F. 066, op. 29, p. 137, d. 15, S. 103–112. Bericht über von Militärtribunalen verurteilte Österreicher und über von sowjetischen Organen vorgenommene Verhaftungen, 1948. – Zu den Verurteilungen österreichischer Zivilisten vgl. Harald Knoll – Barbara Stelzl-Marx, Sowjetische Strafjustiz in Österreich. Verhaftungen und Verurteilungen 1945–1955, in: Karner – Stelzl-Marx, Rote Armee, Beiträge, S. 275–321. – Auf die vielschichtige, NS-belastete Vita Tschadeks kann hier nicht eingegangen werden.

76 Vgl. etwa zur Konstruktion des französischen Spionagenetzwerkes in Rostock, dem u. a. der Vater von Joachim Gauck angehört hatte: Stefan Karner, Die MGB-Akte Joachim Gauck sen., in: FAZ, v. 12.3.2012, S. 7; Der „französische Spionagering" in Rostock und die sowjetische Staatssicherheitsakte zu Joachim Wilhelm Gauck, in: Andreas Kötznig et al. (Hg.), Vergleich als Herausforderung. Festschrift zum 65. Geburtstag von Günter Heydemann. Schriften des Hannah Arendt-Instituts, Bd. 57. Göttingen 2015, S. 171–183.

77 BMI, Akt Alfred Fockler, GZ: 71.432-22/53, 158.924-2/52. Verschlussakten.

78 Petschnigg, Fockler, S. 368–370.

79 Dazu und zum Folgenden: Verhöre Alfred Fockler. CA FSB, Akt A. Fockler. 1636 – AUKR, MGB CGV, Feldpostnr. 32750, 8.12.1948 (Charitonov) und FSB-Akt Ottillinger: CA FSB Moskau, K-106182.

80 Verhör Alfred Fockler, 28.8.1948, lt. MGB-Untersuchungsakt, CA FSB, 1636 – AUKR, MGB CGV und FSB-Akt Ottillinger: CA FSB Moskau, K-106182.

81 Verhör Alfred Fockler, 30.8.1948, lt. MGB-Untersuchungsakt, CA FSB, 1636 – AUKR, MGB CGV und FSB-Akt Ottillinger: CA FSB Moskau, K-106182.

82 Ebd.

83 John George Erhardt, geb. 1889, gest. 1951). Seit 1926 im diplomatischen Dienst der USA. 1944 politischer Berater des Commanding General in Austria, vom 7. September 1945 bis 27. Juni 1950 als US-Gesandter, „Minister to Austria", sozusagen inoffizieller US-„Botschafter" in Wien. Mit Fortdauer der Besatzung wurde die Aufgabe der politischen und wirtschaftlichen Berichterstattung zunehmend vom Office oft he Political Advisor (POLAD) der United States Allied Commission of Austria (USACA) übernommen. Diese war dem US-Gesandten John G. Erhardt direkt unterstellt. Als Repräsentant das State Departments leitete er auch die American Legation in Austria. Erhardt war zuletzt US-Botschafter in Südafrika. – Major Martin F. Herz arbeitete in der POLAD und erstellte viele Berichte, publiziert in Reinhold Wagnleitner (Ed.), Understanding Austria. The Political Reports and Analyses of Martin F. Herz. Political Officer of the US Legation in Vienna 1945–1948. Salzburg 1984.

84 NARA, RG 84/2354, 6.12.1948. Secret Memorandum Yost to Erhardt.

85 Am Mittagessen nahmen u. a. Fockler, Hauptmann Thomas, Mr. Long und weitere Mitarbeiter der US-Geheimdienste in Wien teil. Verhör Alfred Fockler, 23.8.1948, lt. MGB-Untersuchungsakt, CA FSB, 1636 – AUKR, MGB CGV und FSB-Akt Ottillinger: CA FSB Moskau, K-106182.

86 Major Boguslavskij war Chef der Wirtschaftsabteilung der Zentralen Kommandantur in Wien.
87 CA FSB, 1636 – AUKR, MGB CGV und FSB-Akt Ottillinger: CA FSB Moskau, K-106182.
88 CA FSB Moskau, K-106182. Haftbeschluss Ottillinger v. 23.11.1948, endgefertigt am 25.11.1948.
89 Der Artikel 58 des Strafgesetzbuches der russischen Sowjetrepublik (RSFSR) aus dem Jahre 1926 bestand aus insgesamt 14 Paragraphen und hatte Staatsverbrechen (für sowjetische Bürger: „Vaterlandsverrat") zum Inhalt. Alle 14 Paragraphen konnten extrem weitläufig interpretiert werden. Obwohl der gesamte Artikel 58 dem Wesen nach „politisch" war, wurden die nach ihm klassifizierten Vergehen als „kriminell" eingestuft, was zur Folge hatte, dass die nach dem Artikel 58 Verurteilten ihre Strafen in Haftanstalten zusammen mit Kriminellen zu verbüßen hatten. Im Gefängnis- und Lageralltag waren die „Politischen" den Kriminellen zumeist unterlegen. Artikel 58, § 6, Zif. 1 bezog sich in erster Linie auf Spionage, die so definiert wurde: „Die Spionage – d. i. die Übergabe, Entwendung oder Sammlung mit Ziel der Übermittlung von Daten, die gemäß ihrer Aufbewahrung bereits ein streng gehütetes Staatsgeheimnis darstellen, an fremde Staaten, an konterrevolutionäre Organisationen oder Privatpersonen – bedingt: Den Freiheitsverlust von mindestens 3 Jahren sowie die Konfiskation des gesamten oder eines Teiles des Vermögens; in jenen Fällen, in denen die Spionage zu besonders schweren Folgen führte oder hätte führen können – bis zu einem höheren Grad an sozialem Schutz – die Erschießung oder die Erklärung zum Feind der Werktätigen unter [gleichzeitigem] Verlust der Staatsbürgerschaft einer Unionsrepublik und damit der UdSSR, der Ausweisung außer Landes für immer bei Vermögensentzug". Als weniger schwerwiegend eingestufte Wirtschaftsspionage wurde nach Zif. 2 geahndet. Ugolovnyj kodeks RSFSR. Kommentary [Strafgesetzbuch der RSFSR. Kommentare]. Moskau 1946, S. 63. – Zur Wirtschaftsspionage in Österreich vgl. Dieter Bacher – Philipp Lesiak – Kateřina Lozoviuková, Wissen ist (ökonomische) Macht. Aspekte der Wirtschaftsspionage in Österreich während der ersten Hälfte des Kalten Krieges 1945–1969, in: Gerald Schöpfer – Barbara Stelzl-Marx (Hg.), Wirtschaft.Macht.Geschichte. Brüche und Kontinuitäten im 20. Jahrhundert. Festschrift Stefan Karner. Graz 2012 (= Schöpfer – Stelzl-Marx, FS Karner), S. 419–435.
90 Karner, Ottillinger, S. 51.
91 ÖStA, AVA, E/1737 (Nachlass Ottillinger), 43 und 44. – Hier irrt Ottillinger. Im russ. Original stand natürlich „Fokler". Ottillinger dürfte den eher seltenen Namen „Fokler" als „Vogler" gedeutet haben.
92 Karner, Ottillinger, S. 51. Abgenommen wurden ihr laut Bescheinigung durch den Aufseher Sadovnikov, in Anwesenheit des dienstführenden Wärters Dobin, per Anweisung von Major Prichodko: je 1 Damen-Slip, Damen-Unterkleid, Strickjacke, Handtuch, Zahnbürste und Zahnpasta, Seifenbehälter und 1 Fläschchen mit Mundwasser für die Zähne.
93 Karner, Ottillinger, S. 47, Beschluss, RGVA, 40190461. – Michail (Mojsej) Il'ič (Äl'novič) Belkin, geb. 1901, gest. 1980, war von 9.6.1947 bis 9.3.1950 Leiter der Verwaltung Spionageabwehr der Zentralen Gruppe der sowjetischen Streitkräfte in Österreich. 1951 wurde er als „zionistischer Verschwörer" im MGB verhaftet und nach Stalins Tod begnadigt. Nikita V. Petrov, Kto rukovodil organami bezopasnosti 1941–1954 [Wer leitete die Organe der Staatssicherheit 1941–1954]. Moskau 2010 (= Petrov, Kto rukovodil), S. 188f.
94 Ugolovno-processual'nyj kodeks RSFSR [Strafprozessordnung der RSFSR], Art. 90, Ausg. 1.3.1996, S. 246. – Die Bestimmung galt auch in den 1940er Jahren. Vgl. die entsprechenden Angaben von Obst d. Justiz Leonid Kopalin, dem Leiter der Rehabilitierungsbehörde in der Hauptmilitär-Staatsanwaltschaft, Moskau, 1995 gegenüber dem Autor, sowie derselbe im ORF-Doku-Drama „Die Frau die zu viel wusste" zu M. Ottillinger, 8.3.2016, ORF 2.
95 AVP RF, F. otdel pečati (Presse-Abt.), op. 14, p.285, d. 24. TASS S. 57f, v. 24.11.1948.
96 ÖStA, BMI, Österr. 15, Akt 118.256, pl.48. M. Ottillinger. Nachrichtenagentur-Meldung, 24.11.1948
97 Vgl. dazu die TASS-Berichte in AVP RF, F. otdel pečati (Presse-Abt.), op. 14, p. 285, d. 24; die Telegramme der Dep. of State/Division of Communications and Records, in: NARA, RG 263,

Murphy, b. 188 (für die Bereitstellung in Kopieform danke ich Univ. Prof. i.R. Dr. Siegfried Beer, Graz); ÖStA, BMI, Österr. 15, Akten Ottillinger, v. a. 118.256, pl. 48 sowie die österr. Tageszeitungen ab 5.11.1948.

98 ÖStA, AVA, E/1737 (Nachlass Ottillinger), 43 und 44.

99 CA FSB Moskau, K-106182. Akt M. Ottillinger, Verhör v. 25.,26.11.1948, 10.30 bis 15.00, 22.10 bis 03.00 und 10.00 bis 14.00 Uhr.

100 Ministerialrat Dr. Leo Hintze leitete 1948 die Abteilung 14 der Sektion II (Sektionschef Dipl. Ing. Dr. Karl Straubinger) des Ministeriums für Vermögenssicherung und Wirtschaftsplanung mit der Zuständigkeit für die Potsdamer Beschlüsse und das österreichische Vermögen im Ausland. Sein Stellvertreter war Sektionsrat Wilhelm Hatzer. Schematismus des BM f. Vermögenssicherung und Wirtschaftsplanung, Wien I, Ballhausplatz 1, 1948. Vgl. generell zum Ministerium Krauland: Böhmer.

101 CA FSB Moskau, K-106182. Akt M. Ottillinger, Verhör v. 20./21.11.1948, 10.30–01.00 Uhr.

102 Vgl. dazu auch die entsprechenden Passagen bei Harry Slapnicka, Oberösterreich als es „Oberdonau" hieß (1938–1945). Beiträge zur Zeitgeschichte Oberösterreichs 5. Linz 1978 sowie zur Voest-Alpine: Stefan Karner, Die Steiermark im Dritten Reich 1938–1945. 3. Aufl., Graz 1994 (= Karner, Steiermark im Dritten Reich), v. a. S. 239–270.

103 Generaldirektor Dr. Ing. Franz Leitner, geb. am 5.5.1897 in Knittelfeld, Steiermark, NSDAP-Mitglied seit 1935, hatte enge Beziehungen zum steirischen Gauleiter Sigfried Uiberreither. Leitner war Wehrwirtschaftsführer, Kreiswirtschaftsführer der NSDAP und ab 14.2.1945 Rüstungsbevollmächtigter des Rüstungsbezirkes „Donau-Drau" von Albert Speer. Ab 20. März 1938 Vorstandsmitglied und technischer Zentraldirektor der Gebr. Böhler & Co AG, ab 1. Juli 1944 Leitung sämtlicher Böhler-Werke und Ernennung zum Generaldirektor. 1945 Rüstungsbeauftragter für den großen Rüstungsbereich „Donau-Drau" (ganz Österreich und das ungarische, im deutschen Einflussbereich verbliebene Gebiet) unter Hans Malzacher. Zu Kriegsende setzte sich Leitner zunächst aus Kapfenberg in die US-Besatzungszone nach Sulzau-Werfen ab, kehrte aber nach dem Abzug der Sowjets in die Steiermark zurück. Im Sommer 1945 in Murau von den Briten verhaftet und in das britische Camp Wolfsberg, Kärnten, gebracht, Einleitung eines Kriegsverbrecherprozesses gegen ihn, im März 1948 Überstellung in die Haftanstalt Graz/Karlau und Einstellung des Verfahrens gegen ihn. Nach der Enthaftung war Leitner Konsulent im BM für Vermögenssicherung und Wirtschaftsplanung und Redakteur des Österr. Stahlplans, den Ottillinger führend ausarbeitete. Karner, Steiermark im Dritten Reich, S. 548; Gebr. Böhler & Co AG (Hg.), 1870–1970. 100 Jahre Böhler Edelstahl. Wien 1970.

104 DDr. Franz Heisenberger, 1947/48 Leiter der Abteilung 13 (Planung in Fragen der Währungs-, Finanz-, Preis- und Lohnpolitik, Angelegenheiten der Kreditlenkungskommission) des Krauland-Ministeriums. Schematismus des BM für Vermögenssicherung und Wirtschaftsplanung 1948.

105 CA FSB Moskau, K-106182. Akt M. Ottillinger, Verhör v. 29.11.1948, 15.00 bis 22.30 Uhr. – Ing. Walter Falkenbach war 1939 technischer Direktor von Schoeller&Bleckmann, schied jedoch 1940 aus dem Vorstand aus. Von 1940 bis 1942 saß er im Vorstand der „Gemeinnützigen Wohnungs- und Siedlungs-AG ‚Schwarzatal' von Schoeller-Bleckmann. 1942 bis 1945 Vorstands-Vorsitzender und Generaldirektor der Simmering-Graz-Pauker. Im selben Aufsichtsrat saß 1944 Dr. Walther Kastner. Während der NS-Besetzung Tschechiens Generaldirektor der Skoda-Werke in Pilsen/Plzen. 1950 wurde er zum öffentlichen Verwalter der Vöest-Alpine und der ehemaligen „Eisenwerke Oberdonau" bestellt. Bei beiden Betrieben folgte er auf den abgesetzten öffentlichen Verwalter Heinrich Richter-Brohm. Falkenbach schied erst 1954 de jure aus dem Vorstand der Simmering-Graz-Pauker aus. Vgl. Michael C. Schober, Die Geschichte des LD-Verfahrens. Eine Entwicklung, die die Welt veränderte. Voestalpine AG Linz 2012, S. 31; 97. Sitzung NR V. GP – Stenographisches Protokoll, 14.12.1948, S. 40: Rede des NAbg. Franz Honner (KPÖ).

106 CA FSB Moskau, K-106182. Akt M. Ottillinger, Verhör v. 29.11.1948, 15.00 bis 22.30 Uhr.
107 Ebd. Dr. Felix Mayer-Mallenau war von 1945 bis 1946 öffentlicher Verwalter, danach bis zu seinem Tod 1967 Generaldirektor der Böhler AG, Wien-Kapfenberg.
108 Ebd., Verhör v. 3.12.1948.
109 Ebd., Beschluss über die Anklageerhebung, v. 9.12.1948, Baden. Bestätigt von Obstlt. Dubrovinskij, dem stv. Leiter der 2. HV der Spionageabwehr des MGB der Zentralen Gruppe der Streitkräfte. – Die Paragraphen des StGB lauteten im Einzelnen: Art. 58, § 1, Zif. 1 „Spionage".
Spionage, d. h. Übergabe, Fortschaffen oder Zusammentragen von Informationen mit dem Ziel von deren Weitergabe an ausländische Staaten, konterrevolutionäre Organisationen oder Privatpersonen, wobei diese Informationen von ihrem Inhalt her ein besonders bewachtes Staatsgeheimnis darstellen, ziehen nach sich: einen Freiheitsentzug von zumindest drei Jahren mit Beschlagnahme des gesamten oder eines Teils des Eigentums und in Fällen, in denen die Spionage besonders schwerwiegende Folgen für die Interessen der UdSSR nach sich zog oder hätte ziehen können – Höchststrafe zum sozialen Schutz – Erschießung oder Erklärung zum Feind der Werktätigen mit Beschlagnahme des Eigentums und Entzug der Staatsbürgerschaft […] und Ausweisung aus der UdSSR auf Lebenszeit.
Art. 58, § 14: Konterrevolutionäre Sabotage, d. h. bewusste Nichterfüllung bestimmter Verpflichtungen oder deren vorsätzlich unzulängliche Erfüllung in der speziellen Absicht, die Macht der Regierung und das Funktionieren des Staatsapparates zu beeinträchtigen, ziehen nach sich: Freiheitsentzug nicht unter einem Jahr, verbunden mit völligem oder teilweisem Vermögensentzug. Bei Vorliegen besonders erschwerender Umstände: Erhöhung bis zur schwersten Maßnahme des sozialen Schutzes [Todesstrafe], verbunden mit Vermögensentzug.
110 CA FSB Moskau, K-106182. Akt M. Ottillinger, Verhör v. 18.12.1948.
111 ÖStA, AVA, E/1737 (Nachlass Ottillinger), 43 und 44.
112 Russisch: V. E. Lesjune.
113 ÖStA, AVA, E/1737 (Nachlass Ottillinger), 43 und 44. – Ottillinger irrt, wenn sie in ihren Erinnerungen meint, Larionov (dessen Namen sie natürlich nicht kennt) hätte „keine Absicht gehabt, von mir irgendwelche Schuldbekenntnisse zu erlangen".
114 CA FSB Moskau, K-106182. Akt M. Ottillinger, Beschluss über die Erhebung der Anklage, v. 6.1.1949, gez. v. Mj. Larionov und gut geheißen von Obstlt. Pirogov, dem Leiter der Abteilung Spionageabwehr des MGB des Truppenteils 32750.
115 StGB der RSFSR, Artikel 58, § 4: „Jegliche Art der Unterstützung jenes Teils der internationalen Bourgeoisie, der die Gleichberechtigung des das kapitalistische System ablösenden kommunistischen Systems nicht anerkennt und seinen Sturz erstrebt, oder von sozialen Gruppen und Organisationen, die unter dem Einfluss dieser Bourgeoisie stehen oder unmittelbar von ihr organisiert sind, bei Ausübung einer der UdSSR feindlichen Tätigkeit, zieht nach sich – einen Freiheitsentzug nicht unter drei Jahren, verbunden mit der Beschlagnahmung des gesamten oder eines Teils des Eigentums und bei Vorliegen besonders erschwerender Umstände – Erhöhung des Strafausmaßes bis hin zur Höchststrafe zum sozialen Schutz – Erschießung oder Erklärung zum Feind der Werktätigen mit Beschlagnahmung des Eigentums und Entzug der Staatsbürgerschaft […] und Ausweisung aus der UdSSR auf Lebenszeit."
116 CA FSB Moskau, K-106182. Akt M. Ottillinger, Verhör v. 6.1.1949.
117 Ottillinger bewohnte laut Meldeschein vom 23.4.1947 bis 22.5.1947 eine Wohnung in der Grazer Grabenstraße 167. – Melderegister der Stadt Wien, Meldezettel v. 22.5.1947, Polizei-Wachzimmer Rochusgasse.
118 Dr. Peter Feldl kam Mitte April 1945 als KPÖ-Mitglied in den sogenannten „Sechser-Ausschuss" an der Universität Wien, einem von der sowjetischen Besatzungsmacht eingesetzten Gremium zur studentischen Selbstverwaltung an der Universität (Mitglieder waren zudem: der parteilose Rudolf Wengraf als Vorsitzender, Hans Tuppy, später Wissenschaftsminister, und Johannes

Hurch für die ÖVP, Otto Hoffmann-Ostenhoff für die SPÖ sowie der Kommunist Melber). Anfänglich hatte Feldl beträchtlichen Einfluss auf den politischen Neuaufbau der Universitäten, der nach dem schlechten Abschneiden der KPÖ bei den Nationalratswahlen vom 25. November 1945 deutlich reduziert wurde. 1948 arbeitete der damals 25-jährige Feldl im Stab der Planungssektion unter Ottillinger. Mit dabei waren u. a.: Hans Igler, 28, späterer Chef der ÖIAG, Franz Leitner, in der NS-Zeit GD von Böhler Kapfenberg, Wirtschaftskammer-Präsident Julius Raab, Dr. Reinhard Kamitz, später Finanzminister, der britische Agent (SOE) Stefan Wirlander von der Arbeiterkammer Wien sowie BM. a. D. Prof. Wilhelm Taucher, Univ. Graz. Sprecher des Stabes war Franz Nemschak, Leiter des Österreichischen Wirtschaftsforschungsinstituts (Wifo) in Wien. 1958 wurde Feldl Geschäftsführer des „Vindobona" Papierverarbeitungswerkes, Wien, von 1959 bis 1968 war er Prokurist der OMV, 1961 zusätzlich Gf. der Österreichischen Pipeline-Studiengesellschaft, von 1962 bis 1968 auch der Österr. Mineralöl-Vertriebsgesellschaft. 1963 wurde Feldl auch Gf. der Österr. Rohöl-Verwertungsgesellschaft, gleichzeitig schied Ottillinger aus dieser Funktion aus. Vgl. u. a. zu Feldl: 60 Jahre Österreichische HochschülerInnenschaft. Wien 2006, S. 12, 15; Kurt Tweraser, Der Marshall-Plan und die österreichische Eisen- und Stahlindustrie: Fallbeispiel VÖEST, in: Günter Bischof – Dieter Stiefel (Hg.), „80 Dollar". 50 Jahre ERP-Fonds und Marshall-Plan in Österreich 1948–1998. Wien – Frankfurt 1999, S. 232f.; Compass. Wien 1948ff.; Peter Pirker, Subversion deutscher Herrschaft: der britische Kriegsgeheimdienst SOE und Österreich. Göttingen 2012, v. a. S. 457ff.
119 CA FSB Moskau, K-106182. Akt M. Ottillinger, Protokoll über den Abschluss der Untersuchung v. 11.1.1949.
120 Ebd., Anordnung Larionovs v. 11.1.1949, Zustimmung durch Obstlt. Pirogov und bestätigt von Oberst Aminov.
121 Anwesend bei der Verbrennung waren Mj. Larionov, Mj. Snegirev und Lt. Solovev. – Ebd., Niederschrift v. 10.1.1949.
122 ÖStA, AVA, E/1737 (Nachlass Ottillinger), 43 und 44. – Ottillinger verortete in ihren Erinnerungen das Verfassen beider Briefe nach Neunkirchen, auf Anraten ihrer Zellengenossin Zinaida (Zina).
123 Obst. Aminov, Lt. d. Abt. Spionageabwehr des MGB, Truppenteil 32750.
124 CA FSB Moskau, K-106182. Akt M. Ottillinger, Gutachten der Anklage, v. 12.1.1949, bestätigt von Obst. Utjanov, stv. Leiter der Spionageabwehr des MGB/Truppenteil 32750, am 13.1.1949.
125 Am 25. Jänner 1949 konnte man im oberösterreichischen Strudengau bei Perg zwischen 20.45 und 21.00 Uhr am nördlichen Horizont das Polarlicht sehen. – www.wetter-strudengau.at, Info v. 16.8.2015.
126 ÖStA, AVA, E/1737 (Nachlass Ottillinger), 43 und 44.
127 Gespräche des Autors mit M. Ottillinger im Jahre 1992.
128 Protokoll der Leibesvisitation v. 16.3.1949, Faks. in: Karner, Ottillinger, S. 62f.
129 Faksimile bei Karner, Ottillinger, S. 64f.
130 ÖStA, AVA, E/1737 (Nachlass Ottillinger), 43 und 44.
131 Ebd.
132 Karner, Ottillinger, S. 66f. – Rapport von Hauptmann Posadčij an Genossen Oberst d. MGB Aminov, dem Leiter der Spionageabwehr des Truppenteils 32750.
133 Lora ist die russische Koseform von Laura oder Larissa.
134 ÖStA, AVA, E/1737 (Nachlass Ottillinger), 43 und 44.
135 ITL = Izprovitelno-trudovoj lager' (Besserungsarbeitslager) der Hauptverwaltung der Lager des NKVD/MVD (Gulag).
136 Generalmajor Vladimir Ivanovič Budarev, geb. 1907, gest. 1959, arbeitete zeit seines Lebens in der Staatssicherheit, ab 1939 in der Schwarzmeerflotte, später im Volkskommissariat Marine, in

der Smerš und bis Juni 1945 in der 1. Ukrainischen Front. Ab Juli 1945 war Budarev leitender Offizier der Gegenspionage Smerš in der Zentralen Gruppe der Streitkräfte in Baden, ehe er von 1946 bis 25. März 1952 die Position des stv. Leiters der 3. Hauptverwaltung des MGB der UdSSR in Moskau einnahm. Danach war Budarev bis zu seiner Pensionierung mit 46 Jahren, am 17.12.1953, leitender Offizier der Gegenspionage im Militärbezirk Karpaten. Vgl. detailliert: Petrov, Kto rukovodil, S. 221f.

137 Archiv des Dubrav-Lagers in Pot'ma, Karteikarte M. Ottillinger, Faks. in: Karner, Ottillinger, S. 206f.

138 ÖStA, AVA, E/1737 (Nachlass Ottillinger), 43 und 44.

139 Aus dem medizinischen Gutachten v. 16.3.1949, gez. vom Arzt des Durchgangsgefängnisses des MGB-Truppenteils 32750 in Neunkirchen, Hptm. Artemov. Karner, Ottillinger, S. 61.

140 Karner, Ottillinger, S. 75; Gespräche des Autors mit M. Ottillinger 1992 und ÖStA, AVA, E/1737 (Nachlass Ottillinger), 43 und 44. – Den OSO-Beschluss verkündet ihr offiziell, laut Akt, Obersergeant A. Svirinyj (die letzten Buchstaben der Unterschrift schwer lesbar, könnte auch etwas anders heißen).

141 Gespräch des Autors mit M. Ottillinger v. 6. Mai 1992.

142 Karner, Ottillinger, S. 76f. – Die Familie Ottillingers: Vater Anton, 70 Jahre alt, Steinbach 34/36, Post Mauerbach bei Wien; Mutter Therese Ottillinger, 60 Jahre; Bruder Karl Ottillinger, geb. 21.10.1916, Wien III., Radetzkystraße 12, r.k., Fleischhauer, 1.1.1939 zur Wehrmacht eingezogen, Obergefreiter, mit der Kapitulation in Stalingrad gefangen genommen am 31.1.1943, Aufenthalt in den Lagern Suzdal' (190/1), und Vladimir (190/4), repatriiert am 20.10.1947. RGVA, Moskau, Personalakt 460.823742. Zu den österreichischen Kriegsgefangenen in der UdSSR vgl. u. a.: Stefan Karner, Im Archipel GUPVI. Kriegsgefangenschaft und Internierung in der Sowjetunion 1941–1956. Kriegsfolgen-Forschung, Bd. 1. Wien – München 1995 (= Karner, GUPVI); ders., Österreicher in der Sowjetunion 1941–1956. Unter besonderer Berücksichtigung der österreichischen Kriegsgefangenen, in: Arnold Suppan – Gerald Stourzh – Wolfgang Mueller (Hg.), Der österreichische Staatsvertrag 1955. Internationale Strategie, rechtliche Relevanz, nationale Identität. AföG, Bd. 10. Wien 2005, S. 163–194.

143 Karner, Ottillinger, S. 72f., 78f.

144 Ebd., S. 80f.

145 Ebd., S. 70f. Die Weisung wurde von Obstlt. Nikuločkin und Oblt. Krylov unterfertigt.

146 Ebd., S. 82f. – Die Bescheinigung unterschreibt bereits der neue Direktor des Durchgangsgefängnisses, Major Lazarenko.

147 ÖStA, AVA, E/1737 (Nachlass Ottillinger), 43 und 44.

148 Ebd. – Die Frau war Teil einer Organisation, die immer wieder Flüchtlinge über die ungarisch-österreichische Grenze, durch die Sowjetzone und über die Demarkationslinie in den Westen Österreichs geschleppt hatte. Dafür hatte sie 25 Jahre Gulag-Haft bekommen. Vgl. zum Thema neuerdings: Stefan Karner, Halt! Tragödien am Eisernen Vorhang. Die Verschlussakten. Salzburg 2013.

149 Ebd. – Ottillinger erfuhr auch, dass Zina nicht wegen eines politischen Deliktes, sondern wegen einer Unregelmäßigkeit in der Kassagebarung in einem fremden Land zu 2 plus 15 Jahren Gulag-Haft verurteilt wurde.

150 Ebd.

151 Die Fahrtstrecke nach Pot'ma ging und geht auch heute noch vom Kazaner Bahnhof aus. Nikita Petrov, Moskau, danke ich in diesem Zusammenhang für die frdl. Mitteilung.

152 Das Wort könnte ursprünglich aus zwei russischen Wörter zusammengesetzt worden sein: Pot, der Schweiß und t'ma, die Finsternis. Von daher könnte auch die immer wieder anzutreffende Charakterisierung von Pot'ma, als einem „Lager der Finsternis" rühren.

153 Osobyj lager', kurz: Osoblag, oder Special'nyj lager', kurz: Speclag.

154 Seit den 1920er Jahren gab es auf dem Territorium des späteren Dubravlag das Temnikovskij Lager' für den Bahn- und Straßenbau sowie die Kinder-Kolonie Temnikovo, mehrere kleinere ITLs und einige Katorga-Lager. – Die Zahl der Insassen im Dubravlag betrug demnach: 1.8.1948: 13.877, 1.1.1949: 23.273, 1.1.1950: 23.532, 1.1.1951: 23.541, 1.1.1952: 25.616, 1.1.1953: 20.680, 1.1.1954: 16.980, 1.1.195: 12.257, 1.1.1956: 8.313, 1.1.1957: 12.272, 1.1.1959: 11.305, 1.1.1960: 9988. Lager-Chefs waren u. a.: V. T. Sergienko (8.4.1948–14.1.1952), P. A. Gladkov (1952), I. F. Čeremisin (16.4.1952–7.9.1954). 1953 wurden das Baraševskij ITL und das Industriekombinat des Justizministeriums, vor allem aus Gründen der Kostenminimierung, in das Dubravlag eingebracht. – Als wichtigster Nachschlagebehelf ist hier zu nennen: Smirnov, ITL, S. 217–219; vgl. u. a. auch Ralf Stettner, „Archipel Gulag": Stalins Zwangslager. Terrorinstrument und Wirtschaftsgigant. Paderborn – Wien – München – Zürich 1996 (= Stettner, Archipel Gulag), S. 197, 239; zur Entwicklung der Speziallager auch A. I. Kokurin – N. V. Petrov (Hg.), Gulag (Glavnoe upravlenie lagerej) 1917–1960 [Gulag (Hauptverwaltung der Lager) 1917–1960]. Moskau 2000. Zum „Dubravlag" selbst finden sich bei Kokurin – Petrov keine genaueren Angaben.

155 Stettner, Archipel Gulag, S. 198; vgl. dazu auch Alexander Solschenizyn, Der Archipel Gulag. 1918–1956. Versuch einer künstlerischen Bewältigung. Schlussband. Die Katorga kommt wieder. In der Verbannung. Nach Stalin. Bern – München 1974, S. 35.

156 Zum Folgenden: Stettner, Archipel GULag, S. 198f.

157 Vgl. Rossi, GULAG, Bd. 1, S. 106.

158 Vgl. M. B. Smirnov, Sistema ispravitel'no trudovych lagerej v SSSR 1923–1960. Spravočnik [Das System der Besserungsarbeitslager in der UdSSR 1923–1960. Handbuch]. Moskau 1998 (Smirnov, ITL) und: Karner, GUPVI, S. 178.

159 Smirnov, ITL, S. 217ff. – Dazu auch eine Passage aus Anne Applebaum, GULAG. A history of the Soviet camps. London 2003, S. 481.

160 Vgl. Smirnov, ITL. – Die Umstrukturierungen des sowjetischen Gulag-Systems nach Stalins Tod 1953 und schließlich seine Auflösung betreffen auch das DrubravLag, das nach einigen Umorganisierungen schließlich 1954 in ein neu gebildetes Besserungs-Arbeitslager (ITL) überführt wird. Teile dieses Lagers existieren heute noch und bilden das Straflager „IK-14". Erst kürzlich waren Mitglieder der Pussy Riot hier interniert.

161 ÖStA, AVA, E/1737 (Nachlass Ottillinger), 43 und 44; Gespräche mit Dr. Margarethe Ottillinger 1992 sowie: Karner, Ottillinger, S. 87.

162 Gespräch mit Dr. Margarethe Ottillinger v. 6.5.1992.

163 ÖStA, AVA, E/1737 (Nachlass Ottillinger), 43 und 44; Gespräche mit Dr. Margarethe Ottillinger 1992.

164 Gespräch mit Dr. Margarethe Ottillinger v. 6.5.1992.

165 Anweisung 32343 des MGB der UdSSR v. 22.2.1950, der der Direktor der Sonderabteilung des Dubravlag des MVD, ObLt, Eličev, am 23.2.1950, Zl. 6/4-261259 entspricht. Karner, Ottillinger, S. 87.

166 Vasilij Michajlovič Blochin, geb. 7.1.1895, gest. 3.2.1955, von Beruf Fleischhauer, galt als sadistischer und blutrünstigster Mörder während der Stalinzeit. Nach Angaben und Schätzungen soll er an der Hinrichtung von 50.000 Menschen mitgewirkt haben. Er wurde auf dem Friedhof des Donskoj Klosters in Moskau, einen Steinwurf von den Massengräbern seiner Opfer entfernt, im Familiengrab bestattet. Er war mit Natal'ja Aleksandrowna Baranova, geb. 7.8.1901, gest. 28.12.1967 verheiratet. Eigene Recherchen in der Friedhofsverwaltung des Donskoj Klosters, Moskau. – Herrn Pavel A. Popov danke ich für bereitwillige Hilfestellung und Auskünfte. Vgl. Arsenij Roginskij, Nach der Verurteilung. Der Donskoe-Friedhof und seine österreichischen Opfer, in: Karner – Stelzl-Marx, Stalins letzte Opfer, S. 97–139, hier S. 123f.; – Heute wird die

Butyrka, in der u. a. auch der Kosakenführer Pugačev durch Vierteilung zu Tode kam, als „Untersuchungshaftanstalt Nummer 2" bezeichnet. Gespräch mit Oberst Sergej Cygankov, Leiter des Pressedienstes des UFSIN (Upravlenie Federal'noj služby ispolnenija nakazanij, Verwaltung des Föderalen Dienstes für den Strafvollzug der RF) der RF für Moskau, v. 16.9.2015.
167 Karner, Ottillinger, S. 94f. sowie: Schödl, S. 66.
168 Schödl, S. 67.
169 Russisch: Nasedka (wörtlich: Gluckehenne). – Der Begriff findet sich immer wieder in der Gulag-Literatur.
170 ÖStA, AVA, E/1737 (Nachlass Ottillinger), 43 und 44.
171 Eine Begegnung, selbst eine kurze, zwischen Ottillinger und Fockler ist aktenmäßig nicht belegbar.
172 Ebd.
173 CA FSB Moskau, K-106182. Akt M. Ottillinger, Protokoll des Verhörs, v. 25.12.1951. – Anna Adolfovna Amstislavskaja, geborene Vasil'eva.
174 Sofija Selimovna (Semenovna) Vinogradskaja, geb. 1901 in Warschau, gest. 1964. Jüdin, sowjetische Staatsbürgerin, parteilos, Hochschulbildung. War vor ihrer Verhaftung Schriftstellerin und Mitglied des sowjetischen Schriftstellerverbandes. Sie wohnte in Moskau neben der bekannten Kommunalwohnung Nr. 27, das „Pravda"-Haus" (B. Nikitskaja Nr. 14/2 – Ecke Brjusovskij per. 2/14) und hatte einen großen Bekanntenkreis von Politikern und Künstlern, von Nadežda Krupskaja, der Gemahlin Lenins, über den Bildungs-Volkskommissar Lunačarskij bis Larissa Rejsner oder eben Sergej A. Esenin, mit dem sie aus Studentenzeiten befreundet war. Zu ihren bekanntesten Prosa-Werken zählen: Inžener našej epochi [Ein Ingenieur unserer Epoche]. Moskau 1934; Vzpomínki mého srdce. Vyprávění o Leninovi. O. J., o. O.; Pervye gody [Die ersten Jahre]. Moskau 1958; Pamjat' serdca [Das Gedächtnis des Herzens]. Moskau 1960; Kak žil Esenin [Wie lebte Esenin]. Moskau 1926. Ihr bekanntestes Werk wurde: Iskorka: Raskazy o V. I. Lenine [Der Funke: Erzählungen über V. I. Lenin]. Moskau, mehrere Auflagen. – CA FSB Moskau, K-106182. Akt M. Ottillinger, Protokoll des Verhörs von S. S. Vinogradskaja, v. 3.11.1951. Sofija Vinogradskajas Schwester, Polina (1897–1970) war eine sowjetische Soziologin, Frauenrechtlerin und spätere Bibliothekarin, eine Kommunistin der ersten Stunde, saß 1920/21 im Zentralkomitee der Partei, gab die Zeitschrift „Kommunistka" (die Kommunistin) heraus, organisierte die erste internationale Frauenkonferenz, stand jedoch in den Reihen der linken Opposition zu Stalin. 1937 wurde Polina Vinogradskajas Lebensgefährte, der sowjetische Revolutionär und Trotzkist Evgenij A. Preobraženskij, geb. 1886, in einem Schauprozess in Moskau zum Tod verurteilt und hingerichtet. Preobraženskij war 1918 als Mitglied des Gebietskomitees Ural direkt in die Ermordung der Zarenfamilie involviert. Später war er unter anderem Mitglied des Rates der Volkskommissare der RSFSR und ein führender sowjetischer Ökonom, ein Gegner der Neuen Ökonomischen Politik und ein strikter Verfechter der zentralen staatlichen Planwirtschaft. 1988 wurde er durch den Obersten Gerichtshof der UdSSR rehabilitiert.
175 CA FSB Moskau, Untersuchungsakt S. S. Vinogradskaja, MGB-Nr. der Abt. „A": 5028. Anklageschrift.
176 Ebd., Akt M. Ottillinger, Protokoll des Verhörs, v. 5.10. [recte 5.11.] 1951 und Abweisung des Rekurses v. 11.1.1952.
177 Ebd.
178 Karner, Ottillinger, S. 100f. – Begleitschreiben, o. D., Anweisung v. 10.8.1951.
179 Das erste Moskauer Krematorium wurde 1927 in der umfunktionierten und dazu umgebauten Friedhofskirche des Klosters, zum Seligen (wörtlich: Gerechten) Seraphim Sarovskij, eingerich-

tet. Es war bis 1982 in Funktion. Danach wurde die Kirche nach mühevollen Restaurierungs- und Adaptierungsarbeiten im Wesentlichen wieder in ihren ursprünglichen Zustand gebracht. Seit Mitte der 1990er Jahren finden darin wieder Gottesdienste statt. Vgl. Donskoj stavropegial'nyj mužskoj monastyr'. Moskau 2014, o. S.
180 Karner, Ottillinger, S. 104f. Die Bescheinigung über die Registrierung der Inhaftierten Ottillinger wurde am 21.9.1951 an die MVD-Sonderabteilung, der Mordowischen ASSR, Saransk, übermittelt.
181 Ebd., S. 106f. – Die entsprechende Kommission setzte sich aus dem Leiter der 6. Lager-Abteilung, dem Buchhalter der Bekleidungsabteilung, Šabion, und der Leiterin der Verwaltung der persönlichen Gegenstände, Gut'ko, zusammen. Ottillinger bestätigte mit Unterschrift die Übergabe ihrer persönlichen Kleidungsstücke, Gut'ko die Übernahme.
182 Die 2. Hauptverwaltung des MGB der UdSSR behandelte vor allem die Innere Sicherheit und Spionageabwehr.
183 Karner, Ottillinger, S. 112f. – Anweisung der Abteilung A des MGB der UdSSR 50478 v. 25.10.1951. Verstärkte Eskorte erforderlich. Bescheinigung lt. Personalakt Nr. 261259.
184 Ebd., S. 118f. – Ottillinger hat die Anstaltsordnung zur Kenntnisnahme zu unterschreiben. – Zum Nachfolgenden siehe ÖStA, AVA, E/1737 (Nachlass Ottillinger), 43 und 44.
185 CA FSB Moskau, K-106182. Akt M. Ottillinger, Verhör v. 31.10.1951.
186 Zu Dr. Peter Feldl vgl. die Anm. 118.
187 CA FSB Moskau, K-106182. Akt M. Ottillinger, Verhör, 2.11.1951, 13.30 Uhr – 16.50 Uhr.
188 Ebd., 21.30 Uhr – 3.11.1951, 01.40 Uhr
189 Zu Dr. Peter Feldl vgl. Anm. 118.
190 CA FSB Moskau, K-106182. Akt M. Ottillinger, Protokoll des Verhörs von S. S. Vinogradskaja, v. 3.11.1951.
191 Ebd., vgl. Bestand Karner, Sammlung Ottillinger, Stapo-Protokoll eines ausführlichen Gesprächs mit Ottillinger v. 15. und 18. Juli 1955 in Mauerbach. – Die US-Reports, soweit zugänglich, geben für diese These keine Anhaltspunkte. Vgl. NARA, RG 263. Records of the CIA: Murphy Collection. Box 188. Herrn Univ. Prof. i.R. Dr. Siegfried Beer, Graz, danke ich auch hier für Hinweise und Einsicht in die Akten.
192 CA FSB Moskau, K-106182. Akt M. Ottillinger, Protokoll des Verhörs v. 5.10. [recte 5.11.] 1951. – Vinogradskaja erzählte auch, dass man 1937 ihren Mann verhaftet habe. Dass sie nunmehr einen anderen Partner gefunden habe, mit dem sie eine Verbindung eingehen wollte, wäre nicht die Verhaftung dazwischen gekommen.
193 Ebd., Verhör, 9.11.1951, 22.30 Uhr – 10.11.1951, 01.45 Uhr.
194 Ivan Fedorovič Rublev, Oberst, geb. 1912 bei Caricyn/Volgograd/Stalingrad, gest. 1.11.2001 in Moskau, Ausbildung zum Dreher, bis stv. Werksleiter einer Abteilung im Stalingrader Traktorenwerk, danach in der Staatssicherheit, vor allem im Bereich Gegenspionage, 1.9.1950–25.12.1951 Leiter der Abteilung „2-K" (Untersuchungsabteilung) der 2. Hauptverwaltung des MGB, von 1954 bis 1960 stv. Direktor des Rüstungswerkes für atomare Waffen „p/ja 993" des „Zentralen Atom-Forschungsinstituts" nahe dem Museum der Sowjetarmee in Moskau. 1962 aus Krankheitsgründen vorzeitig in den Ruhestand versetzt. Vgl. Petrov, Kto rukovodil, S. 47 und 746 sowie eigene Recherchen zur atomaren Waffenfabrik „p/ja 993".
195 CA FSB Moskau, K-106182. Akt M. Ottillinger, Eingabe v. 16.12.1951.
196 Ebd., Verhör, 25.12.1951, 16.10 Uhr – 25.12.1951, 17.30 Uhr.
197 Oberst Nikolaj Petrovič Novik, Weißrusse, geb. 1914 nahe Minsk, gest. 1.7.2009 in Moskau, Kolchosarbeiter, ab 1937 Schulausbildung im Bereich der Staatssicherheit in Alma Ata, danach in verschiedenen Funktionen innerhalb der Organe der Staatssicherheit, v. a. in Weißrussland, tätig. 1946–1948 Resident in Frankreich und den USA, 1948–1949 stv. Staatssicherheitsminister in Weißrussland, danach bis 1951 in der MGB-Zentrale in Moskau, u.a. Chef

der Verwaltung „Wachmannschaften" des MGB; von 3.11.1951 bis 30.7.1952 stv. Leiter der 2. Hauptverwaltung des MGB der UdSSR (Auslandsspionage), danach u. a. von 1958 bis 1962 „Berater" der sowjetischen Botschaft in Österreich und Resident des KGB in Wien. Danach bis 1962, 1975 und 1987 in KGB-Funktionen beim Ministerrat der UdSSR. Zur Biographie: Petrov, Kto rukovodil.

198 CA FSB Moskau, K-106182. Akt M. Ottillinger, Beschluss v. 11.1.1952, gez. Obst. Maklakov, bestätigt durch Oberst Novik.

199 Karner, Ottillinger, S. 124f. – Mitteilung des MGB der UdSSR, gez. vom stv. Leiter des 2. Sektors der Abt. A, Obstlt. Burynin, und vom stv. Leiter der 3. Gruppe, Obstlt. Tarakanov, an den Leiter der Verwaltungs des Dubravlag in Javas.

200 Bescheinigung Nr. 196, gezeichnet vom Leiter des Inneren Gefängnisses des MGB in der Lubjanka, Oberst Mironov, Rundstempel des MGB, Teil 230 für wirtschaftliche und finanzielle Dokumente. Order der Auslandsspionage des MGB, 19.1.1952.

201 ÖStA, AVA, E/1737 (Nachlass Ottillinger), 43 und 44.

202 Karner, Ottillinger, S. 126f.

203 Ebd., S. 128f. Anforderung gezeichnet von Burynin und Tarakanov, 19.4.1952.

204 ÖStA, Österreich 15, Zl. 183391-6RS/52, Urgenz Bischoff v. 8.2.1952.

205 Dr. Gordian Gudenus, Mitarbeiter der Sektion IV., Abt. 5 Pol. des Bundeskanzleramtes/Auswärtige Angelegenheiten.

206 Karner, Ottillinger, S. 136f. – Schreiben des stv. Leiters des 2. Sektors der Auslandsspionage des MGB, Oberst Burynin und des Leiters der 1. Gruppe des 2. Sektors, Hptm. Volkov, an den stv. GUPVI-Chef, Oberst Denisov, in Kopie an den stv. Leiter der Verwaltung des Dubravlag, Generalmajor Derevjanko, v. 20.5.1952. Späterer handschriftl. Vermerk: Zum Personalakt, woraus zu schließen ist, dass keine weiteren Maßnahmen im Sinne des Begehrens ergriffen wurden.

207 ÖStA, Österreich 15, Zl. 183391-6RS/52, Bericht der „Presse", v. 29.4.1952.

208 ÖStA, ÖStA, Österreich 15, Zl. 183391-6RS/52, BMI-Information und BMF, Personaldaten.

209 Karner, Ottillinger 132f.

210 Ebd., S. 134f. – Bescheinigung v. 17.5.1952, gez. vom Inspektor der Sonderabt. des Dubravlag, Tarassov. Der Vorgang ist ungewöhnlich.

211 Amjak Sachrovič Kobulov, Armenier, geb. 1906 in Tiflis, hingerichtet 26.2.1955, 5-klassige Handelsschule in Tiflis, danach verschiedene Arbeiten in der Gewerkschaft, Partei, Wehrdienst in der Armee, Buchhalter. Ab 1928 Arbeit in der Staatssicherheit, gehörte zum engeren Kreis um Lavrentj P. Berija und Josef Stalin. 1938 geschäftsführender Innenminister der Abchasischen ASSR, im Herbst 1938 1. stv. Innenminister der Ukraine, von 7.12.1938 bis 2.9.1939 (Kriegsbeginn) NKVD-Resident in Berlin, danach Innenminister in Usbekistan, 1945 1. stv. Leiter der GUPVI des NKVD/MVD, danach auch des Gulag, von 8.6.1951 bis 5.3.1953 (Tod Stalins) war Kobulov Leiter der Verwaltung der Lager für Kriegsgefangene und Internierte (UPVI). Einen Tag nach der Verhaftung Lavretij Berijas, am 27.6.1953 verhaftet, am 1.10.1954 nach Artikel 58, Paragraph 1b des Strafgesetzbuches der RSFSR zum Tod durch Erschießen verurteilt. Vgl. Nikita V. Petrov – Konstantin V. Skorkin, Kto rukovodil NKVD 1934–1941. Spravočnik [Wer leitete den NKVD 1934–1941. Ein Handbuch]. Moskau 1999 (= Petrov – Skorkin), S. 233f.; Andrew – Gordievsky, S. 324 sowie: Nikita Petrov, Zwei große Brüder. Berijas Günstlinge Bogdan und Amjak Kobulov als typische Tschekisten, in: Schöpfer – Stelzl-Marx, FS Karner, S. 477–494.

212 Karner, Ottillinger, S. 138f. – Durch die Vorbereitungen zur Zusammenlegung von Innenministerium und Staatssicherheit waren einzelne Lager als Sonderlager des Innenministeriums/MVD organisiert worden. Teile des Lagers in Pot'ma wurden als Sonderlager Nr. 3 des MVD zusammengefasst. Ottillinger war damit im Bereich des MVD der UdSSR. GUPVI: Hauptverwaltung

des MVD der UdSSSR für Kriegsgefangene und Internierte [Glavnoe upravlenie po delam voennoplennych i internirovannych]. Karner, GUPVI.
213 Novocain ist ein Markenname für das Lokalanästhetikum Procain, das ursprünglich in der Zahnmedizin eingesetzt wurde. Procain wurde 1904 von den deutschen Chemikern Alfred Einhorn und Uhlfelder synthetisiert und 1905 als Novocain (von lat. novus „neu" und cain – abgeleitet von Kokain) in den Handel gebracht.
214 Lager-Karteikarte M. Ottillinger des Dubravlag. Archiv der Temnikovskie Lagerja, Javas, Mordowien. Konstantin Zavojskij (+), Moskau, danke ich für die Beschaffung der Karteikarte.
215 ÖStA, AVA, E/1737 (Nachlass Ottillinger), 43 und 44. Bei der erwähnten „Angela" dürfte es sich um die ebenfalls in Pot'ma inhaftierte Österreicherin Angela Robl gehandelt haben. Zu ihrer Haft vgl. RGVA, F. 461, d. 171169, PA Angela Robl.
216 Karner, Ottillinger, S. 140f. – Anweisung Krotovs Nr. 17916 v. 5.8.1952. Antwort und Vorlage des ärztlichen Gutachtens durch den stv. Leiter der Sonderabt. des Dubravlag, Mj. Sinev.
217 Karner, Ottillinger, S. 142f. – Medizinisches Gutachten v. 14.8.1952, gez. v. Dr. Sloev und Dr. Onosovskij sowie vom Leiter der Sanitätsabt. Major des med. Dienstes Maksimov.
218 ÖStA, AVA, E/1737 (Nachlass Ottillinger), 43 und 44.
219 Ebd.
220 Sergej Arsen'evič Goglidze, geb. 1901 im Gouvernement Kutaisi (West-Georgien), hingerichtet 23.12.1953, 6-klassige Handelsschule in Taschkent, Dienst in der Armee, ab 1921 in verschiedenen Funktionen der Staatsicherheit in Kaukasischen Republiken und in Turkestan, während des 2. Weltkrieges u. a. in Ostsibirien, 1951 und anfangs 1952 (mit Unterbrechungen) 1. stv. Innenminister der UdSSR, danach vom 19.2.1952 bis 12.3.1953 Leiter der 3. Hauptverwaltung des MGB der UdSSR (militärische Gegenspionage), teilweise zeitgleich vom 19.2.1952 bis 5.3.1953 1. stv. Minister des MGB der UdSSR, vom 12.3.1953 bis 29.6.1953 Leiter der 3. Verwaltung des MVD der UdSSR, am 3.7.1953 verhaftet, zum Tod verurteilt und am 23.12.1953, gemeinsam mit Lavrentij P. Berija in Moskau erschossen. Petrov, Kto rukovodil, S. 49; Petrov – Skorkin, S. 148f.
221 Karner, Ottillinger, S. 145ff.; Befund und Empfehlung v. 23.8.1952.
222 Gespräche mit Dr. Ottillinger 1992. Vgl. auch: ÖStA, AVA, E/1737 (Nachlass Ottillinger), 43 und 44.
223 Die Empfehlung wurde von drei Offizieren des MGB-Archivs, Major Volkov, Oberstleutnant Burynin verfasst. GenMj Arkadij Jakovlevič Gercovskij, ein erfahrener Leiter der Abt. „A" des MGB, erklärte sich mit dem Inhalt „Einverstanden". Der Ukrainer Gercovskij wurde im März 1904 im Dorf Novoselica/Bessarabien geboren, besuchte nach der Grundschule das Gymnasium in Odessa. Danach arbeitete er als Heizer bei der Eisenbahn, ab 1920 in verschiedenen Funktionen bei der Staatsicherheit, zunächst im Bereich der Ukraine, später in der Zentrale in Moskau im Archivbereich, den er von 1943 bis 1953 leitete. Am 3.10.1953 inhaftiert und 1955 zu 10 Jahren Freiheitsentzug verurteilt. Weiteres ist über ihn nicht bekannt. Vgl. auch dazu: Petrov, Kto rukovodil, S. 282.
224 Vgl. Stelzl-Marx, Stalins Soldaten, S. 491 und: ÖStA, AVA, E/1737 (Nachlass Ottillinger), 43 und 44.
225 Karner, Ottillinger, S. 148f. Protokoll-Auszug Nr. 65 des OSO beim MGB v. 10.9.1952.
226 Ebd., S. 150f. – Weisung Nr. 35/2-2830, v. 24.9.1952.
227 ÖStA, AVA, E/1737 (Nachlass Ottillinger), 43 und 44 und Gespräche mit Dr. Ottillinger 1992.
228 Karner, Ottillinger, S. 152f. und 156f.
229 Ebd., S. 155 sowie mehrere Gespräche mit Dr. Ottillinger 1992.
230 Gespräche mit Dr. Ottillinger 1992. Vgl. auch: ÖStA, AVA, E/1737 (Nachlass Ottillinger), 43 und 44.
231 Karner, Ottillinger, S. 155 sowie mehrere Gespräche mit Dr. Ottillinger 1992.
232 Karner, Ottillinger, S. 154f.
233 Ebd., S. 155.

234 Ebd., S. 152f.
235 Vgl. dazu u. a.: Vladimirskij Central. Vladimir o. J. [verm. 2014], S. 1 sowie Gespräch mit Oberst Igor Zakurdaev, Leiter des Gefängnis-Museums Vladimir, v. 17.9.2015. Das Gespräch wurde auch im Rahmen der Dreharbeiten zur ORF-Spiel-Doku über M. Ottillinger geführt.
236 ÖStA, AVA, E/1737 (Nachlass Ottillinger), 43 und 44 und Gespräche mit Dr. Ottillinger 1992.
237 Karner, Ottillinger, S. 161 und Gespräche mit Dr. Ottillinger 1992.
238 Das Gefängnis in Vladimir wurde 1781–1783 auf Befehl Katharinas II. errichtet und war zunächst als Arbeitsanstalt eingerichtet, wo die Gefangenen durch Arbeit den verursachten Schaden abzuarbeiten hatten und dem Gefängnis für die Unterbringung ein Drittel ihres Lohnes zu bezahlen hatten. Die ersten Polithäftlinge waren Polen, die an den Aufständen 1863/64 in Kongresspolen und in den litauisch-weißrussischen Gouvernements gegen Russland (Polnisch: Powstanie styczniowe) teilgenommen hatten. Der hauptsächlich von den adligen Schichten geführte Aufstand, dem sich auch Teile des Bürgertums und Bauern anschlossen, zielte auf die Wiederherstellung der ersten Rzeczpospolita in den Grenzen von 1772, also vor der polnischen Teilung. Später funktionierte man einen Teil des Gefängnisses zu einem provisorischen Strafarbeits-Gefängnis um, in dem gegen Ende des 19. Jahrhunderts u. a. auch der spätere sowjetische Armeeführer Michail Vasil'evič Frunze inhaftiert war. 1918 wurde Vladimir zu einer Besserungs-Anstalt mit Polit-Isolator mit einer Besserungs-Arbeits-Abteilung (ITO), wohin in den 1920er und 1930 Jahren Hunderte Stalin-Gegner gebracht wurden. 1938 wurde das Gefängnis durch einen neuen Gebäudeteil erweitert, der sogenannte „Ežovskij korpus", benannt nach Nikolaj I. Ežov, dem zentralen Exekutor der stalinistischen Säuberungen. Die Zahl der Insassen stieg auf 1.700 Häftlinge. In den 1940er Jahren wird Vladimir ein Sondergefängnis der Staatssicherheit, ein Polit-Isolator. Die Zahl der Häftlinge stieg weiter, die Raumnot war enorm. Unter ihnen viele Prominente bzw. deren Frauen und Freundinnen, zahlreiche Minister aus dem besetzten Baltikum, Konstantin Ordžonikidze, der Bruder des Verteidigungs-Volkskommissars Sergo Ordžonikidze, Verwandte von Stalins Frau Nadežda Allilueva, Stalins Sohn Vasilij, Spione aus mehreren Ländern, der Christdemokrat Aleksandras Stulginskis, der zweite Präsident Litauens, zahlreiche Bürgermeister, nach dem Krieg hohe japanische und deutsche Militärs, unter ihnen die Feldmarschälle Franz v. Bentivegni, Ferdinand Schörner und Ewald v. Kleist, der hier auch 1954 verstarb und beerdigt wurde, sowie der deutsche Abwehr-Chef Hans Piekenbrock. Dazu kamen führende Persönlichkeiten aus der sowjetisch/russischen Geisteswelt, Politik und Beamtenschaft, später etwa der amerikanische U2-Pilot Francis Gary Powers, die ersten Dissidenten Julij Daniel', Vladimir Bukovskij, Natan Ščaranskij, Josef Begun und Kronid Ljubarskij oder der sowjetische Top-KGB-Spion Pavel A. Sudoplatov. Zu letzterem vgl. Pavel A. Sudoplatov, Pobeda v tajnoj vojne, 1941–1945 gody [Sieg im geheimen Krieg, 1941–1945]. Moskau 2005. Ein Aufenthalt von Raoul Wallenberg in Vladimir lässt sich, entgegen meiner Angabe 1992, auf Basis der neueren Forschungen nicht belegen und gilt als nicht gegeben. Heute umfasst das „Zentrale Gefängnis von Vladimir" (FKU-T2) knapp über 1.000 Häftlinge, darunter vor allem kriminelle Schwerstverbrecher. Vgl. dazu u. a.: Vladimirskij Central. Vladimir o. J. [verm. 2014], S. 1 sowie Gespräch mit Oberst Igor Zakurdaev, Leiter des Gefängnis-Museums Vladimir, v. 17.9.2015; Stefan Karner (Hg.), Auf den Spuren Wallenberg. Veröff. d. L. Boltzmann-Instituts f. Kriegsfolgen-Forschung, Bd. 28. Innsbruck – Wien – Bozen 2015; Karner, Ottillinger, S. 230.
239 Karner, Ottillinger, S. 160f.
240 Ebd., S. 162–165.
241 Ebd., S. 175, Gesuch Ottillinger v. 1.9.1953.
242 ÖStA, Österreich 15, 6RA 53, Zl. 350008, BMI-Information (Dr. Pammer) an BMaA, Dr. Tschöpp, v. 5.3.1953.
243 Karner, Ottillinger, S. 166.
244 ÖStA, Österreich 15, 6RA 53, Zl. 350008.

245 Vgl. Karner, GUPVI, S. 201.
246 ÖStA, Österreich 15, 6RA 53, Zl. 350008, Zl. 397.493 6RS/53.
247 Karner, Ottillinger, S. 176f.
248 Ebd., S. 170ff.
249 Ebd., S. 188–193.
250 Ebd., S. 174f. und 186f. – Gesuch zur Reparatur der Filzstiefel v. 23.11.1953.
251 Roman A. Rudenko, geb. 30.7.1907 in der Ukraine, gest. 23.1.1981 in Moskau, Jurist, ab 1926 Mitglied der KPdSU, ab 1929 Arbeit in der Staatsanwaltschaft, 1942–1944 stv. Staatsanwalt, 1945–1953 Staatsanwalt der Ukraine, war während des Nürnberger Kriegsverbrecher-Prozesses Chefankläger der Sowjetunion. 1953 auf Betreiben Chruščevs General-Staatsanwalt der UdSSR, leitete 1953 die MGB-Aktion gegen die blutige Niederschlagung des Häftlingsaufstandes in Vorkuta, 1960 leitete er die Untersuchungen gegen den U2-Piloten Francis Gary Powers, 1961 Mitglied des ZK der KPdSU, 1962 leitete er die Gerichtsverfahren gegen die Streikführer in Novočerkassk, die mit etlichen Todesurteilen endeten. Unter Brežnev leitete er, in Zusammenarbeit mit KGB-Chef Jurij Andropov, den Kampf gegen die sowjetischen Dissidenten. Vgl. Jurij Orlov – Aleksandr Svjagincev, Prokurory dvuch epoch. Andrej Vyšinskij i Roman Rudenko [Staatsanwälte zweier Epochen. Andrej Vyšinskij und Roman Rudenko]. Moskau 2001.
252 Es handelte sich dabei um Verhandlungen über eine bilaterale österreichisch-sowjetische Erdölgesellschaft, die Sanaphta, die 1945 von Österreich zwar offiziell abgebrochen wurden (was auch als ein Zeichen für die Westorientierung der österreichischen Wirtschaft gewertet wurde), aber doch auch weiterhin ein wichtiges Thema in den bilateralen Beziehungen waren. Vgl. Iber, SMV, vor allem S. 55–59, 167–170, 192, 236 sowie: Wolfgang Mueller, Die sowjetische Besatzung in Österreich 1945–1955 und ihre politische Mission. Wien – Köln – Weimar 2005, S. 123f.; Seidel, S. 432–441.
253 CA FSB, Moskau, Akt M. Ottillinger, Beschluss v. 10.3.1955, gez. GeneralLt. P. Ivašutin.
254 Karner, Ottillinger, S. 184f., S. 196f. – Weiterleitung der Beschwerde mitgeteilt am 25.11.1953.
255 Im Krauland-Ministerium gibt es neben Johann Müller noch Erich Müller, die Namensgleichheit aufweisen. Allerdings scheiden beide als Informanten gegenüber den Sowjets definitiv aus. Im Russischen wird der Name „Fockler" als „Fokler" wiedergegeben. – Vgl. zu Johann und Erich Müller u. a.: Böhmer, v. a. S. 38ff. und 109 sowie: Julia Kopetzky, Die „Affäre Krauland". Ursachen und Hintergründe des ersten großen Korruptionsskandals der Zweiten Republik. DA Uni Wien 1977, v. a. S. 49ff.
256 Gespräche mit Dr. Ottillinger 1992 in Purkersdorf. Vgl. auch Herbert Lackner, Des Ministers Geheimnis, in: Profil, Nr. 40, 28.9.1992, S. 32.
257 Gruber war am 26.11.1953 als Außenminister zurückgetreten und hatte Leopold Figl Platz gemacht, der von Julius Raab auf Basis einer innerparteilichen Intrige und der sogenannten „Figl-Fischerei", die von Gruber publik gemacht wurde und in der Substanz jeglicher Grundlage entbehrte, als Bundeskanzler gestürzt wurde. Gruber wurde rasch Botschafter in den USA. Demnach hätte Figl mit Ernst Fischer (KPÖ) Möglichkeiten einer Zusammenarbeit ausgelotet. Karl Gruber, Meine Partei ist Österreich. Privates und Diplomatisches. Wien – München 1988, bes. S. 147ff. – Die Initiative der Geheimgespräche ging von Fischer aus und war nicht mit der KPÖ-Führung oder der sowjetischen Besatzungsmacht abgesprochen. Er handelte eigenmächtig und wollte Figl überzeugen, dass eine Regierungsumbildung und Entfernung sowjetfreundlicher Minister nötig sei. Siehe: Peter Ruggenthaler, The Role of Neutrality in Stalin's Foreign Policy, 1945–53. Harvard Cold War Studies Book Series. Lanham 2015, S. 110.
258 ÖStA, Österreich 15, 6RS 54, Zl. 172.427, Schreiben v. 13.1.1954, gez. Dr. Mayer.
259 Ebd.
260 Karner, Ottillinger, S. 196f. – Begun paraphiert auf dem Akt die persönliche Überbringung der Nachricht.

261 Ebd., S. 198–201. – Beurteilung v. 8.9.1954. Protokollauszüge und Beurteilungen wurden mit gleicher Post auch für die Strafgefangenen Ernst Krenner, geb. 1896, und Martha Oberegger, geb. 1928, übersandt. Insgesamt umfassten diese für alle drei Personen lediglich acht Blätter.
262 ÖStA, Österreich 15, 6RS 54, Zl. 172.427. Übersetzung: Pot'ma, Postfach 368/10. Moskauer Eisenbahnlinie. Später erhält Pot'ma das Postfach 5110/43 und 33.
263 Ebd., Gnadengesuch. Mitteilung an das BKA/aA über die Weiterleitung v. 8.8.1954. Berichts-Frist 1.2.1955.
264 Russisch: Elena Aleksandrovna Hinzmann.
265 Bislang konnte nicht eruiert werden, in welchem Zusammenhang das Paket an Hinzmann weitergeleitet wurde.
266 ÖStA, Österreich 15, 389.330-6A/55. – Das Schicksal von Helene (Elena Aleksandrovna) Hinzmann konnte bislang nicht eruiert werden. Sie gilt bis heute als vermisst. Es könnte sich bei ihr allerdings auch um eine Russland-Deutsche handeln.
267 ÖStA, Österreich 15, 6RS 54, Zl. 172.427, AV 15.11.1954, Zadrazil, und Brief Bischoff an BKA/aA, v. 1.11.1954.
268 Biographie siehe weiter vorher.
269 CA FSB Moskau, K-106182. Akt M. Ottillinger, Beschluss v. 10.3.1955.
270 Karner, Ottillinger, S. 202f.; ÖStA, Österreich 15, 6RS 54, Zl. 363.533-6A/55, 18.4., Zadrazil. Die Postkarte hat das Datum 9.3.1955. Die entsprechende Mitteilung ging an Außenminister Figl, Staatssekretär Kreisky, an den politischen Direktor des Außenamtes, Gesandten Josef Schöner und an den Generalsekretär des Außenamtes, Botschafter Karl Wildmann. – Zur Genese des Staatsvertrags noch immer grundlegend: Gerald Stourzh, Um Einheit und Freiheit. Staatsvertrag, Neutralität und das Ende der Ost-West-Besetzung Österreichs 1945–1955. 5. Aufl. Wien – Köln – Graz 2005.
271 ÖStA, AVA, E/1737 (Nachlass Ottillinger), 43 und 44 und Gespräche mit Dr. Ottillinger 1992.
272 Karner, Ottillinger, S. 204f. – Alexander Savel'evič Sirotkin, geb. August 1890 in Bogitino, gest. Jänner 1965 in Moskau, Russe. Diente bis 1921 in verschiedenen Einheiten der zaristischen und später der Roten Armee, ab März 1921 in der Staatssicherheit, 1944 Generalleutnant, zuletzt Chef des Stabes der Grenz- und Innenministeriumstruppen. 1959 altersmäßig pensioniert. Vgl. Petrov, Kto rukovodil, S. 796.
273 Smirnov, ITL, S. 217–219.
274 Karner, Ottillinger, S. 208f.
275 Ebd., S. 211.
276 Die Identität von Franz Herzig konnte nicht eruiert werden.
277 Karner, Ottillinger, S. 215; Bescheinigung über die Repatriierung v. 21.6.1955, gez. Lt. Škapenko.
278 Ebd., S. 221.
279 Ebd., S. 218f., Beschluss, v. 15.6.1956, gez. V. Morgačev, Chef der Konsularabteilung.

Bildteil

Geburts- und Tauf-Schein.

(Zeugnis.)

dem hiesigen Geburts- und Tauf-Buche Tom. 1919 Fol. 339 wird hiermit amtlich bezeugt, daß

in (Ort, Straße, Nr.): *Wien IX. Alservorstadt 195*

am (in Buchst.) *sechsten Juni*
neunhundert neunzehn (in Ziffern): 6.6 1919.

geboren und am (Datum und Jahr): *8. Juni 1919.*

vom hochw. Herrn *P. Josef Holzapfel, Kurat*

nach römisch-katholischem Ritus getauft wurde das

Kind (Zu- und Vorname): ˣ *Ottilinger Margareta Anna*

eheliche ~~Sohn~~—Tochter—des und der

Vaters (Zu- und Vorname, Rel. Char., Tag u. Jahr der Geb., Geb.- u. Zuständigkeitsort, Abstammung)

Ottilinger Anton, bay. Bäckergehilfe, geboren 23. Sept 1882 Hadersdorf-Weidlingau, Nöstr. ehl. Sohn des Ottilinger Anton u. der Anna geborene Jäger.

Mutter (Zu- u. Vorname, Rel., Geb.-Datum u. Ort, Abstamm.; event. auch Stand, Char. u. Zust.-Ort)

Theresia geborene Smejcola, geboren 2. Okt. 1894 in Mauerbach, ehl. Tochter des Smejcola Karl u. der Josefa geb. Bogenberg.

Paten: *Anna Köhling, bay. Nussdorf, Freihofg. 1.*

Anmerkung: ˣ *Der Name lautet richtig l. Tenpelen des Kindesvaters von 6.5.1914 ...*
Ottilinger

Urkund dessen die eigenhändige Unterschrift des Gefertigten und das beigedruckte Amtssiegel.

Wien, Pfarre Alservorstadt, am *10. Sept 1928.*

P. Eugen Imberg, Coop.
f. d. Pfarrer.

Geburts- und Taufschein.

Margarethe Ottillinger mit ihrem Bruder Karl, etwa 1925/26 in Steinbach-Mauerbach, vor den Toren Wiens in Niederösterreich. Sie besuchte die Volksschule (drei Jahre) in Mauerbach und Wien (ein Jahr), danach schaffte sie als einziges Kind der Schule die Aufnahmeprüfung in die Bundeserziehungsanstalt in Wien für Mädchen.

Mittelschulausweis 20. Jänner 1937.

Mit ihrer Mutter Therese Ottillinger im 1. Semester des Studiums der Handelswissenschaften 1937. Ab 1939 verdiente sie sich ihr Hochschulstudium als Werksstudentin selbst.

Frühe Jahre bis Kriegsende | 107

Sommer 1939: Auf einer „Puch" 250 vor dem elterlichen Haus in Steinbach. Aus dem Fenster blickt ihr Vater Anton Ottillinger.

Ottillinger als Dissertantin, mit Kindern aus der Nachbarschaft in Steinbach, vermutlich 1940.

Margarethe Ottillinger als Studentin.

Als Studentin in Steinbach, Sommer 1939. Parallel zum Studium arbeitet Ottillinger als Volontär beim Transportunternehmen Schenker & Co in Wien.

Doktorin der Handelswissenschaften. Abschluss des Studiums 1941. Dissertationsthema: „Die Donau – Wasserstraße Großdeutschlands und Verkehrsweg nach dem Nahen Osten". Wien 1941.

Parallel zum Studienabschluss 1940 als Dkfm. arbeitet Ottillinger noch bei den Veitscher Magnesitwerken in Wien und bei der Feigenkaffee-Fabrik Kuhlemann im Verkauf und Einkauf. 1941 nahm sie eine Stelle als wissenschaftliche Mitarbeiterin bei der Fachgruppe „Eisen und Stahl" der deutschen „Reichsvereinigung Eisen" an, einer NS-Organisation für die Eisen- und Stahlindustrie, die dem Wirtschaftsministerium unterstand und später von Rüstungsminister Albert Speer durch seine eigene Organisationsstruktur überrollt wurde. Die RVE bestand seit dem 19. Jahrhundert, nach 1945 wurde die RVE neu organisiert. Mit 23 Jahren wurde Ottillinger Stellvertreterin des Geschäftsführers in Wien. Der NSDAP trat Ottillinger nicht bei.

Ausweis der Reichsvereinigung Eisen in Wien. Vermutlich 1942.

Karriere 1945–1948

Relikte des Krieges und des Einmarsches der Roten Armee in Österreich.

```
            Bezirkshauptmannschaft Liezen
                Vorläufiger Personalausweis.
                   Identity Card. 3460

Name
Name............................ Dr.Ottillinger

Vorname
Christian name.................. Margarethe

Geburtsdatum
Date of birth................... 6.6.1919

Geburtsort
Place of birth.................. Wien

Beruf
Profession...................... Dipl.Kaufmann

Wohnort
Place of residence.............. Liezen 15

Staatsangehörigkeit:
Citizen:........................ Österreich

Obenstehendes Lichtbild ist mit dem in Nationale Genannten identisch.
    The photo above is identical with the named person.
Liezen, am 2. XI. 1945                    Bezirkshauptmann:
```

Vorläufiger Personalausweis der BH Liezen vom 2. November 1945. Ottillinger hatte im Auftrag der Fachgruppe der Handelskammer in Graz, die Eisen- und Stahlwerke in der Obersteiermark, besonders im Ennstal (Schmidhütte Liezen und Rottenmanner Eisenwerke), zu besuchen.

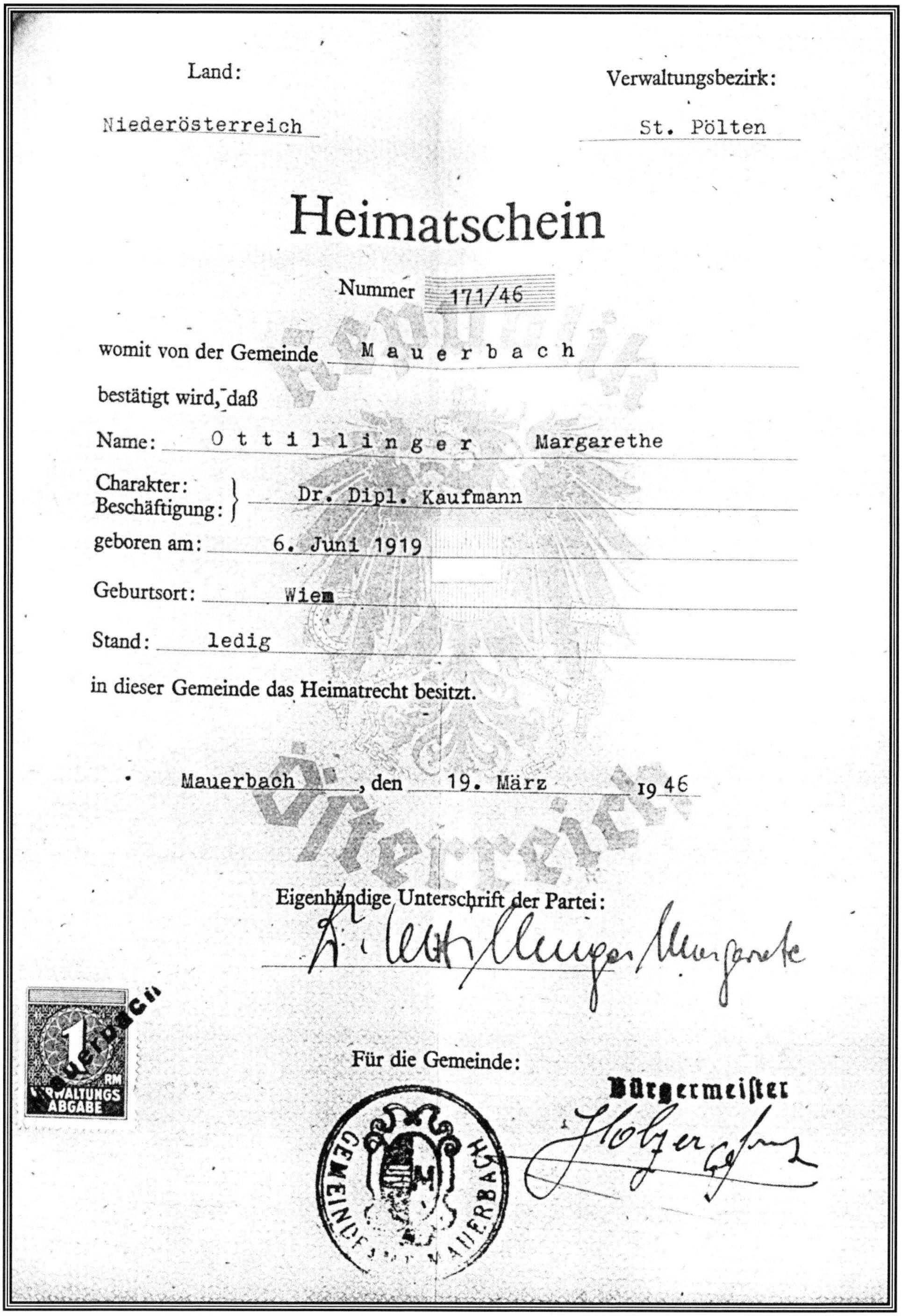

Land: Niederösterreich

Verwaltungsbezirk: St. Pölten

Heimatschein

Nummer 171/46

womit von der Gemeinde Mauerbach bestätigt wird, daß

Name: Ottillinger Margarethe

Charakter: Dr. Dipl. Kaufmann
Beschäftigung:

geboren am: 6. Juni 1919

Geburtsort: Wien

Stand: ledig

in dieser Gemeinde das Heimatrecht besitzt.

Mauerbach, den 19. März 1946

Eigenhändige Unterschrift der Partei:

Für die Gemeinde:

Heimatschein der Gemeinde Mauerbach 1946.

Identitätsausweis (englisch, französisch) vom 23. April 1946.

Personalausweis als Geschäftsführerin der Fachgruppe Eisenerzeugende Industrie/Sektion Industrie, der Handelskammer in Graz, wohin sie von der Bundeshandelskammer entsandt wurde.

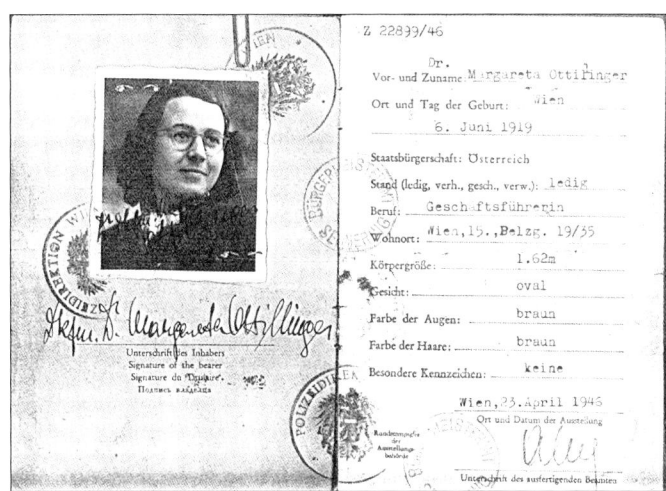

Dienstausweis als Konsulentin des Bundesministeriums für Vermögenssicherung und Wirtschaftsplanung, vom 21. Oktober 1947.

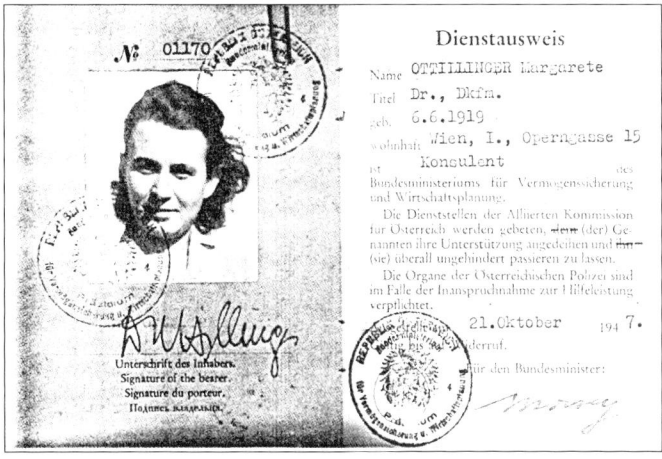

Für die Eisen- und Stahlindustrie in der Steiermark: Ottillinger, Landeshauptmann-Stellvertreter Tobias Udier, Frau Hilde Figl, Landeshauptmann-Stellvertreter Reinhard Machold, Minister Peter Krauland, Landeshauptmann Josef Krainer, Bundeskanzler Leopold Figl (1. Reihe von links nach rechts). In der zweiten Reihe hinter Krainer: Sicherheitsdirektor LAbg. Alois Rosenwirth (etwas verdeckt).

Minister Peter Krauland, Bundeskanzler Leopold Figl und Böhler-Direktor Franz Schwarzenberger.

20. August 1946: Hochofen-Inbetriebnahme in Donawitz (von links): Landeshauptmann-Stellvertreter Reinhard Machold, Bundeskanzler Leopold Figl, Generaldirektor Josef Oberegger (Alpine), Minister Karl Maisel (Soziales), Minister Peter Krauland, Landeshauptmann-Stellvertreter Tobias Udier, Ottillinger, Sektionschef Karl Straubinger (Ministerium für Vermögenssicherung und Wirtschaftsplanung), Minister Eduard Heinl (Handel und Wiederaufbau).

Nach dem Anblasen des ersten Hochofens in Donawitz, 20. August 1946. Dritter von links: Werksdirektor Dr. Ing. Bernhard Matuschka, der wesentlich bei Ottillingers Stahlplan mitarbeitete. In der Mitte Alpine-Generaldirektor Josef Oberegger, flankiert von britischen Besatzungs-Offizieren. 2. v. li. vermutlich Georgij A. Kulagin, den auch Ottillinger 1946/47 immer wieder traf.

Bei Böhler in Kapfenberg (von links): Johann Dorrek, Sekretär von Bundeskanzler Figl, Bundeskanzler Leopold Figl, Ottillinger, Direktor Franz Schwarzenberger (Böhler), Generaldirektor Josef Oberegger (Alpine). Ganz rechts: der Sicherheitsdirektor der Steiermark, LAbg. Alois Rosenwirth, in k.u.k.-Uniform.

Ottillinger (in ihrem Dienstauto) verabschiedet sich in Kapfenberg von Direktor Franz Schwarzenberger (Böhler).

Beauftragung zur Leitung der Planungssektion durch Minister Peter Krauland.

REPUBLIK ÖSTERREICH
BUNDESMINISTERIUM
FÜR VERMÖGENSSICHERUNG
UND WIRTSCHAFTSPLANUNG
WIEN, HOFBURG, AMALIENTRAKT
1. BALLHAUSPLATZ 1

Zl. 13559-Präs./47

An Frau

Dr. Margarete O t t i l l i n g e r.

Ich beauftrage Sie mit der Leitung der neuerrichteten III. Sektion, welche die Abteilungen 1o bis 13 und 16 bis 18 umfasst.

21.Juni 1947.
Der Bundesminister:
Dr. K r a u l a n d

Für die Richtigkeit
der Ausfertigung:

Die Planungskommission 1948 (von links): Sektionschef Karl Straubinger, Minister Karl Maisel, Minister Otto Sagmeister, Minister Vinzenz Übeleis, Minister Alfred Migsch, Minister Peter Krauland, Minister Georg Zimmermann, Minister Felix Hurdes.

116 | *Bildteil*

Das letzte Foto vor ihrer Verhaftung.

Der letzte Sommer vor ihrer Verhaftung in den Bergen, die Ottillinger liebte. Am 28. August 1947 mit Freunden auf 2190 Metern Seehöhe auf dem Gipfel des Totenkirchl, einem der bekanntesten Kletterberge im Wilden Kaiser/Tirol. Ottillinger leitete zu diesem Zeitpunkt die Planungssektion im Ministerium Krauland und war die mächtigste Beamtin der Republik.

Die USIA-Werke waren am Eingang meist mit einem Sowjetstern oder mit großflächigen sowjetischen Losungen versehen. Hier der USIA-Betrieb Brucker Zuckerfabrik in Bruck/Leitha, Anfang der 1950er Jahre. Quelle: Stadtarchiv Bruck/Leitha.

Verhaftung und Verurteilung

Edwin M. J. Kretzmann bei einem Gespräch zwischen Bundeskanzler Leopold Figl und General Mark W. Clark.

Die Grenze am Semmering zwischen der britischen und der sowjetischen Besatzungszone. Ein neuralgischer Punkt im „Kalten Krieg". Das Foto stammt aus dem Jahr 1955, vor dem Abzug der alliierten Besatzer, während der Österreich-Radrundfahrt, wofür der sowjetische Schlagbaum geöffnet wurde. Foto: Kubinzky, Graz.

An dieser Stelle auf der Ennsbrücke vor St. Valentin fuhren Krauland und Ottillinger am 5. November 1958, knapp nach 17 Uhr, in die sowjetische Zone ein. Unmittelbar darauf erfolgte der Zugriff der sowjetischen Auslandsspionage. Foto aus dem Jahr 1948, Gemeindearchiv St. Valentin.

Deckblatt des MGB-Aktes „Zur Verurteilung von Margarita Ottillinger auf Grund der Verbrechen gemäß Artikeln 58-6 und 58-4 StGB RSFSR". Der 2-bändige Akt wurde vom Truppenteil 32750 der Gegenspionage/Spionageabwehr des MGB angelegt.

MGB-Protokoll zur Festnahme Ottillingers auf der Ennsbrücke am 5. November 1948.

120 | *Bildteil*

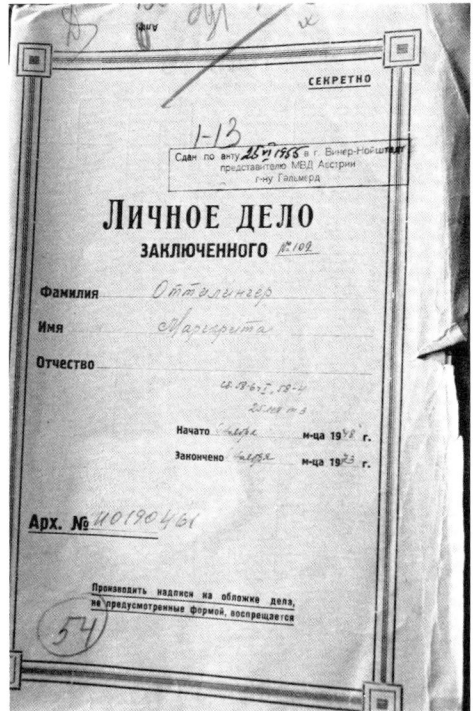

Titelblatt des MGB-Personalaktes „Margarita" Ottillinger.

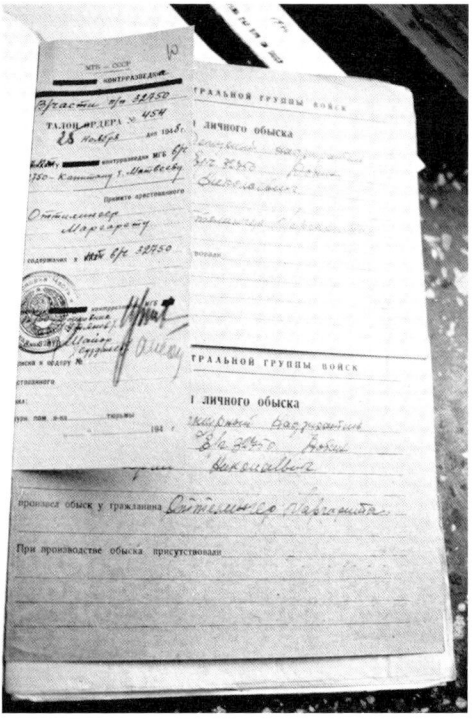

Die einzelnen Seiten des Personalaktes wurden eingenäht.

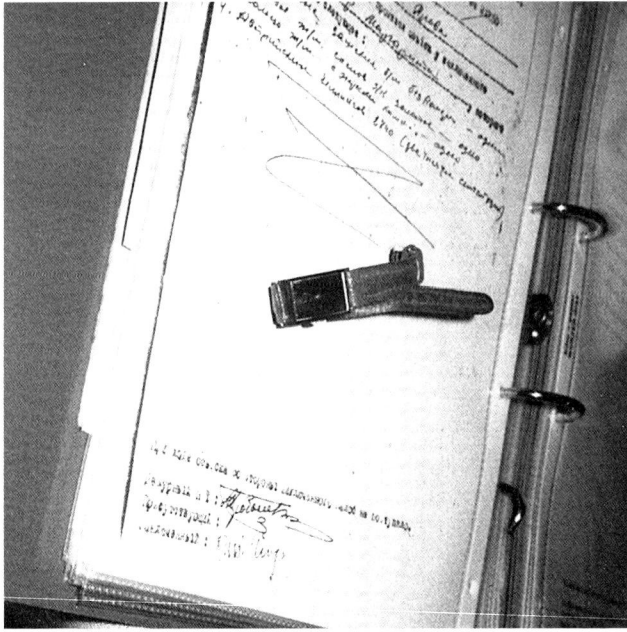

Die vom MGB Ottillinger 1948 abgenommene Armbanduhr. Sie liegt auf dem entsprechenden Abnahmeprotokoll ihres MGB-Personalaktes. Ottillinger erhielt den Akt aus dem russischen Archiv vom Autor wenige Monate vor ihrem Tod 1992.

Die erste Seite des Verhörprotokolls von Alfred Fockler vom 23.11.1948, dem Datum, als der Haftbeschluss für Ottillinger erfolgte.

Im Jänner 1949 im Untersuchungsgefängnis Baden. Die Voruntersuchung ist abgeschlossen, die quälenden Verhöre großteils beendet.

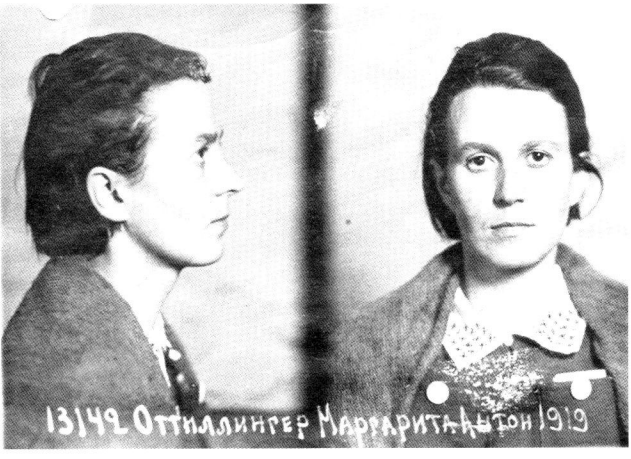

Die letzte Seite des Verhörprotokolls von Margarethe Ottillinger vom 6. Jänner 1949.

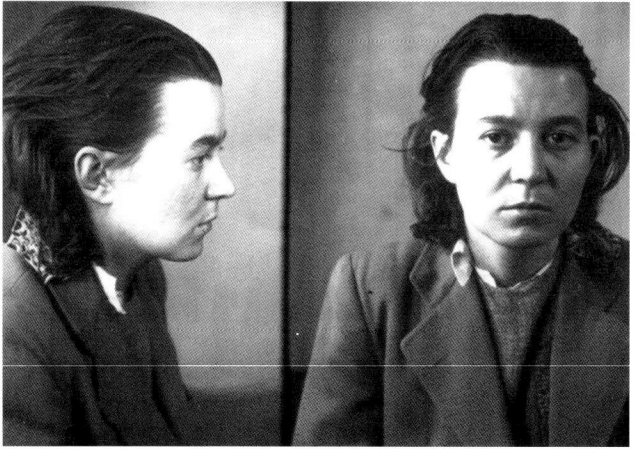

MGB-Foto vom 13. Mai 1949, aufgenommen im Durchgangsgefängnis Neunkirchen, nach der Verurteilung zu 25 Jahren Gulag-Haft.

Die Fingerabdrücke von Ottillinger vor ihrer Verbringung in die Sowjetunion. Abgenommen am 18. März 1949.

Die Verwaltung für Spionageabwehr des MGB der CGV in Baden befand sich im so genannten „Nicoladoni-Haus". Der gesamte Häuserblock war mit einem blickdichten Zaun umgeben und wurde von einem Wachturm aus bewacht. Auch die Hauskeller der umliegenden Villen dienten als Gefängnis. In einem von ihnen befand sich auch die Zelle von Margarethe Ottillinger.

Ein Nebengebäude der „Villa Nicoladoni", in das Ottillinger in der Nacht vom 6. auf den 7. November 1948 durch die linke Eingangstür in ihre Zelle geführt wurde. Das erste Fenster rechts der Tür gehörte zu ihrer Zelle. Von den Fenstern wurden nach dem Abzug der sowjetischen Besatzer die Verschalungen abmontiert.

Verhaftung und Verurteilung | 125

Der hintere Teil der sowjetischen Kommandantur in Neunkirchen, wo die Zellen für die Gefangenen eingerichtet waren.

Im Inneren des Durchgangsgefängnisses in Neunkirchen. Aus einer dieser Zellen wurde Ottillinger im Mai 1949 auf Transport in die Sowjetunion gebracht.

Leopold Figl bemühte sich bei den sowjetischen Stellen sofort um eine Freilassung Ottillingers. Sein besonderes Verhandlungsgeschick zeigte sich in vielen Gesprächen. Hier mit dem sowjetischen Hochkommissar Vladimir Sviridov 1950. Foto: Vogelsang-Institut, Wien.

In seinen Sitzungen befasste sich der Alliierte Rat in Wien auch mit den Entführungs- und Spionagefällen. Der Fall Ottillinger stand mehrfach auf seiner Tagesordnung.
Foto: Michael Charlampiev, Moskau.

Verhaftung und Verurteilung | 127

Abmarsch von Gulag-Häftlingen zur Arbeit unter Bewachung, Ende der 1940er Jahre.
Foto: Memorial Moskau.

Wasserschöpfen in 20-Liter-Kübeln im Winter im Gulag-Lager. Auch Ottillinger wurde zu dieser schweren Arbeit eingeteilt. Foto: Memorial Moskau.

Teilansicht des Gulag-Lagers um Pot'ma, südöstlich von Moskau in der Mordowischen Autonomen Republik. Hier, auf dem Gelände des ehemaligen Temnikovskij Lagers (Lager der Finsternis) wurde 1948 das Gulag-Sonderlager Nr. 3 (Dubravlag) für besonders gefährliche „Verbrecher" (politische Häftlinge, Kriminelle, Ausländer vor allem wegen Spionage) eingerichtet. Anfang der 1950er Jahre waren im Dubravlag bis zu 25.000 Menschen untergebracht, eine davon war Ottillinger. Vor kurzer Zeit waren auch Mitglieder der Gruppe „Pussy Riot" hier interniert. Aufnahme aus dem Jahre 1992.

Der Komplex des Dubravlag des Gulag in Pot'ma hatte gewaltige Ausmaße. Zur Bewältigung der Distanzen zwischen den einzelnen Teillagern wurde eine eigene Elektro-Eisenbahn eingesetzt. Ansicht des Teillagers Baraševo im Jahre 1992.

Die Bettkojen in der gemauerten Baracke eines Gulag-Lagers.

Friedhof eines Teillagers in Pot'ma.

Hinter dem Holzverschlag und dem Wachturm verbarg sich die Krankenstation des Gulag-Sonderlagers Nr. 3 (Dubravlag) in Baraševo. Aufnahme aus dem Jahre 1992.

Die Butyrka in den 1930er Jahren.

Blick auf die Südseite des Butyrka-Gefängnisses mitten in Moskau. Das Foto wurde 1992 aus dem 9. Stockwerk eines benachbarten Gebäudes geschossen.

Die ersten Jahre der Haft

"Schwätze nicht!". Sammlung A. Birshtein.

Betonierter Abort mit Eisendeckel in der Ecke einer gemauerten Frauenzelle eines Gulag-Lagers

Besuchereingang ins Butyrka-Gefängnis. Das Gefängnis, lange Zeit das größte in Russland, wurde unter Katharina II. errichtet. Tausende Erschießungen fanden in den Höfen und Kellern des Gefängnisses statt. Nach 1945 wurden in die Butyrka zunehmend Ausländer eingeliefert. Ottillinger war hier sehr lange interniert. Aufnahme aus dem Jahr 1992.

Die Lubjanka, Sitz der sowjetischen Staatssicherheit. Foto um 1970. Der Bau entsprach in seiner Fassaden-Ansicht etwa dem Baufortschritt 1948. Am rechten Fotorand das Denkmal für Felix E. Dzeržinskij, den Begründer der sowjetischen Staatssicherheit.

Die Lubjanka 2015. Das Dzeržinskij-Denkmal wurde 1991, nach dem niedergeschlagenen Putsch gegen Michail S. Gorbačev, demontiert. Foto: epo-FILM.

„Schwarzer Rabe" vor dem Gefängnis Vladimir. Foto aus 2015.

Im ehemaligen Krematorium des Moskauer Donskoj-Klosters (heute wieder eine Kirche) wurde auch die Leiche des hingerichteten Österreichers Alfred Fockler 1951 verbrannt. Foto aus 2015.

134 | Handelnde Personen

Bundeskanzler Julius Raab ermöglichte es Ottillinger nach ihrer Rückkehr wieder in der österreichischen Wirtschaft Fuß zu fassen. Sie wurde 1957 Vorstandsdirektorin der OMV. Den Hinweis, sich bei der OMV zu bewerben, gab ihr Paul Schärf, der Bruder des Bundespräsidenten. Raab mit Sektionschef Eduard Chaloupka, rechts dahinter der junge Diplomat Herbert Grubmayr. Alle drei hatten die Freilassung Ottillingers betrieben. Foto: Grubmayr, Wien.

Eine der letzten Aufnahmen des Sowjet-Diktators Josef Stalin 1952.

Michail I. Belkin unterzeichnete am 24. November 1948 den Haftbeschluss.

Petr I. Ivašutin, stellvertretender Vorsitzender des KGB ab 1954. Er unterzeichnete die Reduktion der Haftdauer Ottillingers auf 10 Jahre.

Viktor S. Abakumov, Minister für Staatssicherheit 1946-1951.

Nikolaj I. Ežov, Zentraler Exekutor der stalinistischen Säuberungen.

Mit Nikita S. Chruščev zieht nach Stalins Tod 1953 „Tauwetter" in die sowjetische Innenpolitik. Der Gulag wird sukzessive aufgelöst, der Strafvollzug weniger willkürlich, die noch im Land verbliebenen, verurteilten Ausländer können auf Begnadigung hoffen. Auch Ottillinger nützt das kurze Fenster der Öffnung und fordert aus dem Gefängnis in Vladimir heraus energisch eine Wiederaufnahme ihres Verfahrens.

Lavrentij P. Berija, Minister für Staatssicherheit und Inneres.

Vom Gulag in den Polit-Isolator

Kazaner Bahnhof in Moskau 2015. Von hier erfolgten die Gefangenentransporte nach Pot'ma.

Personalkarte „Margarita Ottilinger" während ihrer Haft im Polit-Isolator in Vladimir 1952–1955.

Шп. Америки

РЕГИСТРАЦИЯ
движения заключенного

№№ по пор.	Наименование тюрьмы, лагеря, колонии	Местонахождение тюрьмы, лагеря, колонии (город, село, станция, жел. дор.)	Время пребывания		Регистрацион. № личного дела	№№ и даты сообщений в 1 спецотдел НКВД о передвиж. заключ.
			Прибыл	Убыл		
1.	Дубровный лагер	п. Явас			261259	
2.	Внутренняя тюрьма МГБ СССР	г. Москва	7/III 50		196	
3.	Бутырская тюрьма	— "— г. Москва	9/III 50		1254	
4.	Дубравный лагерь	п. Явас Мордов. жд.	17/IX 51		261259	
5.	Внутренняя тюрьма МГБ СССР	Москва	30/X 51		196	
6.	Особая тюрьма МГБ СССР	г. Владимир	1/II 52		102	

Registrierung der Lagerbewegungen des „Spions für Amerika" und Häftlings Ottillinger, geführt vom MGB.

Personalkarte „Margarita Ottilinger", geführt vom Dubravlag bis 1952. Auf ihr sind die wichtigsten Teillager, in denen Ottillinger während ihrer Haft in Pot'ma (1949–1952) war, verzeichnet.

Ottillingers Beschwerde an das Ministerium für Staatssicherheit vom 30. Dezember 1951.

Vom Gulag in den Polit-Isolator | 141

Durch dieses Tor wurde Ottillinger 1952 in den Polit-Isolator in Vladimir gebracht. Aufnahme 1992.

Der Polit-Isolator Nr. 2 der sowjetischen Staatssicherheit in Vladimir, 220 km östlich von Moskau. Die Anlage hat mehrere Komplexe und gilt heute als ein Gefängnis für Schwerstverbrecher. Aufnahme aus dem Jahr 1992.

Vom Tod Stalins erfuhr Ottillinger in Vladimir erst Monate später aus der „Pravda". Die „Pravda" vom Sonntag, 8. März 1953, mit Trauerrand forderte angesichts der „Trauer im ganzen Land" die Sowjetbürger auf, „sich noch enger mit der Kommunistischen Partei zu verflechten".

Hans Piekenbrock, Abteilungsleiter in der deutschen Auslandsabwehr. Ebenfalls in Vladimir inhaftiert.

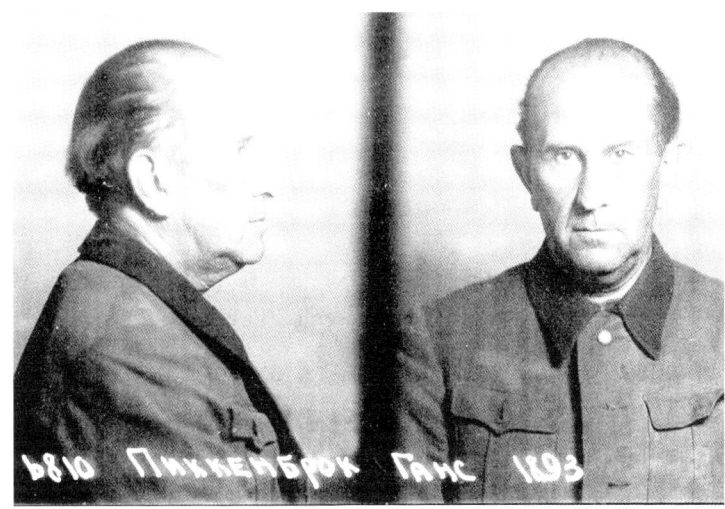

Die einzigartigen Baudenkmäler von Vladimir blieben den Gefangenen verborgen. Im Bild die Mariä-Entschlafens-Kathedrale aus dem 12. Jahrhundert mit den weltweit bekannten Fresken von Andrej Rublev.

Repatriierung

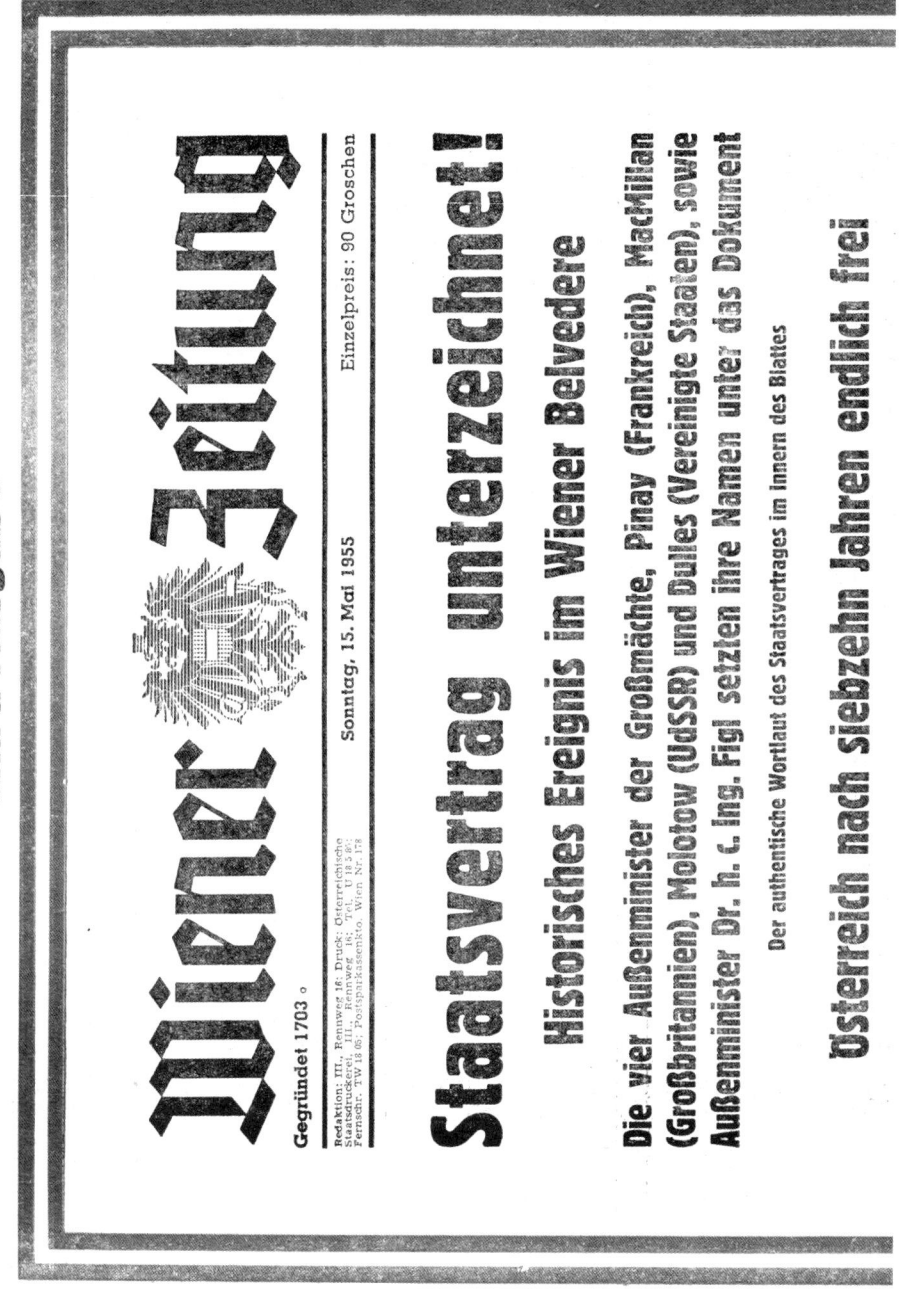

Die Unterzeichnung des Österreichischen Staatsvertrages am 15. Mai 1955 bedeutete auch für Ottillinger das vorzeitige Ende ihrer Haft und die Aussicht auf eine baldige Rückkehr nach Österreich.

Die entscheidende Mission beginnt. Bundeskanzler Julius Raab trifft mit Vizekanzler Adolf Schärf, Außenminister Leopold Figl, Staatssekretär Bruno Kreisky und Kabinettchef Ludwig Steiner (rechts im Bild) am 11. April 1955 in Moskau zu Staatsvertragsverhandlungen ein. Empfangen von Außenminister Vjačeslav M. Molotov (links im Bild), einem erklärten Gegner des österreichischen Staatsvertrags, beginnen sofort die Verhandlungen. Zwei Tage später ist das Eis gebrochen.

Die vollständige Übernahme und Übergabe eines „Heimkehrer"-Transportes werden von Wiener Neustadt und sowjetischen Organen bestätigt.

Repatriierungs-Karteikarte Ottillinger, ausgestellt in Pot'ma am 21. Juni 1955.

Innenminister Oskar Helmer verteilt 1951 Willkommens-Pakete an „Heimkehrer" aus sowjetischer Gefangenschaft. Ottillinger ist noch nicht dabei. Quelle: Helmer.

Einfahrt des Heimkehrertransportes in den Bahnhof von Wiener Neustadt.

Ottillinger am Fenster des Heimkehrerzuges (Transport Nr. 70) bei der Ankunft in Wiener Neustadt am 25. Juni 1955. Sie ist schwer krank, gezeichnet von den Entbehrungen der 7-jährigen Haft in der Sowjetunion, wo sie anfangs „wie ein Pferd", mit anderen Frauen einem Wagen vorgespannt, arbeiten musste.

Wieder glücklich, zuhause zu sein. Die Heimkehrer werden mit allen Ehren empfangen.

Repatriierung

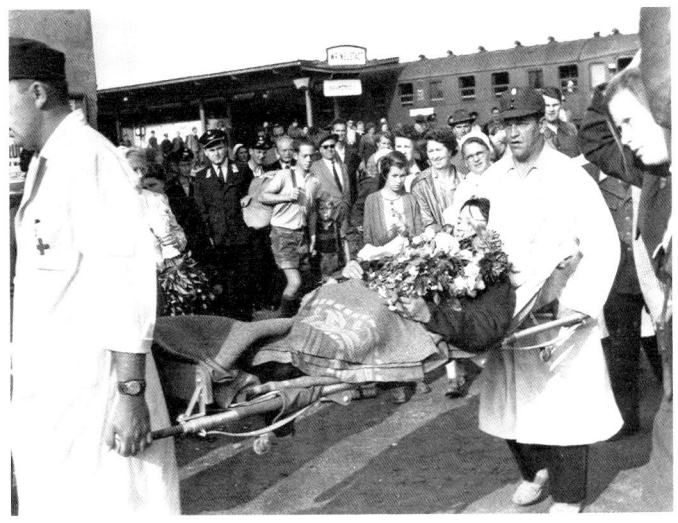

Ottillinger wird auf einer Bahre aus dem Zug getragen und in ein Krankenhaus gebracht. Die Wochenschauen „Austria" und „Fox" filmen das Geschehen.

Unmittelbar nach ihrer Rückkehr im Juni 1955, nach sieben Jahren in sowjetischen Lagern und Gefängnissen.

Ottillinger auf der Bahre, überhäuft mit Blumen. Auch ihre Familie ist dabei.

СПРАВКА

Оттилингер Маргарита
(фамилия, имя и отчество)

1919 (год рождения) осуждённый «11»/IV 1949 г.

_____ на основании Указа Президиума Верховного Совета СССР от «21»/IV 1955 г. досрочно освобождён из мест заключения «26»/VI 1955 г.

После освобождения репатриирован на родину.

Начальник отделения 1 Спецотдела МВД СССР
подполковник (подпись) (ЖЕРЕБЦОВ)

«18»/XII 1956 г.

Арх. № П-272017
в УДОКБ САР

Interne Mitteilung des sowjetischen Innenministeriums vom 18. Dezember 1956 an die Verwaltung Gegenspionage des KGB über die vorzeitige Entlassung Ottillingers aus der Haft. Abgelegt unter P 272017 im Zentralarchiv des KGB.

Karriere nach 1955

Nach der Rückkehr im Herbst 1955. Sie trägt das Kleid, das sie in Moskau auf der Heimreise von den sowjetischen Organen erhalten hat.

Arbeitsbeginn in der OMV 1956. Im Jahr darauf wurde sie Prokuristin und kam noch im selben Jahr in den Vorstand.

Die frischgebackene Vorstandsdirektorin der OMV 1957.

Der Tod der Mutter 1959 war für Ottillinger ein ganz besonders schwerer Schicksalsschlag. Therese Ottillinger hatte jahrelang verzweifelt um die Rückkehr ihrer Tochter gekämpft, von der sie lange Zeit gar nicht wusste, ob sie überhaupt noch lebt.

152 | *Bildteil*

Auf Betriebsführung mit ihrem Förderer, Bundeskanzler Julius Raab.

Mit dem sowjetischen stv. Außenhandelsminister Nikolaj Osipov, Handelsminister Josef Staribacher und Verkehrsminister Erwin Lanc.

Karriere nach 1955 | 153

Mit Vizekanzler und SPÖ-Vorsitzendem Bruno Pittermann.

Unter OMV-Arbeitern auf einer Bohrstelle.

Vorstandsdirektorin der OMV. Ein immer wieder gehörtes Wort: „Der einzige Mann in der OMV". In dieser Position kämpfte und arbeitete sie auch für den Neubau der „Wotruba"-Kirche auf dem Georgenberg in Wien-Mauer, die sie als Dank für ihre Rückkehr nach Österreich erbaute.

Ernennung zum Kommerzialrat 1974. Mit Alois Mock und Handelsminister Otto Mitterer.

Die „Frau Doktor", wie sie mit Respekt genannt wurde, mit OMV-Generaldirektor Fritz Hoynigg (1957–1965) auf einem Erdölfeld.

Ein Spaziergang. Ihren Lieblingssport, das Klettern, konnte sie aus Gesundheitsgründen nicht mehr betreiben. Durch ihr neues Hobby, die Jagd, fand Ottillinger die Möglichkeit, sehr viel in der Natur zu sein.

Auf Werksbesuch im OMV-Gelände.

Als OMV-Vorstand im Außendienst.

Rehabilitierung | 157

Oberst d. Justiz Leonid P. Kopalin bestätigte die Rehabilitierung von Margarethe Ottillinger 1994.

Unter den Millionen Personal- und Strafprozessakten des MGB/KGB ist auch jener von Margarethe Ottillinger im Archiv abgelegt. Für die sowjetische Staatssicherheit ein Fall unter Millionen, für Ottillinger ein tiefer Einschnitt in ihrem Leben.

```
"УТВЕРЖДАЮ"
НАЧАЛЬНИК 3 ОТДЕЛА РЕАБИЛИТАЦИИ
 ГЛАВНОГО УПРАВЛЕНИЯ ПО НАДЗОРУ
  ЗА ИСПОЛНЕНИЕМ ЗАКОНОВ
   В ВООРУЖЕННЫХ СИЛАХ
    полковник юстиции           Л.П.Копалин
" 16 " марта 1994 г.

                 З А К Л Ю Ч Е Н И Е
                     по архивному уголовному
                     делу № К-106182
                     в отношении Оттилингер М.
" 16 " марта 1994 г.
                                          г.Москва
```

По постановлению Особого совещания при МГБ СССР от 11 апреля 1949 г. на основании ст.ст. 58-4 и 58-6, ч.1 УК РСФСР лишена свободы сроком на 25 лет в ИТЛ гр-ка Австрии

    ОТТИЛИНГЕР Маргарита, 1919 года рождения, уроженка г.Вены, австрийка, с высшим образованием, до ареста работала заведующей плановой секцией Министерства планирования Австрии, арестованная 6 ноября 1948 г.

Постановлением Особого совещания при МГБ СССР от 10 сентября 1952 г. неотбытый срок в ИТЛ Оттилингер заменен тюремным заключением.

На основании Указа Президиума Верховного Совета СССР от 21 апреля 1955 г. Оттолингер досрочно освобождена из мест заключения - 25 апреля 1955 г. и репатриирована на родину.

Оттилингер обвинялась в том, что в сентябре 1946 г. установила преступную связь с американской разведкой и по ее заданию проводила шпионскую деятельность против СССР.

Кроме того, в декабре 1946 г. она содействовала в измене Родине бывшему инженеру экономического отдела советской части Союзного комитета по Австрии гр-ну СССР Диденко А.И. /т.1, л.д. 192-194/.

По показаниям Оттилингер она была знакома с "официальными" работниками американской разведки Крецманом и Фридингером, которым рассказывала только о порядке контактирования в работе австрийского министерства планирования с советскими учреждениями в Австрии, т.е. о сведениях, не являющихся по своему содержанию специально охраняемой тайной.

Der Rehabilitierungsbescheid für Ottillinger ausgestellt von der Haupt-Militärstaatsanwaltschaft der Russischen Föderation am 16. März 1994.

Эти показания Оттилингер материалами дела не опровергнуты и в них нет данных о совершении ею шпионажа или иных преступных действий в ущерб СССР или его гражданам. Кроме того, она обвинялась в совершении преступления не на территории СССР.

Что же касается обвинения Оттилингер в содействии совершению измены Родине Диденко, то из материалов дела видно, что последний намеревался вступить с Оттилингер в брак и в этой связи по бытовым мотивам, с ее помощью хотел выехать на жительство в американскую зону оккупации Австрии.

В данном случае в действиях Диденко не содержится состава преступления, к тому же по другому уголовному делу он признан страдающим душевным заболеванием и нуждающимся в принудительном лечении.

Поэтому Оттилингер была репрессирована внесудебным органом необоснованно, по политическим мотивам.

В соответствии со ст.3 Закона РФ "О реабилитации жертв политических репрессий" от 18 октября 1991 г. Оттилингер Маргарита считается реабилитированной.

СТАРШИЙ ВОЕННЫЙ ПРОКУРОР
3 ОТДЕЛА РЕАБИЛИТАЦИИ
ПОЛКОВНИК ЮСТИЦИИ

Н.С.Власенко

Der Leiter der Rehabilitierungsbehörde in der Haupt-Militärstaatsanwaltschaft Russlands, Generalmajor d. Justiz Vladimir Kupec, im Gespräch mit Stefan Karner Mitte der 1990er Jahre in Moskau.

Vizekanzler und Außenminister Wolfgang Schüssel setzte sich persönlich in zahlreichen Gesprächen mit russischen Stellen und in öffentlichen Auftritten für die Rehabilitierung der österreichischen Stalin-Opfer ein. Hier bei einer Pressekonferenz mit dem Rektor der Universität Graz, Wolf Rauch, und Stefan Karner am 8. November 1996, 48 Jahre nach der Festnahme Ottillingers.

Öffentliche Tätigkeiten

In ihrem OMV-Vorstandsbüro. Hier unterstützte Ottillinger den Abschluss jener Energie-Lieferverträge mit der Sowjetunion, durch die 1968, wenige Tage nach dem Einmarsch von Warschauer-Pakt-Truppen in die Tschechoslowakei, erstmals Gas nach Österreich und Westeuropa geliefert wurde.

Der sowjetische Minister Aleksej K. Kortunov öffnet bei Bierbaum den Schieber für die erste Gaslieferung in den Westen durch den Eisernen Vorhang 1968.
Foto: OMV

Margarethe Ottillinger mit Kardinal Franz König. Sie beriet den Wiener Erzbischof in Fragen der „Ostpolitik" der Katholischen Kirche.

Ave Maria

> Du hast mich erhört an dem Tag,
> als ich rief;
> du gabst meiner Seele
> große Kraft.
>
> Ps. 138,3

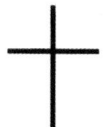

Am Fest des heiligen Apostels Andreas, 30. November 1992,
hat Christus, der Herr, unsere Frau

Kommerzialrat

Dkfm. Dr. Margareta Ottillinger

Vorstandsdirektor in Ruhe
Inhaberin hoher Auszeichnungen

in sein ewiges Reich heimgeholt.

Viele Jahre ihres Lebens waren von harten Prüfungen gezeichnet. Während ihrer letzten langen und schweren Krankheit, die sie in christlicher Geduld getragen hat, wurde sie durch die heiligen Sakramente der Kirche gestärkt.

Als Tertiarin des Servitenordens wird die liebe Verstorbene am Freitag, dem 11. Dezember 1992, um 10.30 Uhr, nach feierlicher Einsegnung im Grab der Schwestern Servitinnen, auf dem Friedhof Wien-Mauer, beigesetzt.

Anschließend feiern wir die heilige Seelenmesse in der Kirche zur heiligsten Dreifaltigkeit auf dem Georgenberg (Wotrubakirche, 23, Georgsgasse).

In treuem Gedenken

im Namen aller Trauernden
Schwestern Servitinnen

Wien, am 3. Dezember 1992
1238 Haymogasse 110–112

Im Sinne der Verstorbenen bitten wir, von Kranzspenden abzusehen und den dafür gedachten Betrag an die Caritas Wien, PSK 2060.000, Albanien-Spende – Dr. Ottillinger, zu überweisen.

Parte des Servitenordens, dem sie als Tertiarin beitrat.

Die ÖMV Aktiengesellschaft trauert um

**Frau Vorstandsdirektor i. R.
Komm.Rat Dkfm. Dr. Margarethe Ottillinger**

Sie verstarb im 73. Lebensjahr nach langem, schwerem Leiden. Unserer Gesellschaft gehörte sie 26 Jahre an, davon 25 Jahre als Mitglied des Vorstandes. Nach sieben Jahren sowjetischer Gefangenschaft kehrte sie 1955 schwer krank zurück und trat bei der ÖMV Aktiengesellschaft ein. Ihr Name ist mit dem Wiederaufbau Österreichs und der Entwicklung der ÖMV Aktiengesellschaft untrennbar verbunden. Wir werden unserer „Frau Doktor" immer ein bleibendes Gedenken bewahren.

ÖMV Aktiengesellschaft

Parte der ÖMV.

164 | *Bildteil*

Die „Kirche Zur Heiligsten Dreifaltigkeit" am Georgenberg in Wien-Mauer, erbaut 1964–1976. Konzept und Modell: Fritz Wotruba, Bauplanung: Fritz Gerhard Mayr. Die 152 Betonblöcke symbolisieren den Druck, unter dem Menschen in totalitären Systemen leiden.

MA 7 – 4325/12

Wien, 4. Dezember 2012

Benennung einer Verkehrsfläche in „Ottillingerplatz"

z.Zl. BV 23 – S – 3689/11

Büro des Bezirksvorstehers
f. d. 23. Bez.
Eing. 2 0. DEZ. 2012

S-3689/2011

Sehr geehrter Herr Bezirksvorsteher!

Die Kulturabteilung der Stadt Wien möchte Ihnen mitteilen, dass der Gemeinderatsausschuss für Kultur und Wissenschaft in seiner Sitzung am 27. November 2012 beschlossen hat, die Verkehrsfläche SCD 00576 in 1230 Wien, Bereich Georgsgasse / Rysergasse, vor der Wotrubakirche, nach Margarete Ottillinger (Dkfm. Dr. Margarete Ottillinger; 6. Juni 1919 bis 30. November 1992; Wirtschaftsmanagerin, Mäzenin) in „Ottillingerplatz" zu benennen.

Mit freundlichen Grüßen

20 Jahre nach ihrem Tod: Benennung der Verkehrsfläche vor der „Wotruba-Kirche" durch die Stadt Wien in „Ottillingerplatz" 2012.

Anhang

Von der Festnahme bis zur Rückkehr.
Das Itinerar 1948–1955.

5.11.1948	Festnahme auf der Ennsbrücke bei St. Valentin
5.11.1948	Nach der Festnahme Verbringung in die sowjetische Kommandantur bei St. Valentin
6.11.1948	Verbringung zum Kommando der Zentralen Gruppe der Sowjetischen Streitkräfte in Baden bei Wien, Villa Nicoladoni
7.11.1948	Ankunft in Baden bei Wien, Gefängnis im Keller der Villa Nicoladoni
25.11.1948	Haftbeschluss in Baden
26.1.1949	Verbringung ins Durchgangsgefängnis der sowjetischen Kommandantur in Neunkirchen. Dort Urteilsverkündung: 25 Jahre Gulag-Lager
25.5.1949	Bahntransport in die Sowjetunion, erste Etappe über Ungarn nach Lemberg/L'viv (Gefängnis), dort ein paar Wochen Aufenthalt
Juni 1949	Weiterreise per Bahn, über Kiew nach Moskau, von dort weiter auf der Rjazaner Bahnlinie nach Pot'ma (Dubravlag), Zuteilung in ein Arbeitsbataillon
ab 22.2.1950	Verlegung in die Lubjanka in Moskau
7.3.1950	Ankunft in der Lubjanka/Inneres Gefängnis des MGB
10.3.1950	Verlegung in die Butyrka in Moskau, das größte Gefängnis von Moskau
18.8.1951	Erkrankung an Ruhr – Verlegung in die Krankenabteilung der Butyrka
15.9.1951	Rückverlegung nach Pot'ma/Dubravlag
17.9.1951	Ankunft in Pot'ma/Dubravlag
25.10.1951	Rückverlegung in die Lubjanka, Moskau
30.10.1951	Ankunft in der Lubjanka/Inneres Gefängnis des MGB
ab 22.1.1952	Rückverlegung nach Pot'ma/Dubravlag
28.1.1952	Ankunft in Pot'ma/Dubravlag, Zuweisung in Durchgangslager Nr. 18
21.2.1952	Verlegung in das Teillager 9 in Pot'ma/Dubravlag
24.5.1952	nach mehreren Ruhranfällen Verlegung in das Invaliden-Teillager des Dubravlag.
2.10.1952	Verlegung in den Politisolator nach Vladimir
4.10.1952	Ankunft im Politisolator in Vladimir
ab 6.5.1955	Verlegung Ottillingers in das Repatriierungslager Pot'ma/Dubravlag. Erkrankung an Rippenfellentzündung. Einweisung in ein Krankenlager
21.6.1955	Abfahrt aus Pot'ma nach Moskau und weiter nach Österreich
25.6.1955	Ankunft in Wiener Neustadt

LEBENSLAUF

6.6.1919	geboren in Wien
Volksschulbesuch	3 Klassen in Mauerbach b/Wien, Niederösterreich (Dorfschule), 4.Klasse Volksschule in Wien. Der Direktor der Volksschule wollte mich, das Dorfkind, nicht nehmen und hat sich dazu erst entschlossen, nachdem ich selbst darum bei ihm gebeten habe. Ich war das einzige Kind, das von dieser Schule dann die Aufnahmeprüfung in die Bundeserziehungsanstalt (staatliches Institut in Wien) aufgenommen wurde.
Absolvierung des Mittelschulstudiums	in der vorangeführten Bundeserziehungsanstalt, Wien III., Boerhavegasse, Abschluß: Matura.
1937	Beginn des Hochschulstudiums an der Hochschule für Welthandel in Wien
1.9.1939	Beginn der Berufslaufbahn als Volontär bei dem Transportunternehmen Schenker & Co. AG. Wien. Ich habe mein Hochschulstudium vom Jahre 1939 als Werkstudent selbst verdient.
1940	Abschluß des Studiums mit dem Doktor für Handelswissenschaften. In dieser Zeit war ich noch bei den Veitscher-Magnesitwerken und bei der Feigenkaffeefabrik Kuhlemann im Verkauf bzw. Einkauf tätig.
1941	nahm ich eine Stelle als wissenschaftliche Mitarbeiterin bei der damaligen Fachgruppe Eisen- und Stahl (Kammerorganisation) an, wodurch mein lang gehegter Wunsch zur Schwerindustrie zu kommen, erfüllt wurde. In dieser Stellung verblieb ich bis zum Jahre 1945, nachdem ich nach einiger Zeit Stellvertreter des Geschäftsführers geworden war.
1945	wurde ich zum Geschäftsführer der Fachgruppe Eisen- und Hüttenwerke der Bundeskammer der gewerblichen Wirtschaft Österreichs ernannt. In dieser Stellung blieb ich bis zum Jahre

Von Margarethe Ottillinger vermutlich 1958 verfasster Lebenslauf.

1946.	Ernennung zum Konsulenten für Wirtschaftsfragen beim Minister für Vermögenssicherung und Wirtschaftsplanung. Anfang
1947	wurde ich zum Leiter der Planungssektion des Bundesministeriums für Vermögenssicherung und Wirtschaftsplanung ernannt In dieser Stellung hatte ich die gesamten Wirtschaftspläne für Österreich und den Marschallplan auszuarbeiten. Die Erarbeitung all dieser Unterlagen war fast zur Gänze abgeschlossen, als ich am
5. November 1948	verhaftet wurde. Die österreichische Wirtschaft ist in ihrer Grundindustrie mit Hilfe des Marschallplanes, nach diesen Plänen, aufgebaut worden.
1956	Eintritt in die Österreichische Mineralölverwaltung AG (nach längerem Krankenstand, da ich von Russland schwer kriegsbeschädigt zurückgekommen bin) als Konsulent.
1957	Prokurist in der Österreichischen Mineralölverwaltung AG.
Dezember 1957	wurde ich in den Vorstand der Österreichischen Mineralölverwaltung berufen, wo ich dem Ressort für wirtschaftlich technische Planung und dem Personal vorstehe.

Als Lieblingssport habe ich Alpinismus betrieben, den ich derzeit infolge meines Gesundheitszustandes nicht mehr in früherer Form ausüben kann, da das Klettern das Herz zu sehr anstrengt.

Meine Lieblingsbeschäftigung daneben sind mein Garten und meine Blumen.

Da mir infolge meiner beruflichen Tätigkeit und infolge aller Nebenbeschäftigungen, die sich aus meiner weltanschaulichen Einstellung nach meinen Russlanderfahrungen ergeben haben, wenig Freizeit besitze, kann ich mir ein anderes Hobby, außer den Blumen, nicht leisten.

Die Jagd ist zu meiner Freizeitgestaltung dazugekommen, sie gibt mir die Möglichkeit viel in der Natur zu sein.

DECLASSIFIED BY AUTHORITY NNDG 765088,
M.L.Miller (DAP), September 13, 1983

OF THE
UNITED STATES OF AMERICA

MEMORANDUM   26 February 1948

To   : Mr. Erhardt
          Mr. Yost

From   : Mr. McIvor

Subject : Conversation with Frau Dr. Ottilinger of the
          Planning Ministry - February 26, 1948

    Frau Dr. Ottilinger of the Planning Ministry called at 10:00 this morning by appointment at request of Minister Krauland. The main object of her visit was to request advice and assistance in the purchase of 18,000 tons of scrap iron and steel from EUCOM. She said that the Austrian need for scrap was desparate and as the amount was small compared to American and German requirements, they hoped that this tonnage might be released to Austria.

    I explained that scrap was in extremely short supply in the United States and, I believed, also in Germany, and asked Dr. Ottilinger to provide full figures on production and requirements to support her case. These figures would include the activities of USIA in scrap, as well as collections in the other three zones. She promised to supply these figures.

    I mentioned that a large foundry in the United States had received an offer of 20,000 tons of scrap steel from Austria. The letter making the offer was from the Trieste branch of an American export company. I said that we were rather bewildered by the receipt of an offer of this sort when the United States was in short supply and still was being asked by Austria for scrap collected here by USFA. Dr. Ottilinger understood the inconsistency full well and said of course the offer was of scrap collected by the Russians in their zone. I said that since any export of such scrap would normally have to pass through either the British or American zones, we might be able to do something to stop it if the Austrians could give us promptly all the particulars available. She seemed only too prepared to do so.

SECRET   RG8/2354

US-Bericht über ein Gespräch von C. C. McIvor mit Sektionsleiterin Ottilinger vom 26. Februar 1948, an Gesandten John G. Erhardt und seinen politischen Berater C. W. Yost (NARA).

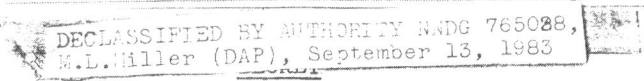
DECLASSIFIED BY AUTHORITY NNDG 765088,
M.L.Miller (DAP), September 13, 1983

-2-

Incidentally, Dr. Ottilinger described her contacts with the Russians (USIA and SMOA); described how she had presented the Austrian case and the impossibility of their hoping to plan or carry out any economy so long as the Russians kept removing goods from Austria without compensation or statistics. She said that after long conferences with them, the Russian officer, who was a high official, said that he really fully understood the Austrian situation, but that there was nothing else he could do without being shot or sent to Siberia. She said that individual plants in USIA (presumably this applies also to the oil properties under SMOA) are saddled with specific project plans prepared in Moscow which they have to fulfill on the prescribed date. In the case of machinery factories, for instance, it often happens that if they have not produced the required machinery on the specified date, the plant has to requisition or find machinery or other goods elsewhere, sell it through black market transactions and buy sufficient machinery to fill out and satisfy the prescribed Moscow quota for the period. She said that most of the USIA enterprises, operated under such conditions, were failing miserably.

It is my impression that she was a little over-stating her own force and courage in dealing with the Russians, and, therefore, probably the USIA situation.

C. C. McIvor

SECRET

```
лк                                          Секретно

25 ноября 1948 года        Т А С С          Лист 117-о
```

ЗАЯВЛЕНИЕ ШТАБА АМЕРИКАНСКИХ ОККУПАЦИОННЫХ ВОЙСК В АВСТРИИ ПО ДЕЛУ ОТТИЛЛИНГЕР

МГ.ИС.ГЕ. 2286. ВЕНА, 24 ноября (ТАСС). Американская служба информации разослала 24 ноября следующее заявление штаба американских оккупационных войск в Австрии по делу Оттиллингер:

"Выдвинутое в заявлении ТАСС обвинение по делу доктора Маргареты Оттиллингер из министерства экономического планирования в том, что она использовала свой правительственный пост для содействия американской разведывательной службе, является сплошным вымыслом. Оттиллингер никогда и ни в какой форме не состояла на службе в американской разведке.

Подполковнику Крецману и его сотруднику Чарльзу Фриденгеру, которые упомянуты в сообщении ТАСС, доводилось – в качестве официальных офицеров связи американской части Союзнической комиссии – поддерживать контакт с Оттиллингер, в связи с ее официальной деятельностью в министерстве. Речь идет о нормальном деловом контакте, который поддерживается всеми частями Союзнической комиссии, включая и советскую часть. Доктор Оттиллингер никогда не давала каких-либо информаций, которые могли бы расцениваться, как шпионские или секретные сведения.

Обвинение, что Оттиллингер по приказу американской разведывательной службы переправила американского шпиона из советской зоны в Линц является также вымыслом".

Далее в коммюнике подчеркивается, что американский штаб "считает советское заявление, будто также другие австрийские правительственные чиновники используются американской частью в целях шпионажа, фактом серьезного значения".

"Американская часть, – говорится далее в коммюнике, – усматривает в этом покушение на неприкосновенность австрийского правительства и категорически опровергает утверждение, что какой-либо австрийский государственный чиновник действует в американских интересах. Советам известно, что контакт между австрийским правительством и оккупационными властями через посредство офицеров связи составляет необходимую часть четырехстороннего управления. Искажение этого факта, извращенное

Auszug aus der TASS-Meldung vom 25. November 1948 über eine Erklärung des Oberkommandos der US-Streitkräfte in Österreich in der Causa Ottillinger, in der sämtliche Vorwürfe der sowjetischen Seite hinsichtlich amerikanischer Verstrickungen zurückgewiesen werden. (Privatbestand Karner, Sammlung Ottillinger).

INCOMING TELEGRAM

R6263, Mungly, C.188

DEPARTMENT OF STATE—DIVISION OF COMMUNICATIONS AND RECORDS   TELEGRAPH BRANCH

2-N   SECRET   A

Action: OLI
Info:
SS
E
C
R
P
O
EUR
UNA
CIA
IPP
OFD
TRC
POS
EURX
DCR

Control 1720

Rec'd December 5, 1948
12:05 p.m.

FROM: Vienna

TO: Secretary of State

NO: P 2760, December 3 (Army message)

FOR CSGID INFO TO ECGID AND ECGID-E. PASS TO STATE FROM USFA SGD KEYES.

WEEKA AUSTRIA.

CURRENT: Week uneventful with single exception of new Tass release on Ottillinger case (see our WEEKA P-2675 and P-2704. Text of Tass statement forwarded in our C17367 with comment in our P-2750 (not to all addressees). It gave specific, but highly inaccurate, description of function of Lt. Col. Kretzmann and Mr. C. Friediger. Kretzmann described as chief of ODI with mission of coordinating activities of US espionage against Soviet Union. Friediger described as coordinator of activities of ODI and ESD and commander of spies established by US Secret Service in Austrian ministries. Tass statement concluded with assurances that no Austrian official not engaged in espionage against foreign power has even smallest cause to be afraid. This last statement most significant of whole release, since it indicates that arrests such as those of Marek and Ottillinger are essentially counterintelligence operations. Although Ottillinger was never engaged in espionage, her part in disaffection of Soviet major was certainly sufficient to brand her as spy in Soviet eyes.

ECONOMIC: Negotiations between Austrian Government and Soviets as carried on by Director Hocke, Soviet economic liaison officer appointed by Trade Ministry, (see WEEKA One October, et seq) indicate following progress:

release of 400

SECRET

Geheim-Telegramm vom 5. November 1948 zu den Verhaftungen in Österreich (NARA).

SECRET

DECLASSIFIED BY AUTHORITY NNDG 765088,
M.L. Miller (DAP), September 13, 1983

MEMORANDUM

To: Mr. Erhardt   December 6, 1948
From: Mr. Yost

I had a conversation with Krauland at General Balmer's on Saturday which covered several points of interest.

In regard to the Ottillinger case, Krauland said that he was convinced that Ottillinger's previous involvement with a Soviet officer had little to do with her kidnapping and that the latter was primarily designed as a means of intimidating Krauland's Ministry and particularly Krauland himself. He said that he is, for some reason unknown to himself, regarded with extreme suspicion and hostility by the Soviets and that he has had no contact with them for a year and a half. He added that his Ministry is seriously handicapped by the loss of Ottillinger, both because he has no equally competent and vigorous executive to replace her in the key position she occupied and because her kidnapping has so intimidated many of the officials in his Ministry that they are afraid to take any positive action. He also mentioned that Ottillinger may have been denounced to the Soviets by an informer in the Ministry though he did not say on what grounds the denunciation might be made. He did not attempt to attribute the kidnapping to Ottillinger's work with ECA.

In regard to the treaty, Krauland repeated to me some remarks he had made a couple of weeks ago to Lewis to the effect that he expected the Soviets, if they should agree to a lump sum settlement for the USIA industries, to remove much of the valuable machinery from those factories before they depart. He saw no effective way of preventing them from doing so since, even if it were stipulated in the treaty that the value of capital equipment removed after the given date would be subtracted from the Austrian debt to the Soviets, the Soviets would nevertheless find means of debating and eventually evading the enforcement of this provision. Krauland did not feel in any case that there is much likelihood of the Soviets agreeing to a treaty unless the international situation improves, which he considers unlikely.

In regard to the ECA set up on the Austrian side, Krauland said that he considers the present division of authority between the Foreign Office and his Ministry to be unworkable and that a single Minister should remain responsible, subject to the control of an Inter-Ministerial Council. He said, however, that he is not pressing this point because he knows that to do so would be interpreted as grabbing for power on his part. He also said that he believed he had been able to satisfy

trade union

SECRET

C. W. Yost-Information an US-Botschafter John G. Erhardt vom 6. Dezember 1948 in der Causa Ottillinger (NARA).

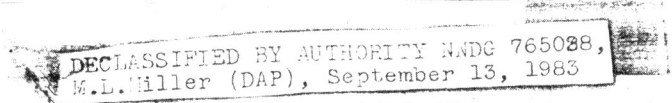

SECRET   -2-

trade union demands to be associated more closely with ERP planning by asking them to designate from the Trade Union Federation a deputy to Mantler, State Secretary in the Krauland Ministry, who would have sufficient authority to review all of the ECA work being done in the Ministry. Krauland said he had not agreed to the Trade Union's request that a deputy chief of the Planning Section in the Ministry be named by them since he refused to have an official in his Ministry below the political level who is not responsible to him.

Finally, on the subject of restitution, Krauland said that he had finally succeeded in persuading the Council of Ministers, after considerable opposition and debate, to approve the prolongation of all of the Austrian restitution laws which were about to expire. He said that these laws can be prolonged by ~~General~~ ministerial Act and without further action by Parliament.

It is obvious that Krauland was somewhat disingenuous on several points discussed but it did not seem necessary to go into these matters more fully in this memorandum.

C.W. Yost

CWY:rbc

SECRET

No. 552   American Legation,
          Vienna, Austria, December 6, 1948

SECRET

SUBJECT: Report on Political Developments in Austria for November 1948.

THE HONORABLE

    THE SECRETARY OF STATE,

        WASHINGTON.

SIR:

    With reference to my despatch No. 510 of November 5, 1948, I have the honor briefly to recapitulate the most important political events which occurred in Austria during November 1948, together with a brief evaluation of the effect of these events on the political situation. These reports will be submitted monthly hereafter in the belief that they will be more timely and therefore of greater current interest to the Department.

    3. <u>Planning Section Chief of Economic Ministry Abducted.</u>

    The arrest of Miss Margarethe OTTILLINGER, Chief of the Planning Section of the Ministry of Property Control and Economic Planning, after crossing the U.S. - Soviet demarcation line at Enns Bridge on November 5, has created greater consternation and indignation among Austrian officialdom than any similar abduction case so far reported. At the time of the arrest Mrs. Ottillinger was in the company of Economic Planning Minister Krauland with whom she was returning from an official visit to the U.S. part of Upper Austria. Despite the energetic protest of the Austrian Government to the Soviet authorities Mrs. Ottillinger remains in Soviet custody. Although the Soviets first stated that Mrs. Ottillinger's papers were not in order, they have since let it be known that she was arrested for "working against the Soviet Union and against Soviet personnel".

Auszug aus dem Monatsbericht für November 1948 der US-Botschaft in Wien an das State Department in Washington zur politischen Situation in Österreich, Punkt 3: Ottillinger (NARA).

At the Allied Council meeting on November 12 the U.S., British and French representatives protested vigorously against the Soviet arrest of Mrs. Ottillinger. In a sharply worded reply the Soviet High Commissioner charged the Western Powers with hiring Austrian Government officials as spies, refused to discuss the arrest on the grounds that it was strictly "within the competence of the Soviet Element", and advised them to direct their "agencies and services to cease recruiting Austrians to work against the Soviet Union". This slur against the U.S. forces was promptly and emphatically rejected by General Keyes who demanded that if the Russians had any grounds for such charges they should present them to the Allied Council.

On November 23 the official Soviet news agency released a statement bluntly accusing the U.S. intelligence service of having hired Mrs. Ottillinger as a spy. The statement claimed that Mrs. Ottillinger confirmed her connection with the American intelligence service and admitted she executed orders for the office of the Director of Intelligence. An immediate denial by USFA branded the Soviet charges as complete fabrications.

Inasmuch as no evidence of any compromising activities on her part has been uncovered subsequent to her involvement with a Soviet Major who deserted in 1946, it is the opinion of informed sources that Mrs. Ottillinger's abduction was due either to this defection of the Soviet officer and/or to the inauguration of a campaign of intimidation against the Economic Planning Ministry in general and Minister Krauland in particular. However as the Russians have no scruples about the ultimate disposal of espionage suspects it may be assumed that the chapter on Mrs. Ottillinger is closed to further scrutiny.

Biographien

Alfred Fockler (1907–1951)

Alfred Fockler, geb. 31.1.1907 in Wien, gest. 1.11.1951 in Moskau, war Sicherheitswachebeamter der Wiener Polizei und 1934 der Alarmabteilung als Sicherheitswachebeamter (S.W.B.) zugeteilt. Während des Juli-Putsches der Nationalsozialisten im Jahr 1934 war er bei der Räumung der RAVAG im Einsatz und soll sich dabei bewährt haben. Nach 1938 wurden ihm die Misshandlungen von Nationalsozialisten während des „Juli-Putsch" 1934 vorgeworfen.[1]

Für seinen Einsatz erhielt er die Auszeichnung „Silberne Verdienstmedaille für die Verdienste für Österreich" und wurde auf einen dreimonatigen Erholungsurlaub nach Bad Ischl geschickt. Nach dem „Anschluss" 1938 wurde vorerst seine Entlassung aus dem Dienst erwogen. Mit der Begründung: „Hat sich dort gegenüber in Haft befindlichen Nationalsozialisten nicht schlecht benommen. Auch nicht Kameraden gegenüber, von denen er wusste, dass sie nationalsozialistisch gesinnt sind." So wurde von einem Sonderausschuss in einer Sitzung vom 11. Oktober 1938 „auf Belassung im Dienst" entschieden. Fockler hatte sich bereits NS-Organisationen zugewandt, insbesondere der SS.

Im Februar 1942 stellte Kriminal-Oberassistent Fockler den Antrag auf Aufnahme in den höheren Vollzugsdienst der Sicherheitspolizei. Wie aus den Antragsformularen zu entnehmen ist, war Fockler zu diesem Zeitpunkt Mitglied des NSV, des DRK und der SS. Sein Antrag auf die Zulassung zur Aufnahme in den höheren Dienst und Beförderung zum Kriminal-Sekretär wurde Ende 1942 positiv beschieden. Während des Krieges war Fockler nach Minsk abkommandiert, kam jedoch danach wieder nach Wien zurück. Danach tat er in Köln Dienst, wo er in US-amerikanische Kriegsgefangenschaft geriet. Er wurde in die USA gebracht und besuchte eine Polizeischule. Hier erwarb er sich ein fast perfektes Englisch und wurde in Spionage ausgebildet. Im Herbst 1945 kam er nach Wien zurück und arbeitete wieder als Kriminalbeamter bei der Polizeidirektion Wien. In Wirklichkeit „wurde er von einer amerikanischen Dienststelle angefordert, bei welcher er bis zu seiner Festnahme tätig war" (siehe S. 268).

Am 23. April 1948 wurde Fockler mit drei Mitreisenden zwischen St. Pölten und Amstetten aus dem Auto heraus von Sowjetorganen verhaftet. Angeblich wollte er seine Frau und seine Tochter besuchen, die sich schon seit Längerem zur Erholung in Gmunden aufhielten. Bis Anfang Juni wurden die drei Mitreisenden wieder entlassen, gaben aber keinerlei Auskünfte, nur den Hinweis, dass Fockler auf einer Liste von Kriegsverbrechern stehe. Er soll in seiner Zeit in Minsk an Massenerschießungen teilgenommen haben. Am 4. Mai 1948 wurden sie im Kommando St. Pölten von Fockler getrennt. Es ist das letzte Lebenszeichen von Fockler. Das KGB-Archiv in Moskau verwahrt den Untersuchungsakt Fockler (CA FSB, Akt A. Fockler. 1636). Seine Aussagen zu Ottillinger dienen dem MGB als Beweis ihrer Schuldhaftigkeit.[2] Sie werden im Buch behandelt. Aus den Unterlagen des Österreichischen Staatsarchivs geht auch hervor, dass die Staatsanwaltschaft Köln 1950 Erhebungen wegen Mordes gegen Fockler führte.[3]

Am 2. Oktober 1951 verfasste Fockler ein Gnadengesuch „Mit Urteil des Kriegskollegiums des Obersten Gerichtshofes der UdSSR vom 1.10.1951 wurde ich zum Tode durch Erschießen verurteilt. Ich bitte das Urteil im Gnadenwege abzuändern und bitte dabei um Berücksichtigung, dass ich in der Untersuchung die Aussagen freiwillig und umfassend abgegeben habe und in jeder Weise bestrebt war, den Gang der Untersuchung zu erleichtern und die Klarstellung jeder einzelnen Frage zu ermöglichen."[4]

Näheres zu Focklers eigener Sicht der Geschehnisse ist dem knappen Gnadengesuch des Verurteilten nicht zu entnehmen. Ob er sich seinem Schicksal bereits gefügt hatte? Angaben des Obersten Gerichts der UdSSR zufolge habe Fockler, der in den Jahren 1943/44 als SS-Sturmscharführer sowohl der Sicherheitspolizei als auch dem SD angehört hatte, im Jahre 1945 die Fronten gewechselt und sei zu den Amerikanern übergelaufen. Im März 1946 sei er offiziell in den Dienst des US-amerikanischen Geheimdienstorgans „Secret Service Unit" getreten und habe die Decknamen „Alfred Müller" und „Arthur Friedmann" erhalten. Nach einer Umorganisation der US-Aufklärung habe Fockler von 1947 bis zum Tag seiner Verhaftung im April 1948 in der Wiener Abteilung der „External Survey Division 22" gearbeitet.[5]

In seiner Funktion als offizieller Mitarbeiter des amerikanischen Geheimdienstes habe der Verurteilte „aktive Spionage gegen die Sowjetunion" betrieben, so das Oberste Gericht. Er habe die Auswahl und Anwerbung von „Agenten" aus den Reihen ehemaliger Angehöriger der Sowjetischen Armee, die in westliche Gebiete geflüchtet waren, sowie unter Weißgardisten und Österreichern durchgeführt. Diese „Agenten" hätten auf Anweisung der US-Aufklärung Informationen militärischer, politischer und wirtschaftlicher Art gesammelt, mit dem Ziel, eine Untergrundbewegung in der Sowjetunion zu gründen. Darüber hinaus habe der Verurteilte im Juni 1946 den Übertritt des „Agenten" A. M. Petrov auf sowjetisches Territorium organisiert und die „Spionagetätigkeit" einer Residentur geleitet, der neben Petrov sowjetische Deserteure und Weißgardisten angehört hätten. Außerdem sei Fockler u. a. auch mit den „US-Agenten" Stanislaw Dubik[6] und Egon Schischka[7] in Verbindung gestanden, über die er ebenfalls „Spionageangaben" erhalten habe.[8]

In seinem Schlussplädoyer vor dem Obersten Gerichtshof der UdSSR habe der Wiener hinsichtlich seiner Schuldfrage Folgendes ausgesagt: „Nach den internationalen Gesetzen trage ich als offizieller Mitarbeiter der US-Aufklärungsorgane keine Verantwortung. Wenn ich gemäß den Gesetzen der Sowjetunion einer Bestrafung unterliege, dann erwarte ich ein gerechtes Urteil." Im Zuge der Verhandlung habe Fockler alle Fakten der ihm zur Last gelegten „Spionagetätigkeit gegen die Sowjetunion" bestätigt und durch detaillierte Darstellungen vervollständig, so das Oberste Gericht.[9]

Für Alfred Fockler sollte es jedoch keine Heimkehr geben: Am 9. Oktober 1951 lehnte das Oberste Gericht der UdSSR das Gnadengesuch des Wieners ab. Alfred Fockler wurde am 1. November 1951 im Alter von 44 Jahren in Moskau erschossen. Seine sterblichen Überreste wurden eingeäschert und auf dem Donskoe Friedhof in einem Massengrab beigesetzt. Am 9. Juli 2002 lehnte die Hauptmilitärstaatsanwaltschaft der Russischen Föderation eine Rehabilitierung Alfred Focklers ab.[10]

Dr. Peter Krauland (1903–1985)
Dr. Peter Krauland wurde am 6. August 1903 in Kraubath (Steiermark) geboren. Nach Abschluss der Handelsakademie 1921 in Graz arbeitete er zuerst als Handelsangestellter, studierte ab 1926 an der Universität Wien Rechtswissenschaften und promovierte 1931. Nach Abschluss des Studiums arbeitete er als Rechtsanwaltsanwärter in Graz und startete auch seine politische Karriere im Ständestaat. Von 1934 bis 1938 war er als Landesrat und Landesfinanzreferent Mitglied der Steiermärkischen Landesregierung. Gleichzeitig war er gemäß der ständestaatlichen Verfassung Mitglied des Länderrates in Wien. Mit dem „Anschluss" Österreichs an das Deutsche Reich im März 1938 endete seine politische Karriere. Als Funktionär des Ständestaates war Krauland zunächst immer wieder politischen Repressionen des NS-Regimes ausgesetzt und wurde 1938 auch für mehrere Monate inhaftiert.[11]

Nach dem Ende des Zweiten Weltkrieges konnte Krauland im Mai 1945 an seine Karriere vor dem Krieg anschließen und wurde zunächst Generalsekretär der Sektion Geld- und Kreditwesen in der Wiener Handelskammer. Nach den ersten Wahlen der Zweiten Republik im November 1945 wurde er im Zuge der Regierungsbildung im Dezember 1945 vonseiten der ÖVP auf den Posten des Ministers für Vermögenssicherung und Wirtschaftsplanung gesetzt.[12] Dieses Ministerium hatte zur Aufgabe, während der NS-Zeit arisierte Vermögenswerte zu verwalten, die rechtmäßigen Eigentümer ausfindig zu machen und ihnen, entsprechend der Rückstellungsgesetzgebung, ihr Eigentum zurückzugeben. Zudem sollte das „Krauland-Ministerium" das Eigentum von NS-Organisationen in Österreich verwalten und „abwickeln" sowie „herrenloses", d. h. in der NS-Zeit enteignetes Gut, dessen rechtmäßige Besitzer nicht ausfindig gemacht werden konnten bzw. nicht mehr am Leben waren, verkaufen oder verpachten. Zusätzlich fiel die Planung und Verteilung der Marshallplan-Gelder in das Ressort Kraulands und wurde eine der Kernaufgaben Ottillingers. Das Ministerium verfügte über erhebliche finanzielle Mittel.[13]

Krauland blieb bis Oktober 1949 als Minister im Amt und war danach Nationalratsabgeordneter im Parlamentsklub der ÖVP. Die Verhaftung Ottillingers fiel in sein vorletztes Dienstjahr als Minister.[14] Fast ein Jahr nach dem Ende seiner Tätigkeit, im

August 1950, wurden im „Wiener Kurier" erste Vorwürfe gegen ihn erhoben. Man warf ihm vor, in seiner Zeit als Minister von ihm eingesetzte öffentliche Verwalter zu Parteispenden genötigt zu haben, Unternehmen, an denen er selbst beteiligt war, öffentliche Vermögenswerte zuerkannt und so dem österreichischen Staat einen hohen finanziellen Schaden zugefügt zu haben. Die Vorwürfe führten am 29. Juli 1951 zu seinem Austritt aus der ÖVP. Er blieb aber noch bis 8. November als „wilder" Abgeordneter im Nationalrat. Am 24. November wurde er auf Basis der Vorwürfe verhaftet.[15]

Im Jänner 1954 kam es in Wien zum Prozess gegen ihn und weitere Mitarbeiter des Ministeriums, der am 6. Juli 1954 aufgrund des Amnestiegesetzes von 1950[16] mit einem Freispruch Kraulands endete. In der Urteilsschrift wurde aber festgehalten, dass er sich des Amtsmissbrauchs schuldig gemacht und den österreichischen Staat finanziell geschädigt habe. Ein weiterer Prozess 1958 wurde aufgrund des Mangels an Beweisen eingestellt.[17]

In die Politik kehrte Krauland danach nicht mehr zurück, sondern betätigte sich als Wirtschaftstreibender. So gründete er 1958 nach dem Kauf des Bankhauses Nicolai die „Allgemeine Wirtschaftsbank" mit Sitz in Wien. Diese musste aber 1974 wegen Zahlungsunfähigkeit Konkurs anmelden, die Passiva beliefen sich auf rund 654 Millionen Schilling.[18]

Krauland verstarb am 8. September 1985 im Alter von 82 Jahren in Wien.[19]

Andrej I. Didenko
Andrej Ivanovič Didenko, Ukrainer, KP-Mitglied, kam 1945 als sowjetischer Ingenieur für die Eisen- und Stahlindustrie nach Österreich. Hier half er u. a. die stillgelegte Vöest in Linz wieder in Betrieb zu bringen und war u. a. für Ein- und Ausfuhrgenehmigungen für Firmen von der sowjetischen in die westlichen Zonen und umgekehrt zuständig. Ottillinger lernte er im Zuge dieser Tätigkeiten kennen. Als er im September 1946 die Order erhielt, seinen Urlaub in der Sowjetunion anzutreten, befürchtete er Strafmaßnahmen. So entschloss er sich zur Flucht in eine westliche Zone Österreichs. Er erhielt von US-Geheimdienst-Oberst Kretzmann eine Kontaktadresse und floh mit Hilfe Ottillingers 1946 bei Mariazell in die britische Besatzungszone. Ehe er – nach einem letzten Treffen mit Ottillinger in Graz – von den Briten verhaftet und auf seinen Wunsch hin den Amerikanern in Linz übergeben wurde.[20]

Didenko wurde von den Amerikanern als Agent angeworben, erhielt gefälschte Ausweispapiere und persönliche Dokumente auf den Namen Ante Filipič[21] und eine neue Identität. Weil die sowjetische Gegenspionage seiner nicht habhaft werden konnte, verurteilte ihn am 27. August 1949 ein Militärgericht in Abwesenheit zu 25 Jahren Haft. Der Todesstrafe in absento entging er nur, weil es in der Sowjetunion zwischen 26. Mai 1947 und 12.1.1950 keine Todesstrafe gab.[22] Doch die intensive Suche nach ihm lief weiter. Erst knapp zwei Jahre später, am 13. April 1951, konnte er von sowjetischen Organen in der US-Zone gefasst, verschleppt und in der DDR verhaftet werden. Nach entsprechenden Folterungen wurde das Urteil aus dem Jahr 1949, am 28. Juli 1951 vom Militärkollegium der sowjetischen Streitkräfte annulliert und das Verfahren der Nachermittlung übergeben. In den Verhören sagte er u. a. aus, „dass er mit direkter Unterstützung von Ottillinger in die amerikanische Zone hinüber gegangen sei".[23] Schließlich wurde Didenko/Filipič 1953 in die Psychiatrische Klinik des sowjetischen Innenministeriums in Čistopolsk[24], und 1955 in die schrecklichste aller psychiatrischen Anstalten der Sowjetunion, in jene von Kazan', zur Zwangspsychiatrie eingewiesen. Die Diagnose: Schizophrenie. Ein Todesurteil. Hier verliert sich auch seine Spur.[25]

Edwin M. J. Kretzmann (1905–1988)
Edwin M. J. Kretzmann wurde am 14. Dezember 1905 in Stamford in Conneticut/USA geboren.[26] Während des Zweiten Weltkrieges im „Office of Strategic Services" (OSS) des US-amerikanischen Verteidigungsministeriums tätig.[27] Im Februar 1945 dem alliierten Hauptquartier in Caserta, Italien, zugeteilt.[28] Dann als Major ab Kriegsende als Leiter der „Intelligence Coordination Branch" (ICB) im Stab des US-amerikanischen Hochkommissars für Österreich, General Mark W. Clark, in Wien. Laut Angaben des sowjetischen MGB in Wien vor allem mit der Erkundung des österreichischen Wesens, der politischen Lage und der politischen Parteien befasst.[29] Kretzmann wurde wenige Monate vor der Verhaftung Ottillingers im November 1948 aus Wien nach Washington zurückbeordert.[30]

Kretzmann starb am 6. April 1988 in Southampton, Pennsylvania, USA.[31]

Karl B. Friediger (1906–1984)
Karl (später Charles) B. Friediger wurde am 21. Mai 1906 in München geboren.[32] In der Zwischenkriegszeit arbeitete er als Journalist in Österreich, war Mitglied der österreichischen Heimwehr und Funktionär der „Vaterländischen Front" des Dollfuß-Schuschnigg-Regimes. Nach dem „Anschluss" 1938 emigrierte er zuerst nach Lissabon, wo er als Generalsekretär des Catholic International Press Service Centers für Informationen „Pro Deo" (CIP) tätig war.[33] 1941 emigrierte er in die USA, wo er von der „Foreign Nationalities Branch" des „Office of Strategic Services" (OSS) als Mitarbeiter angeworben wurde. Nach dem Krieg kam er im November 1945 als Mitarbeiter der „Strategic Services Unit" (SSU) zurück nach Österreich, wo er nachweislich 1946 und 1947 in Wien als Analyst für politische und wirtschaftliche Informationen für die amerikanische Seite tätig war.[34]

Friediger starb am 22. Mai 1984 in Allentown, Pennsylvania, USA, an einem Herzinfarkt.[35]

Anmerkungen zu den Biographien

1 Dazu und zum Folgenden: ÖStA, AdR, BMI, 41811, 2A, 62, Personalakt Fockler; sowie: Petschnigg, Fockler, S. 368–370.
2 CA FSB, Akt A. Fockler, 1636.
3 ÖStA, AdR, BMI, 41811, 2A, 62, Personalakt Fockler.
4 GARF, Moskau, F. 7523, op. 76, d. 45, S. 199, Gnadengesuch von Alfred Fockler, 2.10.1951.
5 Ebd., S. 194–198, hier: S. 195, Ablehnung des Gnadengesuchs von Alfred Fockler, 9.10.1951.
6 Dr. Stanislaw Dubik wurde am 22. Juni 1949 durch das MT 28990 nach Art. 58/6/1 wegen „Spionage" für die USA zu 25 Jahren ITL verurteilt. Seine Repatriierung erfolgte im Dezember 1955. AdBIK, Datenbank verurteilter österreichischer Zivilisten in der UdSSR.
7 Egon Schischka wurde am 22. Juni 1949 durch das MT 28990 nach Art. 58/6/1 wegen „Spionage" für die USA zu 25 Jahren ITL verurteilt. Seine Repatriierung erfolgte im Oktober 1953. AdBIK, Datenbank verurteilter österreichischer Zivilisten in der UdSSR.
8 GARF, Moskau, F. 7523, op. 76, d. 45, S. 194–198, hier: S. 195f., Ablehnung des Gnadengesuchs von Alfred Fockler, 9.10.1951.
9 Ebd., S. 194–198, hier: S. 197, Ablehnung des Gnadengesuchs von Alfred Fockler, 9.10.1951.
10 Schreiben der russ. Hauptmilitärstaatsanwaltschaft an das L. Boltzmann-Institut für Kriegsfolgen-Forschung, Graz – Wien; vgl. auch Petschnigg, Fockler, S. 368–370.
11 Vgl. dazu seine Biographie auf http://www.parlament.gv.at, Zugriff: 21.10.2015.
12 Böhmer, S. 33–38.
13 Ebd., S. 45–62.
14 Ebd., S. 33–38; vgl. auch Karner, Ottillinger, S. 12–17.
15 Vgl. Böhmer, S. 67–76.
16 Dieses Gesetz, kundgemacht am 26.8.1950, sah „die Einstellung von Strafverfahren, die Nachsicht von Strafen und die Tilgung von Verurteilungen aus Anlaß der fünften Wiederkehr des Tages der Befreiung Österreichs" vor. Vgl. dazu BGBl. Nr. 161/1950, Bundesgesetz vom 12. Juli 1950 über die Einstellung von Strafverfahren, die Nachsicht von Strafen und die Tilgung von Verurteilungen aus Anlaß der fünften Wiederkehr des Tages der Befreiung Österreichs (Amnestie 1950).
17 Vgl. Böhmer, S. 124–133.
18 Vgl. Böhmer, S. 67–76; vgl. dazu seine Biographie auf http://www.parlament.gv.at, Zugriff: 21.10.2015.
19 Vgl. dazu seine Biographie auf http://www.parlament.gv.at, Zugriff: 21.10.2015.
20 Vgl. Karner, Ottillinger, S. 14–16.
21 Eventuell, doch eher unwahrscheinlich: auch Ante Filipok. Im Archiv der Voest, Linz, wie im Archiv der Stadt Linz finden sich zu Didenko/Filipič/Filipok keinerlei Hinweise.
22 Am 12.1.1950 beschloss das Präsidium des Obersten Sowjets über Betreiben des ZK-Sekretärs Georgij M. Malenkov und des Vorsitzenden des Präsidiums des Obersten Sowjets, Nikolaj Švernik, das Dekret Nr. 68/1 „Über die Anwendung der Todesstrafe gegen Vaterlandsverräter, Spione, subversive Diversanten". Die Zustimmung des Politbüros erfolgte zuvor, am 9.1.1950. Siehe Nikita Petrov, Die Todesstrafe in der UdSSR. Ideologie, Methoden, Praxis, in: Andreas Hilger, „Tod den Spionen!" Todesurteile sowjetischer Gerichte in der SBZ/DDR und in der Sowjetunion 1953. Berichte und Studien, Bd. 51. Göttingen 2006, S. 66f.; Karner – Stelzl-Marx, Stalins letzte Opfer, v. a. S. 23f.
23 CA FSB, Akt M. Ottillinger, Beschluss v. 10.3.1955, gez. GenLt. P. Ivašutin. – Petr Ivanovič Ivašutin, geb. 5.9.1905 in Brest, gest. 4.6.2002 in Moskau, Russe, Armeegeneral, Mitglied der KPdSU seit 1930, in der Roten Armee seit 1931, seit 1939 im militärischen Abwehrdienst. 1949–1952 Leiter der Gegenspionage im Leningrader Militärbezirk. Minister für Staatssicherheit der Ukraine 1952/53, ab 1954 stv. Vorsitzender des KGB beim Ministerrat der UdSSR,

1963–1987 Leiter der Hauptverwaltung GRU, dem militärischen Abwehrdienst der UdSSR, 1987–1992 Generalinspekteur des sowjetischen Verteidigungsministeriums. Vgl. Vjačeslav M. Lur'e – Valerij J. Kočik, GRU. Dela i ljudi [GRU. Dokumente und Personen]. St. Petersburg 2002, S. 115f.; vgl. detailliert: Petrov, Kto rukovodil, S. 415f.

24 Die Stadt Čistopolsk liegt im westlichen Bereich des Flusses Kama, in der zentralen Ebene der Republik Tatarstan.

25 Zur Zwangspsychiatrie in der UdSSR hat v. a. Anatolij St. Prokopenko, Bezumnaja psichiatrija o primenenii v SSSR psichiatriji v karatel'nych celjach [Die wahnsinnige Psychiatrie. Geheime Materialien über die Anwendung der Psychiatrie in der UdSSR im Strafvollzug]. Moskau 1997; ders., „Lekari" duši. O nravach v rossijskoj psichiatrii [Die „Heiler" der Seele. Über die Arten der russischen Psychiatrie]. Moskau 2005, gearbeitet; Gespräche des Autors mit Prokopenko Mitte der 1990er Jahre in Moskau. Zu Didenko: Eigene Recherchen.

26 Vgl. dazu die genealogischen Angaben auf http:// www.geni.com, Zugriff: 21.10.2015.

27 Karner, Ottillinger, S. 235.

28 Edwin M. J. Kretzmann, Four Powers in Three-Quarter Time. Tales of the Austrian Occupation. Vienna 1945–1948. A Personal Memoir., o. J. (= Kretzmann), S. 6.

29 Karner, Ottillinger, S. 235.

30 Vgl. Kretzmann, S. 106.

31 Vgl. dazu die genealogischen Angaben auf http:// www.geni.com, Zugriff: 21.10.2015.

32 Ebd.

33 Karner, Ottillinger, S. 235.

34 Ebd.; vgl. auch NARA, RG 226, Box 251, OSS Personnel file Charles Friediger.

35 Vgl. dazu die genealogischen Angaben auf http:// www.geni.com, Zugriff: 21.10.2015.

Auszüge aus den MGB-Verhörprotokollen Margarethe Ottillingers[1]

[Handschriftliches Protokoll]

Festnahmeprotokoll

5. November 1948, Sicherungswache Ennsdorf/Österreich, [ich], der Vertreter des Truppenteils Feldpost 30451, Oberleutnant Levitan, habe im Beisein von Staršina Petriga und von Untersergeant Egorov bei der Ausweiskontrolle der Straßen, die über die Demarkationslinie aus der amerikanischen Besatzungszone Österreichs in die sowjetische Zone führen, die österreichische Staatsbürgerin

> Ottillinger Margarita, geboren 1919 in Wien und Einwohnerin Wiens, Österreicherin, persönliche Sekretärin [sic] des Ministers für Wirtschaftsplanung der österreichischen Regierung, Krauland, festgenommen.

Diese scheint in der Fahndungsliste als verbrecherisches Element auf, das von den sowjetischen Behörden gesucht wird.

Ottillinger fuhr gemeinsam mit Minister Krauland aus der amerikanischen Besatzungszone Österreichs mit einem österreichischen Personenwagen der Regierung in Richtung Wien. Beim Überqueren der Demarkationslinie wurde Ottillinger verhaftet. Minister Krauland lehnte es entschieden ab, Ottllinger allein zu lassen, weswegen er mit der Verhafteten Ottillinger zur Militärkommandantur nach Sankt Valentin gebracht wurde.

Bei der Verhaftung leistete Ottillinger keinen Widerstand.

Oberleutnant Levitan [Unterschrift]
Staršina Petriga [Unterschrift] (Petriga)
Untersergeant Egorov [Unterschrift] (Egorov)

Verhörprotokoll

St. Valentin, 6. November 1948
Ich, Major Prichodko verhörte

> Ottillinger Margarita, geboren 1919 in Wien,
> Nationalität: Österreich, Kandidatin[2] der Österreichischen
> Volkspartei, mit Hochschulbildung, wohnhaft in:
> Steinbach 34/36, Niederösterreich.

Aminov[3] [Unterschrift]

Das Verhör wird durch den Dolmetscher, Leutnant Fedotov, in deutscher Sprache geführt, der über seine Verantwortung für die Richtigkeit der Übersetzung nach Artikel 95 des Strafgesetzbuches der RSFSR aufgeklärt wurde.

P. Fedotov [Unterschrift]

Frage: Nennen Sie Ihren richtigen Namen.

Antwort: Mein Name ist Ottillinger Margarita. Ich habe ihn nie geändert.

Frage: Erzählen Sie Ihren Lebenslauf.

Antwort: Ich wurde 1919 in einer Arbeiterfamilie geboren. Der Vater arbeitete in einer Wiener Radio-Fabrik. Die Mutter ist Hausfrau. 1937 schloss ich das Realgymnasium in Wien ab. Von 1937 bis 1941 besuchte ich die Hochschule für Welthandel. Neben der Ausbildung begann ich 1939 zu arbeiten. Anfangs arbeitete ich als Botin bei der Transportfirma „Schenker und Co", und danach, von Juni 1941 bis Juli 1942, als Handelsangestellte in einer Fabrik zur Herstellung von Kaffee.
Von 1942 bis 1947 arbeitete ich als Sekretärin der Wirtschaftsgruppe zur Betreuung der Metallindustrie.
Ab Februar 1947 und bis heute arbeite ich als Leiterin der Planungssektion im Ministerium für Vermögenssicherung und Wirtschaftsplanung.

Als Verwandte habe ich:
Vater: Ottillinger Anton, 65 Jahre, wohnhaft in Steinbach 34/36
Mutter: Ottillinger Theresia, 55 Jahre, wohnt mit dem Vater zusammen
Bruder: Ottillinger Karl, 32 Jahre, wohnhaft in Wien, 3. Bezirk, Radetzkystraße 12. Er arbeitet als Verkäufer bei „Meinl" Wien (1. Bezirk)

Frage: Mit wem, woher und wohin fuhren Sie im Moment Ihrer Festnahme am 5. November dieses Jahres?

Antwort: Gemeinsam mit Minister Krauland fuhr ich von Linz nach Wien. Wir fuhren wegen eines bevorstehenden Auftritts mit einem Vortrag des österreichischen Bundeskanzlers Figl über die wirtschaftliche Lage im Land. Weil Figl dort länger verweilte, beschlossen Minister Krauland und ich, nicht auf ihn zu warten und nach Wien zurückzufahren.

Frage: Haben Sie Bekannte unter den Russen?

Antwort: Unter den Russen, die in Österreich sind, habe ich keine Bekannten.

Frage: Hat das Ministerium, in dem Sie arbeiten, geschäftliche Beziehungen zu sowjetischen Einrichtungen und Vertretern der sowjetischen Kommandantur in Österreich?

Antwort: Soweit mir bekannt ist, hat das Ministerium für Vermögenssicherung und Wirtschaftsplanung Österreichs keinerlei geschäftliche Beziehung zu Vertretern sowjetischer Einrichtungen oder der sowjetischen Führung in Österreich.
Die Planungssektion des Ministeriums, die ich leite, hat ebenfalls keinerlei geschäftliche oder andere Beziehungen zu Vertretern sowjetischer Einrichtungen in Österreich sowie auch nicht zu Vertretern der sowjetischen Besatzungstruppen.

Frage: Hatten Sie während Ihrer Tätigkeit in der Wirtschaftsgruppe für die Betreuung der Metallindustrie Österreichs derartige Beziehungen?

Antwort: Ja, hatte ich.

Frage: Nennen Sie diese Beziehungen und welcher Art waren sie?

Antwort: Während meiner Tätigkeit in der Wirtschaftsgruppe hatte ich im Rahmen meines Dienstes geschäftliche Beziehungen mit folgenden Personen:
1. Hauptmann Ljusov (möglicherweise Lysov)
Er war Leiter des Chemiereferates im Hotel „Imperial". 1946 führte ich einige Male mit Hauptmann Ljusov Verhandlungen über den Erhalt von Schwefelsäure für den Bedarf der Wirtschaftsgruppe. Das letzte Mal sah ich Ljusov im August 1948 in Graz.
2. Ingenieur Didenko. Ihn kenne ich seit April oder Mai 1946. Dienstlich traf ich Didenko einige Male im Hotel „Imperial" und dem „Grand-Hotel". Ihm lieferte ich Informationen über die Produktionsleistungen von Firmen.
3. Einen Oberst, dessen Nachnamen ich vergessen habe. Er arbeitete in der Industrieabteilung im „Imperial". Durch ihn erhielt ich die Genehmigung für die Ein- und Ausfuhr der Erzeugnisse der Firmen aus einer Zone in die andere. In der Folge hat diese Aufgaben Ingenieur Didenko, den ich bereits erwähnt habe, übernommen.
4. Ingenieur Kulagin arbeitet im Hotel „Imperial". Ich nehme an, dass er Leiter der Industrieabteilung ist, da Fragen, die nur Vorgesetzte zu entscheiden haben, von Kulagin selbst entschieden wurden.
5. General Borisov – Der Leiter der USIA. Mit ihm hatte ich zwei dienstliche Unterredungen, die Ende 1946, Anfang 1947 stattfanden. Die erste Unterredung betraf die gleichmäßige Verteilung der Elektroenergie auf USIA-Firmen und Firmen des Verbandes der Wirtschaftsgruppe. Die zweite Unterredung bezog sich auf jene Maßnahmen, die in österreichischen Firmen und in USIA-Firmen durchgeführt werden.

Außer den von mir genannten Russen kenne ich keine anderen.

Frage: Aus den Aussagen geht hervor, dass Sie doch Bekannte unter den Russen haben, was Sie am Beginn des Verhörs bestritten haben.

Antwort: Ja, so ist es.

Frage: Sagen Sie, sind Sie mit dem sowjetischen General Lebedenko bekannt?

Antwort: Persönlich bin ich mit General Lebedenko nicht bekannt. Ich habe ihn nie gesehen und nie mit ihm gesprochen. Ich erinnere mich nicht, von wem, aber ich hörte, dass dieser General in Wien arbeitet.

Frage: Nennen Sie Ihre Bekannten unter den Vertretern der amerikanischen, englischen[4] und französischen Mächte in Österreich.

Antwort: Unter den Amerikanern habe ich folgende Bekannte:

1. <u>Willcox.</u> Ich habe ihn vor drei Wochen kennengelernt, er ist Berater für die Ausführung des „Marshallplans" in Österreich. Mit Willcox hatte ich zwei geschäftliche Unterredungen.
2. <u>Worth</u> – Beamter, er arbeitet in Österreich ebenfalls an der Ausführung des „Marshallplans". Mit ihm hatte ich ein kurzes Gespräch über die nächsten Maßnahmen zur Realisierung des „Marshallplans" in Österreich.
3. <u>Ladenburg</u>, Ende Oktober dieses Jahres war ich gemeinsam mit ihm zu einer Unterredung über das österreichische Budget bei Minister Krauland. Ladenburg gab dem Minister Ratschläge zum österreichischen Budget. Er beschäftigt sich ebenfalls mit der Durchführung des „Marshallplans".
4. <u>Erhart.</u> Ich lernte ihn im Oktober dieses Jahres bei einem Empfang im Hotel „Bristol" kennen. Wo und als was er arbeitet, ist mir nicht bekannt. Er selbst ist Professor.

Frage: Wen von den amerikanischen Vertretern in Österreich kennen Sie noch?

Antwort: Bevor ich diese Frage beantworte, möchte ich auf meine Beziehung <u>zu Ingenieur Didenko Andrej eingehen, was bis zu einem gewissen Grad mit dem amerikanischen Nachrichtendienst „CIC" zu tun hat</u>. Im Frühling 1946, im April oder Mai, weiß ich nicht mehr genau, habe ich bei meinen Besuchen im Hotel „Imperial" Ingenieur Didenko kennengelernt. Anfangs waren unsere Treffen rein dienstlicher Natur, aber dann begann Didenko mir den Hof zu machen. Unsere Treffen häuften sich. Seine politische Einstellung sagte er mir nie. <u>Im Herbst 1946, als der Zeitpunkt der Abreise Didenkos in den Urlaub in die Sowjetunion näher rückte, wurde er merklich unruhig und erklärte mir bei einem unserer Gespräche, dass er sich davor fürchte, auf Urlaub in seine Heimat zu fahren. Über die Gründe für seine Angst sagte er mir nichts. Aus mehreren derartigen Gesprächen verstand ich, dass Didenko die Absicht hatte, die Demarkationslinie[5] zu den Engländern zu überschreiten und, dass ich ihm dabei Hilfe</u>

leisten solle. Ich antwortete, dass ich das nicht machen könne, weil ich dafür keinerlei Möglichkeiten habe und mich zweitens nicht in derartige Angelegenheiten einmischen wolle. Didenko gestand mir, dass er mich sehr liebe und nicht zulassen würde, dass ich in diese Sache hineingezogen werde. Etwa im September 1946 fuhr ich dienstlich für 3 Tage nach Graz (Steiermark), wo ich auf der Adresse: Grabenstraße, an die Hausnummer erinnere ich mich nicht mehr, wohnte. Nach einigen Tagen tauchte Didenko bei mir in der Wohnung auf und erzählte, dass er gemeinsam mit Volkov im Gebiet von Mariazell mit einem eigens dafür gemieteten Taxi über die Demarkationslinie gefahren sei. Den Erzählungen Didenkos nach hat Volkov ihm einen gefälschten Personalausweis besorgt, mit dessen Hilfe er auch die Demarkationslinie überquert habe. Von seinen Plänen erzählte Didenko, dass er die Absicht habe, aus der englischen Zone in die amerikanische nach Linz zu wechseln und sich den amerikanischen Behörden zu stellen. Ich gab Didenko Lebensmittelkarten und die Adresse der „Eisen- und Stahlwerke" in Linz, wo er in der ersten Zeit eingestellt werden könne.

Frage: Wer ist dieser Volkov?

Antwort: Als Didenko noch in Wien war, habe ich ihn zwei, drei Mal in Gesellschaft Volkovs gesehen. Nach Didenkos Erzählungen ist Volkov sein „guter Kamerad". Über Volkov ist mir bekannt, dass er aus Polen nach Österreich kam, in Wien in der Handelskammer, Adresse: 1. Bezirk, Stubenring 8/12, als Beamter für Heizungsangelegenheiten arbeitete und dienstlich oft im Hotel „Imperial" war.

Frage: Beschreiben Sie Volkov.

Antwort: Cirka 30 Jahre alt, groß, schlank, blond, ein längliches, bleiches Gesicht, Brillenträger, Unterkiefer vorgeschoben.

Frage: Erzählen Sie weiter über Didenko.

Antwort: Bei der Rückkehr aus Graz erzählte mir meine Mutter, dass sowjetische Offiziere aus dem Hotel „Imperial" zu ihr in die Wohnung gekommen wären und gefragt hätten, ob Didenko bei ihnen wohne. Bald darauf, bei einem Treffen mit Ingenieur Kulagin, fragte ich ihn, warum sowjetische Offiziere in die Wohnung meiner Mutter gekommen waren und nach Didenko gefragt haben. Kulagin antwortete mir, dass das nicht sein könne, da Didenko auf Urlaub gefahren und nicht mehr hier wäre. Etwa einen Monat später, als Didenko zu den Engländern übergelaufen war, erschienen zwei Österreicher bei mir im Büro, die sich als Beamte der Kriminalpolizei vorstellten. Sie fragten mich, wo sich Didenko aufhalte und was mir über ihn bekannt sei. Sie erklärten mir auch, dass ein sowjetischer Major, der sie auch zu mir geschickt habe, diese Informationen benötige. Ich antwortete, dass mir nichts über den Aufenthaltsort Didenkos bekannt sei.
Im März 1947 erschien ein unbekannter Mann in Zivil, 45 Jahre, mittelgroß, dick, mit dunklem, spärlichem Haar, einem bleichen, länglichen Gesicht, mit deutschem

Akzent, bei mir im Büro. Er erklärte, dass er vom amerikanischen Oberst Kretzmann[6] zu mir geschickt wurde. Angesichts dessen, dass ich bereits mit Oberst Kretzmann bekannt war und er, wie ich später erfuhr, beim amerikanischen Nachrichtendienst „CIC" arbeitet, stellte ich dem Unbekannten keine Fragen über Kretzmann. Der Unbekannte erklärte mir in Form einer Warnung, dass mich die Russen verfolgen würden und, dass ich sehr wohl wüsste, warum. Ich dankte ihm für die Warnung und er ging. Am nächsten Tag kam der Unbekannte erneut zu mir und teilte mir mit, dass ich schnell meine Sachen packen und mit ihm gemeinsam mit dem Auto wegfahren solle, da die Russen beabsichtigten, mich zu verhaften. Der Unbekannte und ich fuhren mit seinem Auto in den 18. Wiener Bezirk, wo er mich in einem Hotel unterbrachte. Nachdem ich einige Stunden im Hotel verbracht hatte, kamen Oberst Kretzmann und der Unbekannte, über den ich oben bereits ausgesagt habe, in mein Zimmer. Kretzmann, den ich bereits kannte, erzählte mir, dass Didenko von den Engländern verhaftet und auf seinen Wunsch den Amerikanern übergeben worden sei. Der Inhalt der Verhörprotokolle Didenkos sei den Russen bekannt geworden und daher habe er entschieden, mich in die westliche Zone Österreichs wegzubringen. Ich gab dazu mein Einverständnis.

Damit war unser Gespräch beendet.

Am nächsten Tag fuhr mich der gleiche Unbekannte zu einer Adresse, wo die nötigen Papiere für meine Ausreise in die westliche Zone ausgestellt werden sollten. Die genaue Adresse des Gebäudes, zu dem ich gebracht wurde, ist mir nicht bekannt. Der Unbekannte, dessen Nachname mir jetzt gerade eingefallen ist – Friedinger[7] – teilte mir mit, dass ich nun ein neues Leben anfangen solle. Auf Frage – warum ein neues, antwortete Friedinger, dass ich in der westlichen Zone, wohin man mich mit dem Flugzeug bringen werde, ein neues Leben beginnen werde. Woraus mein neues Leben genau bestehen würde, sagte mir Friedinger nicht. Ich möchte anmerken, dass, als Friedinger das Zimmer verlassen hatte, der dort auch anwesende Soldat in amerikanischer Uniform telefonierte und oft das Wort „CIC" gebrauchte. Daraus zog ich den Schluss, dass ich mich in einem Gebäude des amerikanischen Nachrichtendienstes „CIC" befand. Bei der Rückkehr Friedingers in das Zimmer, wo ich auf ihn wartete, erklärte er mir, dass, da kein gutes Flugwetter herrsche, er mich selbst mit dem Auto über die Demarkationslinie bringen würde. Auf dem Rückweg zum Hotel, wo ich bereits logierte, begann Friedinger mir erneut zu sagen, dass mir in der westlichen Zone ein gutes Leben bereitet würde und gab mir zu verstehen, dass ich Kontakte zu Männern knüpfen solle, um den Amerikanern interessante Informationen zu verschaffen. Auf den von Friedinger gemachten Vorschlag antwortete ich, dass ich dafür keine Fähigkeit habe, solche Dinge nicht machen will, und bat ihn, mich im Hotel abzuliefern. Am selben Tag verließ ich jenes Hotel und kehrte nach Hause zurück. Die Amerikaner ließen mich in Ruhe und zu diesem Thema gab es keine Gespräche mehr.

Frage: Erzählen Sie wann und unter welchen Umständen Sie Oberst Kretzmann kennengelernt haben.

Antwort: Im Februar 1947 rief mich Minister Krauland zu sich. In seinem Büro war ein Unbekannter in Zivil, groß, 35 Jahre, schlank, braunhaarig, mit schmalem, länglichem Gesicht und großen Zähnen.

Krauland stellte uns einander vor. Der Unbekannte stellte sich als Oberst der amerikanischen Armee mit dem Nachnamen Kretzmann (möglicherweise auch Kraitzmann) vor. Der Minister wandte sich an Kretzmann mit der Bitte um Unterstützung durch die amerikanische Militärführung bei der Beseitigung der Schwierigkeiten, die bei der Einstellung ehemaliger Nationalsozialisten entstünden, denen eine Amnestie nach österreichischem Gesetz erteilt wurde. Da es in der Metallindustrie eine äußerst große Anzahl solcher Personen gab und ich jene von der Arbeit gut kannte, wurde ich auch zu dieser Unterredung gebeten.

Beim Verlassen des Ministeriums fragte mich Kretzmann, ob ich Ingenieur Didenko kenne. Ich bejahte und mehr fragte er mich nicht. So fand meine erste Bekanntschaft mit Kretzmann statt.

Später, etwa Anfang März 1947, rief mich Kretzmann an und sagte, dass Friedinger bei mir vorbeikommen würde. Er bat, ihm einige Informationen über die wirtschaftliche Lage in Österreich vorzulegen. Ich versprach, ihm diese Informationen zu geben. Tatsächlich kam einige Tage später Friedinger zu mir. Da dies aber kurz vor Dienstschluss war, versprach er am nächsten Tag wieder zu kommen. Friedinger kam nicht mehr, um diese Informationen zu holen, sondern hatte nur das Ziel, mich zu warnen und mir zu sagen, dass die Russen die Absicht hätten, mich zu verhaften. So übergab ich die Informationen nicht, da sich keiner der Amerikaner mehr für sie interessierte.

Ottillinger [Unterschrift]

Beginn des Verhörs: 5.30 Uhr.
Ende des Verhörs: 16.30 Uhr.

Das Protokoll wurde mir in einer mir verständlichen deutschen Sprache vorgelesen, die Antworten wurden mit meinen Worten korrekt niedergeschrieben, was ich hiermit auch bestätige.

Ottillinger [Unterschrift]

Verhörführer: Der Mitarbeiter der Spionageabwehr des Truppenteils 32750
Major *Prichodko* [Unterschrift]
Übersetzer: Leutnant *P. Fedotov* [Unterschrift]

[Jede Seite wurde von Ottillinger unterzeichnet, das gesamte Protokoll ist handschriftlich]

Verhörprotokoll

Baden, 7. November 1948. Ich, Major Prichodko verhörte Ottillinger Margarita.

– Die Personalien sind bekannt –

Aminov [Unterschrift]

Das Verhör wird durch den Dolmetscher, Leutnant Fedotov, in deutscher Sprache geführt, der über seine Verantwortung für die Richtigkeit der Übersetzung nach Artikel 95 des Strafgesetzbuches der RSFSR aufgeklärt wurde.

P. Fedotov [Unterschrift]

Frage: Sagen Sie, in der Zeit Ihres engen Verhältnisses zu Didenko, hat er Sie mit irgendeinem der Russen, die in Österreich waren, bekannt gemacht?

Antwort: An das genaue Datum kann ich mich nicht erinnern, aber etwa Mitte des Jahres 1946 machte mich Didenko mit einem Hauptmann der sowjetischen Armee, Polinskij, bekannt, der Direktor der Aktiengesellschaft „Eisen und Stahl" in Wien war. Das Kennenlernen fand im Büro dieser Firma statt, wohin ich dienstlich mit Didenko ging. Nach dem Kennenlernen hatte ich einige Treffen mit Polinskij, die ebenfalls rein dienstlicher Natur waren. Polinskij erzählte nichts über sich, aber ich hatte den Eindruck, dass er unter Kopfschmerzen litt. Gewöhnlich fasste er sich im Laufe einer Unterhaltung einige Male vor lauter unerträglichen Kopfschmerzen an den Kopf. Vor dem Überlaufen Didenkos zu den Engländern zerstritt er sich mit Polinskij und ich nehme an, dass Letzterer nichts über die Absichten Didenkos wusste. Der Grund für ihren Streit war mir nicht bekannt. <u>Abgesehen von Polinskij stellte mir Didenko 1946 noch Hauptmann Koretko vor</u>, der im Hotel „Imperial" für Heizungsangelegenheiten zuständig war. Mit Koretko unterhielt ich mich insgesamt nur ein Mal im Hotel „Imperial" über die Verteilung von Kohle auf die Firmen.
Andere Treffen und Unterhaltungen hatte ich mit Koretko nicht.
Sonst hat mich Didenko mit keinem der Russen bekannt gemacht.

Frage: Hatte Didenko Bekannte in Mödling?

Antwort: Darüber ist mir nichts bekannt.

Frage: Und haben Sie in Mödling Bekannte unter den Russen?

Antwort: In Mödling kenne ich keinen der Russen und habe keine Bekannte.

Frage: Im Verhör am 6. November dieses Jahres sagten Sie aus, dass der Mitarbeiter des amerikanischen Geheimdienstes, Friedinger, versuchte, Sie für Spionage anzuwerben. Erzählen Sie, sagte er auch, worin Ihre Arbeit für den amerikanischen Geheimdienst bestanden hätte?

Antwort: Friedinger versuchte mich für Spionage anzuwerben und sagte mir, dass ich, in Folge meiner Macht über Männer, Kontakte zu Männern knüpfen und Fragen, die sie interessieren, aufklären solle. Dabei sagte Friedinger, dass, wenn ich mich bereit erklären würde, ihre Aufträge zu erfüllen, ich ein gutes Leben und einen eigenen Wagen haben werde. <u>Dazu verweigerte ich mein Einverständnis, worüber ich bereits vorher aussagte.</u> Worin meine Arbeit für die Amerikaner genau bestanden hätte, sagte mir Friedinger nicht.

Frage: Sie sagten vorher aus, dass Sie Friedinger, um nicht von den russischen Behörden verhaftet zu werden, in den 18. Bezirk fuhr und dort in einem Hotel unterbrachte. Sagen Sie, erwarteten Sie Ihre Verhaftung durch die russischen Behörden?

Antwort: Ja, ich erwartete täglich meine Verhaftung durch die russische Besatzungsbehörden in Österreich.

Frage: Wodurch wurde das hervorgerufen?

Antwort: Dadurch, dass ich Ingenieur Didenko bei seiner Flucht in die englische Besatzungszone Österreichs eine gewisse Hilfe geleistet hatte.

Frage: Worin bestand diese Hilfe?

Antwort: <u>Erstens, wusste ich über die Absichten Didenkos Bescheid und meldete niemandem darüber</u> und zweitens, als ich Didenko in Graz traf (englische Zone), <u>übergab ich ihm Lebensmittelkarten und eine Linzer Adresse, wo er eine Stelle bekommen könnte</u>. Daher erwartete ich nach der Flucht Didenkos, als ich in Wien war, tagtäglich meine Verhaftung, weil ich genau verstand, <u>dass mein enges Verhältnis zu Didenko den Russen nicht unbekannt sein konnte</u>.[8]
Darum nahm ich das Angebot des Mitarbeiters des amerikanischen Geheimdienstes, Friedinger, nach einem Unterschlupf gerne an, und ich bin mit ihm gemeinsam in den 18. Bezirk gefahren, wo ich in einem Hotel untergebracht wurde.

Frage: Das bedeutet, dass Ihnen der amerikanische Geheimdienst einen Dienst geleistet und Sie vor der beabsichtigten Verhaftung durch die Russen in Schutz genommen hat?

Antwort: Ja, so ist es.

Frage: Warum haben Sie dann aber die Mitarbeit beim amerikanischen Geheimdienst abgelehnt, wenn er Sie, wie Sie aussagen, unter seinen Schutz genommen hat?

Antwort: Das hing damit zusammen, dass ich Angst hatte, Spionage zu betreiben, weil dies früher oder später den Russen bekannt geworden wäre, die mich bestraft hätten. Aus diesem Grund gab ich Friedinger nicht mein Einverständnis.
Ich möchte hinzufügen, dass sich während meines Aufenthaltes im 18. Wiener Bezirk, wo mich der amerikanische Geheimdienst im Hotel unterbrachte, Oberst Kretzmann

bei mir dafür interessierte, welche Beziehung das Ministerium zur USIA hat und auch, ob es viele Spezialisten in der USIA gäbe.

Dabei unterstrich Kretzmann, dass ihn die letztere Sache besonders interessiere. Ich antwortete, dass mir über die Beziehung zwischen dem Ministerium und der USIA und darüber, ob es in der USIA viele Spezialisten gibt, nichts bekannt ist.

Für andere Fragen interessierte sich Kretzmann nicht.

Ottillinger [Unterschrift]

Das Protokoll wurde mir in einer mir verständlichen deutschen Sprache vorgelesen, die Antworten mit meinen Worten korrekt niedergeschrieben, was hiermit auch bestätigt wird.

Ottillinger [Unterschrift]

Verhörführer: Der Mitarbeiter der Spionageabwehr des Truppenteils 32750
Major *Prichodko* [Unterschrift]
Übersetzer: Leutnant P. *Fedotov* [Unterschrift]

[Jede Seite wurde von Ottillinger unterzeichnet, das gesamte Protokoll ist handschriftlich]

Verhörprotokoll

10. November 1948.
Ich, Major Prichodko, verhörte Ottillinger Margarita.

Das Verhör wurde durch den Dolmetscher, Leutnant Fedotov, in deutscher Sprache geführt, der über seine Verantwortung für die Richtigkeit der Übersetzung nach Artikel 95 des Strafgesetzbuches der RSFSR aufgeklärt wurde.

P. Fedotov [Unterschrift]

Aminov [Unterschrift]
Beginn des Verhörs: 1.15 Uhr.

Frage: Welcher Natur ist Ihr Verhältnis zu Minister Krauland?

Antwort: Mit Krauland bin ich seit August 1946 bekannt. Mein Verhältnis zu ihm ist rein dienstlicher Natur.

Frage: Wann begannen Sie im Ministerium, das von Krauland geleitet wird, zu arbeiten?

Antwort: Im Ministerium für Vermögenssicherung und Wirtschaftsplanung, das von Krauland geleitet wird, begann ich im Februar 1947 zu arbeiten. Ich präzisiere, dass ich Krauland nicht im August 1946, sondern früher, etwa im Februar 1946 kennenlernte. Ich ging wiederholte Male dienstlich in sein Ministerium. Als wir uns bereits kannten, bot mir Krauland eine Stelle in seinem Ministerium an, wozu ich meine Zustimmung gab.

Frage: Erzählten Sie Krauland über Ingenieur Didenko?

Antwort: Ja, ich erzählte ihm, dass ich Didenko, der über die Demarkationslinie zu den Engländern ging, kannte.

Frage: Wann und unter welchen Umständen erzählten Sie Krauland darüber?

Antwort: Im Herbst 1946, nach der Rückkehr aus Graz, wo ich Ingenieur Didenko nach seiner Flucht in die englische Zone traf, ging ich ins Büro zu Minister Krauland und erzählte ihm alles, was ich über Didenko wusste. Ich erzählte ihm, dass der sowjetische Ingenieur Didenko, der im Hotel „Imperial" arbeitete, über die Demarkationslinie zu den Engländern ging, dass ich ihn in Graz traf und ihm Lebensmittelkarten und eine Linzer Adresse für eine Anstellung gab.
Krauland fragte mich, ob ich vorher von den Absichten Didenkos wusste. Als ich dies bejahte, bemerkte er, dass es gefährlich sei, mit Russen gute Beziehungen zu haben, weil sie einen hereinlegen könnten.

Frage: Wusste Krauland vor der Flucht Didenkos in die englische Zone, dass Sie zu jenem enge Beziehungen haben?

Antwort: Noch vor der Flucht Didenkos, etwa im August oder September 1946, erzählte ich Krauland, dass ich Ingenieur Didenko kenne. Über die engen Beziehungen zu Didenko sprach ich nicht mit Krauland.

Frage: Warum erzählten Sie ausgerechnet Krauland von Didenko?

Antwort: Ich tat dies, um einen Rat von ihm zu bekommen, wie ich in der nach der Flucht Didenkos entstandenen Situation vorgehen soll. Krauland gab mir keinen Rat.

Frage: Erzählten Sie Krauland, dass Didenko die Absicht hatte, zu den Engländern zu gehen?

Antwort: Im August oder September 1946, als ich Krauland das erste Mal von Didenko erzählte, verschwieg ich seine Absichten, zu den Engländern zu gehen, und erzählte Krauland nichts darüber.

Frage: Nennen Sie die genaue Adresse in Wien, wo Sie wohnten.

Antwort: 1947 wohnte ich einige Wochen in der Wohnung von Minister Krauland auf der Adresse: Wien, 3. Bezirk, Modenapark 6, die Wohnungsnummer weiß ich jetzt nicht mehr. In der letzten Zeit wohnte ich in Niederösterreich, Steinbach 34/36, bei meinen Verwandten.

Frage: Auf welcher Adresse sind Sie gemeldet?

Antwort: Ich bin auf der Adresse: Niederösterreich, Steinbach 34/36, gemeldet.

Frage: Womit hing es zusammen, dass Sie für einige Wochen in der Wohnung von Krauland wohnten?

Antwort: Nachdem ich aus dem Hotel im 18. Wiener Bezirk, wo ich vom amerikanischen Geheimdienst untergebracht worden war, weggegangen war, wandte ich mich mit der Bitte an Krauland, mir zu erlauben, mich einige Zeit bei ihm in der Wohnung zu verstecken, weil ich Angst vor der Verhaftung durch die russischen Behörden wegen Hilfestellung bei der Flucht von Ingenieur Didenko hatte. Krauland erlaubte es mir und ich lebte ungefähr zwei bis drei Monate bei ihm in der Wohnung in: Wien, 3. Bezirk, Modenapark 6.

Damit mich die Russen auf dem Weg vom Ministerium zum Haus nicht festnehmen konnten, nutzte ich die Protektion Kraulands und fuhr mit ihm im Auto zur Arbeit und zurück. In dieser Zeit entfernte ich mich nicht vom Ministerium. Nach 2–3 Monaten, als ich sah, dass mich die russischen Behörden nicht ausfindig machten, entschied ich, mich nicht mehr zu verstecken und übersiedelte zu meinen Eltern.

Frage: Warum versteckten Sie sich vor der drohenden Verhaftung nicht gleich nach der Flucht Didenkos im Herbst 1946, sondern erst im März 1947?

Antwort: Ich begann erst, mich vor meiner Verhaftung zu fürchten, als mir der Mitarbeiter des amerikanischen Geheimdienstes, Friedinger, im März 1947 sagte, dass die Russen die Absicht hätten, mich zu verhaften. Von dieser Zeit an, begann ich mich zu verstecken.

Ottillinger [Unterschrift]

Ende des Verhörs: 5.25 Uhr.

Das Protokoll wurde mir in einer mir verständlichen deutschen Sprache vorgelesen, die Antworten wurden mit meinen Worten korrekt niedergeschrieben.

Ottillinger [Unterschrift]

Verhörführer: Der Mitarbeiter der Spionageabwehr des Truppenteils 32750
                Major *Prichodko* [Unterschrift]

                Übersetzer
                Leutnant *P. Fedotov* [Unterschrift]

[Jede Seite wurde von Ottillinger unterzeichnet, das gesamte Protokoll ist handschriftlich]

Verhörprotokoll

10. November 1948. Ich, Major Prichodko, verhörte Ottillinger Margarita.

Aminov [Unterschrift]

Das Verhör wird durch den Dolmetsch, Leutnant Stachanov, in deutscher Sprache geführt, der über seine Verantwortung für die Richtigkeit der Übersetzung nach Artikel 95 des Strafgesetzbuches der RSFSR aufgeklärt wurde.

Stachanov [Unterschrift]

Beginn des Verhörs: 12.30 Uhr.

Frage: Im Verhör am 6. November dieses Jahres sagten Sie aus, dass Sie im Februar 1947 den Mitarbeiter des amerikanischen Geheimdienstes, Oberst Kretzmann, kennenlernten. Erzählen Sie ausführlich darüber.

Antwort: Wie ich früher bereits aussagte, rief mich Minister Krauland im Februar 1947 zu sich ins Büro, wo ein mir bisher unbekannter Mann in Zivil war. Krauland stellte uns einander vor. Der Unbekannte hieß mit Familiennamen Kretzmann, war ein Oberst der amerikanischen Armee und, wie mir später bekannt wurde, ein Mitarbeiter des amerikanischen Geheimdienstes. Hier wandte sich Krauland in meiner Anwesenheit mit der Bitte an Kretzmann, seitens der amerikanischen Kommandantur die Hindernisse bei der Einstellung ehemaliger Nationalsozialisten, die gerade durch das österreichische Gesetz amnestiert worden waren, zu beseitigen. Kretzmann antwortete, dass er selbst diese Frage nicht entscheiden könne und solche Fragen besprechen müsse. Damit war die Unterredung in Kraulands Büro beendet. <u>Beim Verlassen des Büros fragte mich Kretzmann, ob ich den sowjetischen Ingenieur Didenko kenne.</u> Ich war von dieser Frage sehr überrascht und antwortete ihm, dass ja, ich Ingenieur Didenko kenne. Weitere Fragen interessierten ihn nicht und damit gingen wir auseinander.

Frage: Es ist nicht klar, zu welchem Zweck Sie während seiner Unterredung mit Oberst Kretzmann über ehemalige Nationalsozialisten von Minister Krauland ins Büro gebeten wurden.

Antwort: Ich vermute, dass Minister Krauland dies tat, um mich mit Oberst <u>Kretzmann</u> bekannt zu machen. Wie die Ereignisse weiters zeigten, versuchten Oberst Kretzmann und der Mitarbeiter des amerikanischen Geheimdienst, Friedinger, mich für die Spionagetätigkeit für den amerikanischen Geheimdienst anzuwerben. Aus diesem Grund komme ich zu dem Schluss, dass die Unterredung über ehemalige Nationalsozialisten im Büro Kraulands ein Vorwand für meine Bekanntmachung mit Oberst Kretzmann war.

Frage: Wie oft besuchte Oberst Kretzmann Minister Krauland?

Antwort: Aus der Unterredung Kraulands mit Kretzmann im Februar 1947 in meinem Beisein zog ich den Schluss, dass sie schon lange bekannt waren. Im Ministerium habe ich Oberst Kretzmann nur ein Mal gesehen, aber aus Gesprächen von Minister Krauland ist mir bekannt, dass sie sich einige Male getroffen haben und außerdem regelmäßig Telefongespräche führen. Der Charakter ihrer Beziehung ist mir nicht bekannt.

Frage: Reden Sie weiter über Ihre Bekanntschaft mit Oberst Kretzmann.

Antwort: Bald darauf, tatsächlich, nach einigen Tagen, rief mich Kretzmann im Ministerium an, und sagte, dass ein gewisser Friedinger zu mir kommen würde. Er bat mich, jenem einige Informationen über die wirtschaftliche Lage in Österreich vorzulegen. Ich versprach, derartige Informationen vorzulegen. Nach dem Telefongespräch mit Kretzmann erzählte ich Minister Krauland, dass zu mir ein Mann von Kretzmann kommen würde, um Informationen über die wirtschaftliche Lage in Österreich zu bekommen. Krauland antwortete mir nur – gut – und mehr sagte er nicht.
Nach einigen Tagen kam Friedinger zu mir. Meine Unterhaltung mit ihm war sehr kurz, weil er vor der Mittagspause kam. Das Gespräch betraf lediglich die Schwierigkeiten der Wirtschaftsplanung in Österreich. <u>Ich erklärte ihm den Grund für diese Schwierigkeiten damit, dass ein Teil der Unternehmen, ehemaliges deutsches Eigentum, den Russen gehört und es daher Schwierigkeiten gibt.</u> Friedinger versprach mir, noch einmal zu kommen und die Unterredung fortzusetzen.

Frage: Wussten Sie, wem Sie diese Informationen übergeben?

Antwort: Ja, ich wusste, dass diese Informationen vom amerikanischen Geheimdienst benötigt werden. Nachdem ich Oberst Kretzmann im Büro Kraulands kennengelernt hatte, war mir bereits bekannt, dass Kretzmann beim amerikanischen Geheimdienst arbeitet und als Friedinger von ihm um Informationen über die wirtschaftliche Lage in Österreich zu mir kam, verstand ich deutlich und wusste, dass diese Informationen zum amerikanischen Geheimdienst gehen.

Frage: Kam Friedinger nochmals wegen Informationen?

Antwort: Nein, Friedinger wandte sich bezüglich der Informationen über die wirtschaftliche Lage in Österreich nicht mehr an mich. Er war bald darauf noch zwei Mal [bei mir], aber diese Besuche waren, wie ich bereits früher aussagte, dadurch begründet, dass er mich das erste Mal davor warnte, dass mich die Russen verfolgen würden und das zweite Mal schlug er mir eine Zufluchtsstätte in einem Hotel im 18. Bezirk vor, wohin ich gemeinsam mit ihm in seinem Auto fuhr. Während meines Aufenthaltes im Hotel traf ich Oberst Kretzmann, der mir im Beisein Friedingers sagte, dass die Russen mich verfolgen würden und die Absicht hätten, mich wegen Ingenieur Didenko zu verhaften. Kretzmanns Aussage nach wäre Didenko von den Engländern festgenommen und auf seinen Wunsch hin der amerikanischen Kommandantur übergeben worden. Im Verhör bei den Amerikanern habe Didenko über die Hilfe ausgesagt, die ich ihm bei der Flucht über die Demarkationslinie geleistet hatte und, dass der Inhalt dieser Aussagen angeblich den Russen bekannt geworden wäre, die auch die Absicht hätten, mich zu verhaften. An dieser Stelle schlug Oberst Kretzmann vor, in die amerikanische Zone Österreichs zu fahren, womit ich einverstanden war.

Ich möchte hinzufügen, dass Kretzmann sich im selben Gespräch bei mir für die bestehenden Beziehungen zwischen dem Ministerium und der USIA, und ebenso für die Anzahl der Spezialisten in der USIA interessierte. Er betonte, dass ihn die letzte Sache besonders interessiere. Auf die gestellten Fragen antwortete ich ablehnend, indem ich erklärte, dass ich erst zwei Mal in der USIA war und mir darüber nichts bekannt ist. Für andere Dinge interessierte sich Kretzmann bei mir nicht.

Somit habe ich Oberst Kretzmann zwei Mal getroffen; das erste Mal bei unserem Kennenlernen im Ministerium und das zweite Mal im Hotel im 18. Bezirk. Außerdem telefonierte ich ein Mal mit ihm, als er mich bat, Friedinger Informationen über die wirtschaftliche Lage in Österreich zu geben. Weitere Treffen und Unterhaltungen mit Kretzmann hatte ich nicht.

Frage: Sagte Ihnen der Mitarbeiter des amerikanischen Geheimdienstes, Friedinger, bei der Anwerbung, gegen wen Ihre Spionagetätigkeit gerichtet sein würde?

Antwort: Beim Versuch des Mitarbeiters des amerikanischen Geheimdienstes, Friedinger, mich für die Spionagetätigkeit anzuwerben, verstand ich, dass diese Arbeit gegen die Russen gerichtet sein würde. Erstens, führte Friedinger das Beispiel mit Didenko an und sagte, dass ich Dank meines Erfolges bei Männern auch künftig Kontakte zu Männern knüpfen sollte. Das heißt, man muss verstehen, unter russischen Männern. Zweitens, die politischen Verhältnisse berücksichtigend, würden die Amerikaner nicht beginnen, mich für die Spionage gegen die westlichen Verbündeten anzuwerben, sondern nur gegen die Sowjetunion.

Auf diese Weise verstand ich, dass die mir von Friedinger vorgeschlagene Spionagetätigkeit gegen die Russen gerichtet sein würde.

Ottillinger [Unterschrift]

Ende des Verhörs: 17.00 Uhr.

Das Protokoll wurde mir in einer mir verständlichen deutschen Sprache vorgelesen, die Antworten wurden mit meinen Worten korrekt niedergeschrieben.

Ottillinger [Unterschrift]

Verhörführer: Der Mitarbeiter der Spionageabwehr des Truppenteils 32750
                Major *Prichodko* [Unterschrift]
Übersetzer: Unterleutnant *Stachanov* [Unterschrift]

[Jede Seite wurde von Ottillinger unterzeichnet, das gesamte Protokoll ist handschriftlich, im Nachhinein vorgenommene Änderungen im Protokoll wurden am Rand vermerkt und von Ottillinger mir ihrer Unterschrift bestätigt]

Verhörprotokoll

12. November 1948, ich, der Offizier der sowjetischen Besatzungstruppen in Österreich, Major PRICHODKO, verhörte am selbigen Tag OTTILLINGER Margarita.

> Das Verhör durch den Dolmetscher – Leutnant FEDOTOV – wird in deutscher Sprache geführt, der über seine Verantwortung für die Richtigkeit der Übersetzung nach Artikel 95 des Strafgesetzbuches der RSFSR aufgeklärt wurde.

Frage: Erzählen Sie über Ihre verbrecherischen Verbindungen zum ehemaligen sowjetischen Ingenieur DIDENKO?

Antwort: Ich, OTTILLINGER Margarita, geboren 1919 in Wien, österreichische Staatsbürgerschaft, mit Hochschulbildung, wohnhaft in: Niederösterreich, Steinbach, Haus 34/36, kann Folgendes festhalten: von 1942 bis Februar 1947 arbeitete ich als Referentin in der Wirtschaftsgruppe österreichische Metallindustrie.
Nach Ende des Zweiten Weltkrieges und mit dem Einmarsch der alliierten Besatzungstruppen in Österreich blieb ich in dieser Funktion. Im Zuge meines Dienstes hatte ich im Laufe der Jahre 1945 bis 1947 dienstliche Verbindungen zu einer Reihe sowjetischer Offiziere, die in Wien im Hotel „Imperial" arbeiteten sowie zu sowjetischen Spezialisten in der Verwaltung des Sowjetischen Vermögens in Österreich (USIA).
Im April, möglicherweise auch im Mai 1946, das weiß ich nicht mehr genau, lernte ich bei einem Besuch im Hotel „Imperial" den sowjetischen Ingenieur DIDENKO Andrej kennen, der im sowjetischen Teil der Alliierten Kommission für Österreich arbeitete. Unsere Bekanntschaft war rein dienstlich und ich klärte mit seiner Unterstützung im Interesse österreichischer Firmen Fragen, die mit der Produktion ihrer Erzeugnisse zusammenhängen.
<u>Im September 1946, als die Abreise DIDENKOS in den Urlaub bevorstand, sprach er mit mir wiederholt über seinen Unwillen in die Sowjetunion zu fahren, und schilderte seine Absicht, durch die Überschreitung der Demarkationslinie in die amerikanische Zone das Vaterland zu verraten.</u> An die genauen Daten erinnere ich mich jetzt nicht, doch in diesem September 1946 kam DIDENKO zu mir ins Büro in Wien, 1. Bezirk, Opernring 15, und <u>erklärte, er sei fest entschlossen, in die amerikanische Zone zu fliehen, und bat mich, ihm eine Adresse in der amerikanischen Zone zu nennen, wo er die erste Zeit bleiben könnte.</u> Da ich eine solche Adresse nicht hatte, <u>beschloss ich, mich an meinen guten Bekannten, Minister KRAULAND, zu wenden,</u> mit dem mich seit Februar 1946 eine Freundschaft verbindet.

Ich erzählte Minister KRAULAND über die verräterischen Absichten des sowjetischen Ingenieurs DIDENKO und teilte ihm mit, dass sich seine Flucht aufgrund des Fehlens einer Adresse in der amerikanischen Zone, zu der er nach der Überschreitung der Demarkationslinie gehen könne, verzögere.

<u>Minister KRAULAND interessierte dieser Umstand sehr und als jemand, der eine feindliche Einstellung zur Sowjetunion hat, versprach er die für DIDENKO nötige Adresse aufzutreiben.</u>

Tatsächlich sagte KRAULAND nach einigen Tagen bei einer Begegnung mit mir, dass Ingenieur DIDENKO, wenn er die Demarkationslinie zur amerikanischen Zone überschritten habe, nach Linz gehen und dort jene Baracken suchen solle, in denen die amerikanischen Armeedienststellen untergebracht sind. KRAULAND nannte mir den Namen der Straße, in der diese Baracken liegen, aber ich habe sie jetzt vergessen.

Frage: Auf welcher Grundlage machten Sie Mitteilung über das feindliche Verhältnis von Minister KRAULAND zur Sowjetunion?

Antwort: Die Grundlage dafür ist, dass ich dies persönlich einige Male von KRAULAND gehört habe, als er sich gegen die Errichtung von Geschäftsbeziehungen mit sowjetischen Dienststellen in Österreich aussprach. <u>Mir ist bestens bekannt, dass in der Arbeit des Ministeriums, das von KRAULAND geführt wird, auch so eine Atmosphäre des Unwillens vorherrscht, Geschäftsbeziehungen mit sowjetischen Dienststellen zu unterhalten, wodurch letztendlich Österreich selbst ein bestimmter Schaden zugefügt wird.</u>

Frage: Warum nannte Ihnen KRAULAND die Adresse für DIDENKO nicht sofort, sondern erst einige Tage später?

Antwort: Das hing damit zusammen, <u>dass KRAULAND sich mit dem amerikanischen Geheimdienst in Wien in Verbindung setzen musste, um die nötige Adresse für DIDENKO zu bekommen.</u>

Frage: Woher ist Ihnen das bekannt?

Antwort: Minister KRAULAND erzählte mir selbst, <u>dass er persönlich mit dem Mitarbeiter des amerikanischen Geheimdienstes in Wien, Oberst KRETZMANN, sprach,</u> um eine Adresse in der amerikanischen Zone zu bekommen, zu der Ingenieur DIDENKO gehen sollte.

Frage: Das heißt, der amerikanischen Geheimdienst wusste von der bevorstehenden Flucht von Ingenieur DIDENKO in seine Zone?

Antwort: Ja, noch bevor Ingenieur DIDENKO geflohen war, erfuhr der amerikanische Geheimdienst von mir über Minister KRAULAND von seinen Absichten.

Frage: Teilten Sie DIDENKO die Adresse mit, mit der KRAULAND Sie versorgte?

Antwort: Ja, noch am gleichen Tag übergab ich diese Adresse Ingenieur DIDENKO und sagte, dass Minister KRAULAND sie von den Amerikanern bekommen hätte. Auf diese Weise leistete ich, gemeinsam mit dem Minister der österreichischen Regierung KRAULAND, mit Wissen des Vertreters des amerikanischen Geheimdienstes in Wien, Oberst KRETZMANN, dem sowjetischen Ingenieur DIDENKO direkte Unterstützung beim Vaterlandsverrat.
Bald danach fuhr ich nach Graz (englische Zone), wo ich in der Grabenstraße, an die Hausnummer erinnere ich mich nicht, abstieg. Nach einigen Tagen Aufenthalt in Graz kam DIDENKO zu mir in die Wohnung und erklärte, dass er Angst davor bekam, über die Enns-Brücke in die amerikanische Zone hinüberzugehen und deshalb beschloss, zuerst in die englische Zone zu gehen, und dann zu jener Adresse nach Linz zu fahren, die ihm vom Oberst des amerikanischen Geheimdienstes über Minister KRAULAND und mich gegeben wurde.
Ich meinerseits gab DIDENKO die Adresse der „Eisen- und Stahlwerke" [später Voest] in Linz, wo er in der ersten Zeit einen Arbeitsplatz bekommen könne. Nach meiner Rückkehr nach Wien ging ich zu Minister KRAULAND und erzählte ihm über mein Treffen und das Gespräch mit DIDENKO in Graz.
Ich bekenne aufrichtig, dass ich durch meine Handlungen, gemeinsam mit Minister KRAULAND, mit Wissen des amerikanischen Geheimdienstes, Ingenieur DIDENKO direkte Hilfe zum Vaterlandsverrat geleistet habe.
Ich möchte bemerken, dass ich seit den ersten Tagen der Flucht von Ingenieur DIDENKO und bis März 1947 vermutete, dass den Vertretern des sowjetischen Kommandos nichts über meine Hilfe, die ich DIDENKO bei der Durchführung des Vaterlandsverrates geleistet habe, bekannt sei und daher lebte und arbeitete ich in dieser Zeit ruhig; bis dahin mischte sich der amerikanische Geheimdienst nicht in mein persönliches Leben ein, nur über Minister KRAULAND.

Frage: Erzählen Sie detailliert darüber.

Antwort: Bald nach meinem Wechsel ins österreichische Ministerium für Vermögenssicherung und Wirtschaftsplanung im Februar 1947, rief mich Minister KRAULAND zu sich in sein Büro, wo gerade ein mir unbekannter Mann in Zivil, 35 Jahre alt, groß, schlank, braunhaarig, mit einem schmalen, länglichen Gesicht und großen Zähnen, war.
KRAULAND stellte uns einander vor.
Der Unbekannte bezeichnete sich als Oberst der amerikanischen Armee und hieß mit Familiennamen KRETZMANN. Vor meiner Bekanntschaft mit ihm war er mir namentlich nach Angaben KRAULANDS als Mitarbeiter des amerikanischen Geheimdienstes bekannt. In meiner Anwesenheit wandte sich der Minister mit der Bitte an

KRETZMANN, Unterstützung durch das amerikanische Armeekommando bei der Beseitigung der Hindernisse für eine Arbeitserlaubnis für ehemalige Nationalsozialisten zu bekommen.

KRETZMANN versprach, diese Frage in höheren amerikanischen Kreisen zu entscheiden.

Damit war die Unterredung beendet. Beim Verlassen des Büros fragte mich Oberst KRETZMANN, ob ich Ingenieur DIDENKO kenne. Ich bejahte dies. Ich möchte anmerken, dass KRETZMANN nur von Minister KRAULAND von meiner Verbindung zu DIDENKO wissen konnte.

Nachdem er aus dem Ministerium weggegangen war, war mir anfangs nicht klar, mit welchem Ziel ich zu ihrer Unterredung über ehemalige Nationalsozialisten ins Büro des Ministers gebeten wurde. Als KRETZMANN und andere Mitarbeiter des amerikanischen Geheimdienstes im März 1947 jedoch anfingen, mir eine Zusammenarbeit mit dem amerikanischen Geheimdienst für die Durchführung der Spionagetätigkeit gegen die sowjetische Besatzungstruppen in Österreich vorzuschlagen, begriff ich, dass die Bestellung von Minister KRAULAND zu sich ins Büro zur Unterredung über die ehemaligen Nationalsozialisten den Zweck hatte, Oberst KRETZMANN kennenzulernen und einer folgenden Anwerbung diente.

Buchstäblich einige Tage nach unserem Kennenlernen rief mich Oberst KRETZMANN im Ministerium an und sagte, dass sein Vertrauensmann, ein gewisser FRIEDINGER, bei mir vorbeikommen würde und bat mich, diesem einige Informationen über die wirtschaftliche Lage Österreichs vorzulegen.

Ich versprach Oberst KRETZMANN, solche Informationen vorzulegen.

Noch am gleichen Tag erzählte ich Minister KRAULAND vom Telefongespräch mit Oberst KRETZMANN. KRAULAND bewilligte die Übergabe von Informationen über die wirtschaftliche Lage in Österreich an den amerikanischen Geheimdienst.

Nach einigen Tagen kam ein Mann in Zivil, 45 Jahre alt, mittelgroß, dick, dunkle, spärliche Haare, mit bleichem, länglichem Gesicht, zu mir ins Ministerium. Er sprach deutsch, stellte sich als FRIEDINGER vor und erklärte, dass er von Oberst KRETZMANN käme. Mit Wissen KRAULANDS übergab ich dem Mitarbeiter des amerikanischen Geheimdienstes FRIEDINGER die Daten über die wirtschaftliche Lage in Österreich. Nachdem er die Angaben von mir erhalten hatte, versprach FRIEDINGER nochmals vorbeizukommen und die Unterhaltung über Fragen, die für den amerikanischen Geheimdienst von Interesse sind, fortzusetzen.

Tatsächlich, nach einigen Tagen besuchte mich FRIEDINGER erneut im Ministerium. Im Vier-Augen-Gespräch sagte er, dass mich die Russen beschatten, dass mir sehr wohl bewusst sei, womit dies zusammenhänge. FRIEDINGER gab mir zu verstehen, dass dies mit meiner früheren Beziehung zu Ingenieur DIDENKO zusammenhänge. Ich dankte ihm für die Warnung und er ging. Am nächsten Tag kam FRIEDINGER erneut zu mir ins Ministerium und erklärte, dass ich dringend, gemeinsam mit ihm in seinem Auto, in den amerikanischen Sektor Wiens fahren sollte, weil mich die Russen ausfindig machen und verhaften würden. FRIEDINGER fuhr mich in den 18. Wiener Gemeindebezirk und brachte mich in einem der Hotels, an dessen Namen und Adresse ich mich jetzt nicht erinnere, unter. Am gleichen Tag kam, gemeinsam mit FRIEDINGER, Oberst KRETZMANN ins Hotel, der mir in einem Gespräch erzählte, dass DIDENKO nach der Überquerung der Demarkationslinie von den Engländern verhaftet und auf seinen Wunsch hin dem amerikanischen Kommando übergeben worden wäre. Im Verhör bei den Amerikanern machte DIDENKO eine Aussage über jene Hilfe, die ich ihm bei der Flucht geleistet hatte, und dass der Inhalt dieser Aussagen angeblich den Russen bekannt geworden ist.

KRETZMANN erklärte, dass es, um der Verhaftung durch die Russen zu entkommen, notwendig wäre, dass ich für einige Zeit in die amerikanische Zone Österreichs fahre.

Ich möchte hinzufügen, dass sich KRETZMANN in der gleichen Unterredung bei mir über die bestehenden Beziehungen zwischen dem Ministerium und der USIA und über Spionageinformationen zur Zahl der Spezialisten in der USIA erkundigte. Er unterstrich, dass ihn die letzte Frage besonders interessiere.

Am zweiten Tag meines Aufenthaltes im Hotel brachte mich FRIEDINGER zum Gebäude des amerikanischen Geheimdienstes unweit eines kleinen Flugplatzes, an dessen Adresse ich mich jetzt nicht genau erinnere.

FRIEDINGER erinnerte mich in einer Unterredung an meine Beteiligung bei der Flucht des sowjetischen Ingenieurs DIDENKO zu den Amerikanern und schlug vor, dass ich Spionage gegen die sowjetische Besatzungsarmee in Österreich betreiben solle. Wie aus dem Beispiel mit DIDENKO hervorgehe, so erklärte FRIEDINGER, würde ich über umfangreiche Kontakte mit sowjetischen Offizieren und Spezialisten verfügen und sollte diese Verbindungen zukünftig zur Spionage gegen die Russen verwenden. Am gleichen Tag nach dem Gespräch mit FRIEDINGER traf ich mich mit Minister KRAULAND und unterhielt mich mit ihm. Er schlug mir vor, mich vor einer möglichen Verhaftung durch die Russen in seiner Wohnung in Wien, 3. Bezirk, Modenapark 6, zu verstecken. Zwei bis drei Monate, genau weiß ich es jetzt nicht mehr, aber bis Juni 1947, versteckte ich mich in der Wohnung bei KRAULAND und bei meinen Ausfahrten schützte mich KRAULAND mit seiner Immunität als Minister. Später, als ich sah und mich vergewisserte, dass mich die Vertreter des sowjetischen Kommandos in Österreich nicht auffanden und sich auch tatsächlich nicht für mich interessierten, wurde mir klar, dass mich Minister KRAULAND, meiner Meinung nach, gemeinsam mit dem amerikanischen Geheimdienst in Wien erpresste, mit dem Ziel, mich zur Spionage gegen die sowjetischen Besatzungstruppen heranzuziehen. Ich verstand dies jedoch erst später. <u>Sie zwangen mich dennoch, Spionage für den amerikanischen Geheimdienst zu betreiben.</u>

Das Protokoll wurde mir in einer mir verständlichen deutschen Sprache vorgelesen. Die Antworten wurden korrekt mit meinen Worten niedergeschrieben.

Verhörführer: Major – (PRICHODKO)
Übersetzer: Leutnant – (FEDOTOV)
Rundstempel: Truppenteil Feldpost 32750
12.11.1948 Richtig: Major Prichodko [Unterschrift]

„ICH BESTÄTIGE"
DER LEITER DER SPIONAGEABWEHR
DES TRUPPENTEILS 32750
GENERALLEUTNANT
Belkin [Unterschrift]

„24." November 1948
Rundstempel des Truppenteils Feldpost 32750

MILITÄRSTAATSANWALT DES TRUPPENTEILS 28990
GENERALMAJOR DER JUSTIZ
Rumjancev [Unterschrift]

„25." November 1948
Rundstempel des Militärstaatsanwalts des Truppenteils 28990

BESCHLUSS
(über die Verhaftung)

„23." November 1948

Ich, der Mitarbeiter der Spionageabwehr des Truppenteils 32750, Major PRICHOD-KO, habe nach Prüfung der Unterlagen über die verbrecherische Tätigkeit von – OTTILLINGER Margarethe, geboren 1919 in Wien, Nationalität: Österreich, mit Hochschulbildung, Leiterin der Planungssektion des österreichischen Ministeriums für Vermögenssicherung und Wirtschaftsplanung, wohnhaft in Niederösterreich, Steinbach 34/36,

BEFUNDEN:

Der verhaftete offizielle Mitarbeiter des amerikanischen[9] Nachrichtendienstes „ESD", FOKLER Alfred[10], sagte aus, dass der amerikanische Nachrichtendienst „ODI" in Wien im sowjetischen Militärstab in Mödling seinen eigenen Agenten hat – einen sowjetischen Offizier (Name unbekannt), der den Amerikanern für eine große Summe an Geld Dokumente des sowjetischen Militärstabes übermittelt. Nach den Aussagen FOKLERS ist OTTILLINGER Margarita die Verbindungsperson zwischen dem amerikanischen Geheimdienst und dem sowjetischen Offizier im Stab in Mödling. OTTILLINGER stellte im Auftrag der Amerikaner enge Kontakte mit anderen sowjetischen Offizieren her und sammelt, indem sie deren Sorglosigkeit ausnützte, wertvolle Informationen über die sowjetischen Streitkräfte für den amerikanischen Geheimdienst. Sie gilt als eine der wertvollsten Agenten des amerikanischen Geheimdienstes, die Spionage gegen die Russen betreiben.

Im Herbst 1946 leistete OTTILLINGER mit Unterstützung vom Minister der österreichischen Regierung, KRAULAND, mit Wissen des amerikanischen Geheimdienstes, direkte Hilfe beim Vaterlandsverrat des ehemaligen Ingenieurs der Wirtschaftsabteilung des sowjetischen Teils der Alliierten Kommission für Österreich, DIDENKO Andrej Ivanovič, einem Bürger der Sowjetunion.

Die Spionagetätigkeit OTTILLINGERS wird durch die Aussagen des verhafteten VOGLER Alfred sowie auch durch die Aussagen OTTILLINGERS selbst bestätigt.

In Anbetracht des Dargelegten, habe ich

BESCHLOSSEN:

OTTILLINGER Margarita der Verhaftung und einer Untersuchung zu unterziehen.

DER MITARBEITER DER SPIONAGEABWEHR
DES TRUPPPENTEILS 32750 – M A J O R

Prichodko [Unterschrift]

EINVERSTANDEN:

DER STELLVERTRETER DES LEITERS DER 2. [UNTER-]ABTEILUNG DER SPIONAGEABWEHR DES TRUPPENTEILS 32750 – OBERSTLEUTNANT

Dubrovinskij [Unterschrift]

DER LEITER DER UNTERSUCHUNGSABTEILUNG DER SPIONAGEABWEHR DES TRUPPENTEILS 32750 OBERST (AMINOV)

Verhörprotokoll

25. November 1948. Ich, der Mitarbeiter der Spionageabwehr des Truppenteils 32750 – Major PRICHODKO verhörte am selbigen Tag OTTILLINGER Margarita.

> Das Verhör wird durch den Dolmetscher – Unterleutnant -GORODECKAJA – in deutscher Sprache geführt, die über ihre -Verantwortung für die Richtigkeit der Übersetzung nach Artikel 95 des Strafgesetzbuches der RSFSR aufgeklärt wurde.

Frage: Im Verhör am 12. November diesen Jahres haben Sie ausgesagt, dass Sie in einer kriminellen Verbindung mit dem ehemaligen sowjetischen Ingenieur DIDENKO standen. Erzählen Sie ausführlich darüber?

Antwort: Von 1946 bis 1947, zur Zeit meiner Tätigkeit in der Wirtschaftsgruppe der Eisenindustrie Österreichs, und danach im Ministerium für Vermögenssicherung und Wirtschaftsplanung, hatte ich im Zuge meines Dienstes geschäftliche Verbindungen mit einer Reihe von sowjetischen Offizieren, die in Wien im Hotel „Imperial" arbeiteten, ebenso auch mit sowjetischen Spezialisten in der Verwaltung des Sowjetischen Vermögens in Österreich (USIA).
Im April oder Mai 1945, genau erinnere ich mich jetzt nicht mehr, lernte ich im Bereich des Hotels „Imperial" den sowjetischen Ingenieur DIDENKO Andrej kennen, der im sowjetischen Teil der Alliierten Kommission für Österreich arbeitete. Unsere Bekanntschaft war rein dienstlicher Natur und ich entschied mittels DIDENKO Fragen im Interesse österreichischer Firmen, die mit den von ihnen hergestellten Erzeugnissen zusammenhingen. Im September 1946 begann DIDENKO im Gespräch mit mir über seinen Unwillen, in die Sowjetunion zu fahren, zu sprechen und äußerte seinen Wunsch, sein Vaterland durch Flucht über die Demarkationslinie in die amerikanische Zone zu verraten. An das Datum kann ich mich nicht erinnern, aber in diesem September 1946 kam DIDENKO zu mir ins Büro in Wien, 1. Bezirk, Opernring 15, und erklärte, dass einige Personen aus dem „Imperial", so auch er, den Befehl bekommen hätten, in die Sowjetunion abzureisen, er aber nicht ins Heimatland zurückkehren wolle. Hier schon begann DIDENKO mich zu bitten, ihm bei der Flucht in die amerikanische Zone zu helfen. Ich hieß die Absicht DIDENKOS gut und sagte ihm meine Hilfe zu. DIDENKO bat darum, ihm eine Adresse in der amerikanischen Zone Österreichs zu nennen, wohin er gehen könnte und wo man ihn aufnehmen und ihm amerikanische Dokumente ausstellen würde. Ich antwortete, dass ich eine solche Adresse im Moment nicht hätte, sie aber über Minister KRAULAND bekommen würde und ihn benachrichtigen werde. Im gleichen Gespräch sagte ich DIDENKO, dass er in der ersten Zeit

nach der Flucht, nachdem er die Dokumente bei den Amerikanern bekommen hat, bei den Vereinigten „Eisen- und Stahlwerken" in Linz eine Stelle bekommen könne. Dafür wäre es notwendig, dass er bei der Personalabteilung dieser Firma erscheint und sagt, dass er von mir – OTTILLINGER – kommt, meinen Familiennamen nennt, so dass er vorbehaltlos eingestellt wird.

Frage: In vorhergehenden Verhören haben Sie ausgesagt, dass Sie DIDENKO die Linzer Firmenadresse erst nach seiner Flucht in Graz genannt hätten. Erklären Sie den Grund der Widersprüchlichkeit in ihren Aussagen?

Antwort: Ich erinnere mich jetzt daran, dass ich DIDENKO die Adresse der „Eisen- und Stahlwerke" noch vor seiner Flucht in Wien nannte und danach beim Treffen in Graz.

Frage: Wieso war es notwendig, die gleiche Adresse in Graz [nochmals] zu nennen?

Antwort: Als DIDENKO in Graz (englische Zone Österreichs) zu mir kam und erklärte, dass er vorhabe, in die amerikanische Zone zu fahren, nannte ich ihm ein zweites Mal die Adresse der Linzer Firma, wo er arbeiten könne.

Frage: Warum haben sie DIDENKO genau diese Adresse genannt und nicht irgendeine andere?

Antwort: Ich nannte diese Adresse, weil die „Eisen- und Stahlwerke" in Linz zur Wirtschaftsgruppe der Eisenindustrie in Wien gehört, in der ich früher gearbeitet habe, und ich die Adresse der Firma wusste. Ich kannte keine anderen Adressen in der amerikanischen Zone, wo DIDENKO hätte arbeiten können, und nannte daher diese Firma in Linz. Man kennt mich in dieser Firma und ich sagte DIDENKO, dass er in dieser Firma eingestellt werde, wenn er meinen Nachnamen nennt.

Frage: Sie sprachen mit Minister KRAULAND über die Adresse für DIDENKO in der amerikanischen Zone, wo ihm die Dokumente hätten überreicht werden können?

Antwort: Ja, ich ging zu Minister KRAULAND und erzählte ihm über die verräterischen Absichten von Ingenieur DIDENKO und berichtete, dass sich seine Flucht wegen des Fehlens einer Adresse in der amerikanischen Zone, wohin er nach der Überschreitung der Demarkationslinie gehen und amerikanische Dokumente bekommen könnte, verzögert.
Minister KRAULAND war an diesen Umständen sehr interessiert und versprach die von DIDENKO benötigte Adresse zu besorgen.

Frage: Warum wandten Sie sich mit dieser Frage ausgerechnet an KRAULAND?

Antwort: Ich wusste, dass Minister KRAULAND gegenüber der Sowjetunion feindlich eingestellt ist und Ingenieur DIDENKO mit Vergnügen bei seiner Flucht in die amerikanische Zone Hilfe leisten werde.

Frage: Woher ist Ihnen bekannt, dass Minister KRAULAND gegenüber der Sowjetunion feindlich eingestellt ist?

Antwort: Noch vor meinem Wechsel ins Ministerium drückte mir Minister KRAULAND bei unseren Treffen wiederholt seinen Unwillen, geschäftliche Beziehungen mit sowjetischen Einrichtungen in Österreich herzustellen, aus, indem er erklärte, dass man mit den Russen überhaupt keine geschäftlichen Beziehungen unterhalten dürfe. Im Februar 1947, als ich meine Stelle im Krauland-Ministerium antrat, sah ich und überzeugte mich davon, dass es selbst im Ministerium eine Atmosphäre des Unwillens, mit sowjetischen Einrichtungen Geschäftsverbindungen aufrechtzuerhalten, gab.

Frage: Nennen Sie konkrete Beispiele?

Antwort: 1948, an den Monat erinnere ich mich nicht genau, wandte sich die Verwaltung des Sowjetischen Vermögens in Österreich mit der Bitte an das Ministerium, ihr einige Daten über die österreichischen Unternehmen in der sowjetischen Zone zu übermitteln. Minister KRAULAND verbot, der USIA diese Daten zu geben, jedoch legte er zur gleichen Zeit Vertretern der anderen Besatzungsmächte in Österreich genau jene Daten vor, um die die USIA gebeten hatte.
Mir ist außerdem bekannt, dass Anfragen von sowjetischen Behörden in Österreich zur Regelung verschiedener wirtschaftlicher Fragen an das Ministerium kommen. Minister KRAULAND gab allen Unternehmensleitern die Anweisung, auf Anfragen der sowjetischen Behörden nicht zu antworten und ihre Bitten nicht zu erfüllen. Gibt es jedoch Wünsche von Vertretern anderer Besatzungsmächte in Österreich, so sollen diese unverzüglich erfüllt werden.
Anfang 1948 wandte sich der Verwalter der „Schmidhütte Krems" (die Firma gehört zur USIA und stellt Bleche her) an mich in der Sektion, damit ich mit Minister KRAULAND die Zuweisung eines Kredits an die Firma bespreche. Als ich anfing mit KRAULAND darüber zu sprechen, schlug er den Kredit aus und erklärte, dass österreichisches Geld nicht an Unternehmen gehen solle, die den Russen gehören. Außer den erwähnten Fakten gab es auch noch andere, an Einzelheiten erinnere ich mich jetzt nicht.

Frage: Teilte Ihnen Minister KRAULAND die Adresse mit, um die Sie ihn für Ingenieur DIDENKO gebeten hatten?

Antwort: Nach einigen Tagen sagte KRAULAND bei einem Treffen mit mir, dass Ingenieur DIDENKO nach Überschreiten der Demarkationslinie in die amerikanische Zone nach Linz gehen solle. Dort soll er jene Baracken ausfindig machen, in denen die amerikanischen Militärbehörden untergebracht sind. Den Namen der Straße, wo sich diese Baracken befanden, nannte mir KRAULAND, aber ich erinnere mich jetzt nicht daran.

Frage: Ist Ihnen bekannt, wo Minister KRAULAND diese Adresse besorgt hat?

Antwort: Minister KRAULAND erzählte mir später selbst, dass er, um eine Adresse in der amerikanischen Zone zu bekommen, wohin Ingenieur DIDENKO gehen sollte, persönlich mit dem Mitarbeiter des amerikanischen Geheimdienstes in Wien, Oberst KRETZMANN, gesprochen habe, der ihm auch die Adresse gab.

Frage: Aus Ihren Aussagen geht hervor, dass der amerikanische Geheimdienst von vornherein von der geplanten Flucht Ingenieur DIDENKOS in seine Zone wusste?

Antwort: Ja, noch bevor Ingenieur DIDENKO floh, wusste der amerikanische Geheimdienst von mir durch Minister KRAULAND von seinen Absichten.

Frage: Teilten Sie DIDENKO die Adresse, die Ihnen KRAULAND lieferte, mit?

Antwort: Sofort nachdem ich die Linzer Adresse von KRAULAND bekommen hatte, übergab ich sie noch am gleichen Tag Ingenieur DIDENKO und sagte ihm, dass Minister KRAULAND die Adresse von den Amerikanern bekommen hatte. Einige Tage danach fuhr ich nach Graz (englische Zone), wo ich in der Grabenstraße, an die Hausnummer erinnere ich mich nicht mehr, abstieg. Nach einigen Tagen Aufenthalt in Graz kam DIDENKO zu mir in die Wohnung.

Frage: Warum fuhren Sie nach Graz?

Antwort: In der Zeit, als ich in der Wirtschaftsgruppe der Eisenindustrie arbeitete, befand sich in Graz eine Filiale dieser Gruppe, zu der ich jede Woche dienstlich für 2–3 Tage fuhr.

Frage: Trafen Sie sich vor Ihrer Abreise nach Graz mit DIDENKO?

Antwort: Ja, einen Tag vor der Abreise traf ich mich mit DIDENKO und wir vereinbarten, uns nach meiner Rückkehr aus Graz noch in Wien zu treffen und, dass er (DIDENKO) erst danach in die amerikanische Zone flieht.

Frage: Gaben Sie DIDENKO ihre Adresse in Graz?

Antwort: Nein, ich nannte ihm die Adresse nicht, sondern sagte nur, dass ich dienstlich nach Graz fahre.

Frage: Wie konnte DIDENKO Sie ausfindig machen, ohne die Adresse zu kennen?

Antwort: Ich nehme an, dass DIDENKO nach meiner Abreise nach Graz meine Adresse bei meiner Dienststelle in Wien, wo er davor vorbeikam, erfahren hat. Dank seiner Deutschkenntnisse war das leicht für ihn. Bei unserem Treffen in Graz erzählte mir DIDENKO, dass er sich fürchtete, über die Enns-Brücke in die amerikanische Zone zu fahren und darum entschied, zuerst in die englische Zone zu gehen und erst danach nach Linz zu jener Adresse zu fahren, die ihm der amerikanische Geheimdienst über Minister KRAULAND und mich gegeben hatte.

Im gleichen Gespräch nannte ich DIDENKO nochmals die Adresse der „Eisen- und Stahlwerke" in Linz, wo er in der ersten Zeit eine Stelle bekommen könnte.

Frage: Sie hatten mit DIDENKO eine Abmachung, dass er erst nach Ihrer Rückkehr aus Graz nach Wien flieht. Womit hing es aber zusammen, dass er floh, ohne auf Ihre Rückkehr zu warten?

Antwort: DIDENKO erklärte mir dies damit, dass er sich fürchtete, noch länger in der sowjetischen Zone zu bleiben, da sie ihn entlarven könnten. Darum entschied er, so schnell wie möglich zu fliehen.

Frage: Was erzählte Ihnen DIDENKO noch in Graz?

Antwort: DIDENKO sagte mir, dass ihm sein guter Bekannter VOLKOV, der in Wien in der Handelskammer arbeitet, einen gefälschten österreichischen Personalausweis verschafft habe und er damit in die englische Zone Österreichs gelangte. Noch vor meiner Abreise nach Graz wusste ich, dass VOLKOV für DIDENKO einen österreichischen Personalausweis besorgen sollte.

Frage: Woher wussten Sie das?

Antwort: Einige Tage vor meiner Abfahrt nach Graz besuchte ich gemeinsam mit DIDENKO VOLKOV. DIDENKO unterhielt sich mit ihm auf Russisch und am Ende des Gesprächs fragte mich VOLKOV – ob ich für DIDENKO einen österreichischen Personalausweis besorgen könnte. Ich antwortete, dass ich das nicht machen kann. Dann erklärte VOLKOV, dass er es selbst machen werde.

Frage: Bat DIDENKO Sie persönlich, ihm einen österreichischen Personalausweis zu besorgen?

Antwort: Ja, noch vor dem Gespräch mit VOLKOV bat mich DIDENKO ihm einen österreichischen Personalausweis zu besorgen, damit er mit dieser Bescheinigung über die Demarkationslinie gehen könnte. Ich verweigerte ihm dies, indem ich ihm erklärte, dass ich dafür keinerlei Möglichkeiten sehe.

Frage: Sie sagen die Unwahrheit. Sie hatten derartige Möglichkeiten durch Minister KRAULAND. Sie wandten sich ja auch mit der Bitte an KRAULAND, eine Adresse in der amerikanischen Zone für DIDENKO zu besorgen. Warum machten Sie dies nicht auch bezüglich der Dokumente?

Antwort: Ich machte das nur deshalb nicht, weil ich im Gespräch mit DIDENKO erklärt hatte, dass ich keine Möglichkeiten für die Beschaffung der Dokumente hätte. Danach, als ich mit Minister KRAULAND über die Adresse für DIDENKO sprach, sagte ich nichts über die Dokumente.

Frage: Erzählten Sie nach der Rückkehr aus Graz jemandem von Ihrem Treffen mit DIDENKO?

Antwort: Nach der Rückkehr nach Wien ging ich zu Minister KRAULAND und erzählte ihm von meinem Treffen und meiner Unterhaltung mit DIDENKO. Somit leistete ich gemeinsam mit dem Minister der österreichischen Regierung, KRAULAND, und mit Wissen des Vertreters des amerikanischen Geheimdienstes Oberst KRETZMANN dem sowjetischen Ingenieur DIDENKO direkte Unterstützung beim Vaterlandsverrat.

Frage: Trafen Sie DIDENKO nach Ihrem Treffen in Graz nochmals?

Antwort: Nein, weitere Treffen mit DIDENKO gab es nicht.

Frage: Waren Sie nach der Flucht DIDENKOS in Linz?

Antwort: Nein, war ich nicht.

Frage: Trafen Sie sich nach der Flucht DIDENKOS mit VOLKOV?

Antwort: Nein, ich hatte keine Treffen mehr, aber ich sprach telefonisch mit ihm und er erzählte mir, dass er DIDENKO in die englische Zone gefahren hatte, weil sich DIDENKO davor fürchtete, über die Enns-Brücke in die amerikanische Zone zu fahren.

Das Protokoll wurde mir in einer mir verständlichen deutschen Sprache vorgelesen, die Antworten wurden mit meinen Worten korrekt niedergeschrieben.

Beginn des Verhörs: 10.30 Uhr
Unterbrechung: 15.00 Uhr
Wiederaufnahme: 22.10 Uhr
Unterbrechung: 26.11., 3.00 Uhr
Wiederaufnahme: 10.00 Uhr
Ende des Verhörs: 26.11., 14.00 Uhr

Verhörführer: Major (PRICHODKO)
Übersetzer: Unterleutnant GORODECKAJA
Richtig: Major *Prichodko* [Unterschrift]

21.12. 1948

Protokoll

(über den Abschluss der Untersuchung)

„11." Jänner 1949

Ich, der Ober-Untersuchungsrichter der Abteilung Spionageabwehr des MGB des Truppenteils Feldpost 32750, Major Larionov, habe den Untersuchungsakt Nr. 1636 zur Anklage der Ottillinger Margarita hinsichtlich der Verbrechen nach Artikel 58-6 Ziffer 1 und 58-4 des Strafgesetzbuches der RSFSR durchgesehen und stellte fest, dass die Voruntersuchung zum Fall abgeschlossen ist und die erhaltenen Angaben nach Artikel 206 der Strafprozessordnung der RSFSR ausreichend für eine Übergabe an das Gericht sind. Ich habe der Angeklagten dies und das gesamte Prozedere mitgeteilt und gefragt, ob die Angeklagte der Untersuchung etwas hinzuzufügen habe.

Die Angeklagte Ottillinger M. wurde mit den Unterlagen des Untersuchungsakts vertraut gemacht. Sie erklärte, dass sie der Untersuchung nichts hinzuzufügen habe und keine Gesuche an die Untersuchung stellen werde.

Unterschrift des Angeklagten Ottillinger [Unterschrift]

DER OBER-UNTERSUCHUNGSRICHTER DER ABTEILUNG SPIONAGEABWEHR DES MGB DES TRUPPENTEILS FELDPOST 32750 –

Major Larionov [Unterschrift]

Der Militärstaatsanwalt des Truppenteils 28990
Hauptmann der Justiz Ryšenko [Unterschrift]

(siehe Rückseite)

Gutachten der Anklage

„ICH BESTÄTIGE"
DER STELLVERTRETER DES LEITERS DER SPIONAGEABWEHR
DES MGB DES TRUPPENTEILS FELDPOST 32750 – OBERST
Utjanov [Unterschrift]

„13." Jänner 1949

Zum Untersuchungsakt Nr. 1636

> Der Akt wird der Sonderkommission [OSO] in [...] Form vorgelegt.
> [Unterschrift unleserlich]
> 25.3.1949

> GUTACHTEN DER ANKLAGE

> zur Anklage von OTTILLINGER Margarita wegen Verbrechen nach Artikel 58-6 Ziffer 1 und 58-4 des Strafgesetzbuches der RSFSR.

Am 25. November 1948 wurde die Österreicherin OTTILLINGER Margarita aufgrund der Aussagen von zuvor festgenommenen amerikanischen Spionen von der Spionageabwehr des MGB des Truppenteils 32750 verhaftet, weil sie Spionage zu Gunsten des amerikanischen Geheimdienstes gegen die Sowjetunion betrieben hat.

Festgestellt wurde:
Während sie im österreichischen Ministerium für Vermögenssicherung und Wirtschaftsplanung arbeitete, lernte OTTILLINGER 1946 bei dienstlichen Besuchen des sowjetischen Teils der Alliierten Kommission für Österreich den sowjetischen Ingenieur DIDENKO Andrej Iwanowitsch kennen.
Bei den folgenden Treffen drückte ihr DIDENKO wiederholt seine antisowjetische Einstellung und seinen Unwillen, ins Vaterland zurückzukehren, aus.
Im Herbst 1946 vereinbarten OTTILLINGER und DIDENKO die Eheschließung und die Flucht in die amerikanische Zone, um dort bis zum Abzug der sowjetischen Besatzungstruppen aus Österreich zu leben.
Um ihre verbrecherischen Vorhaben zu verwirklichen, wandte sich OTTILLINGER sofort an den Minister für Vermögenssicherung und Wirtschaftsplanung Österreichs, KRAULAND, mit der Bitte um Unterstützung bei der Beschaffung eines Wohnsitzes in der amerikanischen Zone.

KRAULAND, der offensichtlich eine negative Einstellung gegenüber der Sowjetunion hat, unterstützte DIDENKO beim Vaterlandsverrat. Dieser teilte seine verräterischen Absichten Vertretern des amerikanischen Geheimdienstes mit. Der Bitte OTTILLINGERS folgend, bekam er von ihnen die Adresse einer Einrichtung in der amerikanischen Zone, wo DIDENKO eine Aufenthaltsbewilligung für Österreich bekommen konnte, die er OTTILLINGER übergab.

Die vom amerikanischen Geheimdienst erhaltene Adresse händigte OTTILLINGER DIDENKO aus. Gleichzeitig gab sie ihm die Adresse einer ihr unterstellten Einrichtung in Linz (amerikanische Zone), wo DIDENKO angestellt werden könnte.

Am 30. Dezember 1946 verriet DIDENKO das Vaterland und floh auf die Seite der Amerikaner.

Nach der Flucht DIDENKOS lieferte KRAULAND OTTILLINGER der Anwerbung durch den amerikanischen Geheimdienst aus, indem er kompromittierende Angaben zur Neigung des sowjetischen Staatsbürgers zum Vaterlandsverrat machte.

Nachdem der Kontakt zu den offiziellen Mitarbeitern des amerikanischen Geheimdienstes in Wien, Oberst KRETZMANN und FRIEDINGER, hergestellt war, belieferte sie diese mit Informationen über die Wirtschaft Österreichs und ihr bekannte sowjetische Spezialisten der Verwaltung des sowjetischen Vermögens in Österreich – USIA. Sie lieferte Angaben über die Lage in den Unternehmen der USIA und die Beziehungen des österreichischen Ministeriums mit den sowjetischen Verwaltungsorganen in den Unternehmen.

Als sie als Beschuldigte nach Artikel 58-6 Ziffer 1 und 58-4 des Strafgesetzbuches der RSFSR verhört wurde, bekannte sich OTTILLINGER M. für schuldig.

Sie wird durch die Aussagen des zuvor festgenommenen Mitarbeiters des amerikanischen Geheimdienstes, FOKLER Alfred, überführt.

Auf Basis des Dargelegten <u>WIRD ANGEKLAGT</u>:

> OTTILLINGER Margarita, geboren 1919 in Wien, Österreicherin, österreichische Staatsangehörige, parteilos, mit Hochschulbildung, ledig, Sektionsleiterin im Ministerium für Vermögenssicherung und Wirtschaftsplanung Österreichs, wohnhaft in Steinbach 34/36 –

<u>IN FOLGENDEM PUNKT:</u> Sie leistete dem Bürger der UdSSR DIDENKO A.I. mit Unterstützung des amerikanischen Geheimdienstes Hilfe beim Vaterlandsverrat. Nachdem sie in der Folge selbst Kontakt zum amerikanischen Geheimdienst hergestellt hatte, lieferte sie seinen Vertretern Spionageinformationen über sowjetische Unternehmen in Österreich, d.h. wegen Verbrechen nach Artikel 58-6 Ziffer 1 und 58-4 des Strafgesetzbuches der RSFSR.

Begründet auf Artikel 208 der Strafprozessordnung der RSFSR und der Anordnung der 3. Hauptverwaltung des MGB der UdSSR ist der Untersuchungsakt Nr. 1636 zur Anklage von OTTILLINGER M. durch den Militärstaatsanwalt des Truppenteils 28990 zur Überprüfung an die Sonderkommission beim Ministerium für Staatssicherheit der Sowjetunion [OSO] zu übermitteln.

ICH WÜRDE VORSCHLAGEN:
Das Strafausmaß für OTTILLINGER Margarita mit 15 Jahren Besserungsarbeitslager festzulegen. Die bei OTTILLINGER M. beschlagnahmten 2740 Schilling, eine Armbanduhr und zwei Ringe aus gelbem Metall zu konfiszieren und den Staatseinnahmen zuzuführen.

Das Gutachten der Anklage wurde am „12." Jänner 1949 verfasst.

DER OBER-UNTERSUCHUNGSRICHTER DER SPIONAGEABWEHR DES MGB DES TRUPPENTEILS FELDPOST 32750 –

MAJOR *Larionov* [Unterschrift]

„EINVERSTANDEN"
DER LEITER DER ABTEILUNG SPIONAGEABWEHR
DES MGB DES TRUPPENTEILS FELDPOST 32750 –

OBERST *Aminov* [Unterschrift]

BESCHEINIGUNG:
1. Die Beschuldigte OTTILLINGER M. ist seit 6. November 1948 in Haft, sie ist im Durchgangsgefängnis der Spionageabwehr des MGB Feldpost 32750 inhaftiert.
2. Beweisgegenstände des Verbrechens gibt es im Akt nicht.

DER OBER-UNTERSUCHUNGSRICHTER DER SPIONAGEABWEHR DES MGB DES TRUPPENTEILS FELDPOST 32750

MAJOR *Larionov* [Unterschrift]

Protokoll des Verhörs

der Gefangenen OTTILLINGER Margarita Antonovna.
vom 9. November 1951
Beginn des Verhörs: 22.30 Uhr.

Frage: Haben Sie die Absicht auf die Frage, ob Ihnen Personen bekannt sind, die eine verbrecherische Tätigkeit gegen den sowjetischen Staat begangen haben, wahrheitsgetreue Aussagen zu machen?

Antwort: Ich wiederhole, dass mir keine Personen bekannt sind, die eine verbrecherische Tätigkeit gegen den sowjetischen Staat begangen haben. Andernfalls hätte ich sie bei der Untersuchung angegeben.

Frage: Sie lügen. Ihnen sind derartige Personen bekannt, doch Sie verheimlichen sie vor den Ermittlungsorganen.

Antwort: Nein, derartige Personen sind mir nicht bekannt.

Frage: Die Untersuchung verfügt über Angaben, dass Sie Spione verheimlichen, die in Österreich Spionagetätigkeit gegen die Sowjetunion durchgeführt haben. Wir meinen, Sie sollten das offen zugeben.

Antwort: Personen, die geheimdienstlich gegen die Sowjetunion arbeiten, sind mir nicht bekannt, abgesehen von FELDL, den ich, wie ich bereits früher ausgesagt habe, verdächtige, Verbindung zum amerikanischen Geheimdienst zu haben.
Nicht genug, dass die leibliche Schwester FELDLS mit einem amerikanischen Geheimdienstmann verheiratet war, es stellt sich heraus, dass FELDL selbst mit ihnen in einem Haus lebte, lediglich in verschiedenen Wohnungen.
Eine Verbindung zum Geheimdienst zu haben, freilich nicht zum amerikanischen, sondern zum französischen, verdächtige ich den Leiter der Transportabteilung des französischen Teils der Alliierten Kommission in Österreich.

Frage: Nennen Sie den Namen dieses Mannes?

Antwort: Seinen Nachnamen weiß ich nicht mehr. Er ist 45–50 Jahre alt, groß, brünett, ein Offizier der französischen Armee, wenn ich mich nicht irre, im Rang eines Obersten.

Frage: Worauf begründen sich Ihre Verdächtigungen über seine Verbindung zum französischen Geheimdienst?

Antwort: Im Oktober 1948 rief mich der Leiter der Transportabteilung des französischen Teils der Alliierten Kommission in Österreich im Ministerium an und bat mich um ein Treffen zu einer, wie er sich ausdrückte, wichtigen Frage. Ich empfing ihn in

Anwesenheit meines Referenten für Transportfragen Dr. KORWITSCH bei mir im Büro. Ich war erstaunt, als er mir plötzlich und unvermittelt folgende Fragen stellte: „Sagen Sie, welche geheimen bilateralen Vereinbarungen hat die österreichische Regierung mit den Russen in Transportfragen getroffen, und welche Maßnahmen planen Sie im Rahmen des MARSHALLPLANS für den Wiederaufbau der Eisenbahnlinien, die durch die russische Zone Österreichs führen?"

Frage: Was haben Sie dann darauf geantwortet?

Antwort: Erstens habe ich mein Erstaunen darüber geäußert, dass er die Fragen an mich stellt, weil sie nicht in mein Aufgabengebiet fallen; zweitens habe ich gesagt, dass ich nicht über derartige Informationen verfüge und habe ihm empfohlen, sich an die Alliierte Kontrollkommission zu wenden, worauf er überaus skeptisch reagierte. Eine solche Fragestellung von Seite dieses Mannes hat mich veranlasst anzunehmen, dass diese Informationen den französischen Geheimdienst interessieren, in dessen Auftrag er offenbar in der Annahme kam, dass ich sie ihm ohne Einwände geben würde. Somit ging er unverrichteter Dinge und ich habe ihn nie mehr getroffen.

Frage: All das ist wenig überzeugend und nicht so wichtig, solange Sie nicht konkrete Personen, die eine kriminelle Tätigkeit gegen die UdSSR ausüben, nennen.
Also, sagen Sie nun über diese aus?

Antwort: Mir bleibt nichts übrig, außer zu wiederholen, dass mir keine Personen bekannt sind, die eine verbrecherische Tätigkeit gegen die Sowjetunion durchführen. Wenn ich etwas über solche Personen wüsste, dann hätte ich jedenfalls über sie bei der Untersuchung ausgesagt.

Ende des Verhörs: 1.45 Uhr

Das Verhörprotokoll wurde mir vorgelesen und mit meinen Worten richtig niedergeschrieben.
(OTTILLINGER)

Verhörführer: Der Ass. des Leiters der Untersuchungsabteilung der 2. Hauptverwaltung des MGB der UdSSR

Hauptmann (ZOTOV)

Haftbeschluss

„ICH BESTÄTIGE"
DER STELLVERTRETER DES LEITERS DER 2. HAUPTVERWALTUNG DES MGB DER UDSSR

Oberst *Novik* [Unterschrift]

„11." Jänner 1952

BESCHLUSS
[vom] „11." Jänner 1952, Moskau.

Ich, der Leiter der 1. Unterabteilung der Untersuchungsabteilung der 2. Hauptverwaltung des MGB der UdSSR – Major OŽEREL'EV, habe nach Durchsicht der Unterlagen des Archiv-Untersuchungsaktes Nr. 1636 zur Anklage von OTTILLINGER Margarethe, geboren 1919 in Wien (Österreich), Österreicherin, österreichische Staatsbürgerschaft, mit Hochschulbildung, vor der Verhaftung Sektionsleiterin des Ministeriums für Vermögenssicherung und Wirtschaftsplanung Österreichs,

BEFUNDEN:
OTTILLINGER wurde 1948 von der Spionageabwehr des MGB des Truppenteils 32750 wegen Spionagetätigkeit verhaftet und zur strafrechtlichen Verantwortung gezogen.
Im Ermittlungsverfahren hat OTTILLINGER zugegeben, dass sie, in der Zeit, als sie im Ministerium für Wirtschaftsplanung in Österreich arbeitete, mit Organen des amerikanischen Geheimdienstes in Verbindung war, sie mit Spionageinformationen über die österreichische Wirtschaft, mit Nachrichten über sowjetische Offiziere und Fachkräfte, die in der Verwaltung des Sowjetischen Vermögens arbeiten, versorgt hat und auch den Vaterlandsverräter Ingenieur DIDENKO dabei unterstützte, aus dem sowjetischen Sektor Wiens in die amerikanische Besatzungszone zu fliehen.
Die verbrecherische Tätigkeit von OTTILLINGER wurde, abgesehen von ihren eigenen Eingeständnissen, durch die Aussagen des verhafteten amerikanischen Spions FOKLER Alfred bestätigt.
Mit der Entscheidung der Sonderkommission des MGB der UdSSR [OSO] vom 11. April 1949 wurde OTTILLINGER wegen Spionage zu 25 Jahren Besserungsarbeitslager verurteilt und verbüßte die Strafe in einem der Lager.
1950 wurde sie auf Anordnung der 2. Hauptverwaltung des MGB der UdSSR zum Verhör in einer anderen Sache nach Moskau überstellt.
Während sie sich im Gefängnis befand, beschwerte sich OTTILLINGER, dass sie während ihres Aufenthaltes im Lager als Wasserträgerin arbeiten musste. In Gesprä-

chen mit Zellen-Mithäftlingen erklärte sie, dass ihr irgendwie bekannt sei, dass die Untersuchungsorgane spezielle Informanten in die Zellen schleusen, von denen sie Informationen über das Verhalten der Gefangenen erhalten.

Im September 1951 erklärte OTTILLINGER im Gespräch mit der Gefangenen AMSTISLAWSKAJA A. A., die sie des Kontaktes mit dem MGB verdächtigte, dass sie, würde sie der Stellvertreter des Ministers empfangen und anhören, viel Interessantes über die Beziehungen von Russen, die in der Verwaltung des Sowjetischen Vermögens in Österreich arbeiteten, mit den Amerikanern berichten könne. Insbesondere ist ihr angeblich ein Mitarbeiter des MGB bekannt, der mit dem amerikanischen Heeresnachrichtendienst „CIC" in Verbindung steht.

OTTILLINGER beschwerte sich bei AMSTISLAVSKAJA, dass jetzt, da sie die russische Sprache erlernt habe und alles auf Russisch erklären könne, angeblich von niemandem mehr angehört werde und sie auch nicht die Möglichkeit habe, einen Antrag zu schreiben, damit sie von irgendeinem Chef vorgeladen werde.

Diese Informationen lagen vor, als OTTILLINGER zum Verhör gerufen wurde. Jedoch anstatt eine Aussage über ihr angeblich bekannte amerikanische Spione zu machen, stellte sie sofort einen Antrag, ihre Sache zu prüfen, mit der Begründung, dass damals bei der Untersuchung Ungereimtheiten in den Aufzeichnungen ihrer Aussagen zugelassen wurden und dass sie in Wirklichkeit angeblich keine Spionage durchgeführt hätte.

Gleichzeitig stellte sie eine Reihe von Anträgen auf Milderung ihrer Haftbedingungen, eine reichhaltigere Ernährung usw.

Für die Überprüfung ihres Falles reichte OTTILLINGER am 30.12.1951 auch eine schriftliche Beschwerde ein.

Auf die Frage, wer ihr von jenen Russen, die in Österreich arbeiten und mit den Organen des amerikanischen Geheimdienstes in Verbindung stehen, bekannt ist, erklärte OTTILLINGER, dass sie solche Personen nicht gekannt hat und nicht kennt.

Auf diese Weise machte OTTILLINGER keine Aussagen bezüglich der Verbindungen von Vertretern der sowjetischen Verwaltung in Österreich mit dem amerikanischen Geheimdienst.

Ein Grund für die Überprüfung der Entscheidung der Sonderkommission des MGB der UdSSSR [OSO] in ihrer Sache besteht nicht.

In Anbetracht des Dargelegten habe ich –

BESCHLOSSEN:

Die Gefangene OTTILLINGER Margarita, als amerikanische Spionin, zur weiteren Verbüßung der Strafe in ein Sonderbesserungsarbeitslager zu überstellen, ohne ihrer Beschwerde auf Überprüfung des Urteils der Sonderkommission beim MGB der

UdSSR [OSO] stattzugeben.
Der Akt wird zur Aufbewahrung ins Archiv der Abteilung „A" des MGB der UdSSR[11] übergeben.

DER LEITER DER 1. UNTERABTEILUNG DER UNTERSUCHUNGSABTEILUNG DER 2. HAUPTVERWALTUNG DES MGB DER UDSSR
Major *Ožerel'ev* [Unterschrift]

DER STELLVERTRETER DES LEITERS DER UNTERSUCHUNGSABTEILUNG DER 2. HAUPTVERWALTUNG DES MGB DER UDSSR
Oberst – *Maklakov* [Unterschrift]

Beschwerde

An das Innenministerium der UdSSR

Von der Gefangenen Ottillinger Margarita Antonowna, geboren 1919, Nationalität: Österreich, österreichische Staatsangehörigkeit, wohnhaft in Steinbach, nahe Wien, verhaftet am 5. November 1948, verurteilt von der Sonderkommission beim MGB der UdSSR [OSO] vom 13.5.1949 nach Artikel 58 Paragraph 4 und 6 zu 25 Jahren Besserungsarbeitslager.
Mit einem ergänzenden Beschluss der Sonderkommission [OSO] wurde 1952 die nicht verbüßte Strafe durch eine Gefängnishaft ersetzt.

BESCHWERDE
Ich wende mich mit der Bitte an Sie, meinen Fall zu überprüfen, weil ich das Urteil nach Artikel 58, Paragraph 4 und 6, gegen mich als absolut falsch erachte.

I. Man beschuldigt mich nach Artikel 58-4 als Komplizin der verräterischen Handlung des Sowjetbürgers Ingenieur Didenko. Ich weise diese Beschuldigung zurück und protestiere gegen die Untersuchung, die aus meinen eigenen Aussagen über die dienstlichen und persönlichen Beziehungen zu Ingenieur Didenko die Sache so darlegt, als ob ich seine Flucht begünstigt hätte.
Ich wusste nichts über seine Absicht zu fliehen und sein Vaterland zu verraten.
Ich habe Ingenieur Didenko im Frühjahr 1946 kennengelernt, als ich in der Organisation für Schwerindustrie arbeitete. Ingenieur Didenko war der Vertreter des Obersten Kommissars für Schwerindustrie. Ab August 1946 begann ich im Planungsministerium als Beraterin für die Angelegenheiten der Industrie zu arbeiten. Hier wurde ich vom Minister beauftragt, Vorverhandlungen mit Vertretern der russischen Besatzungsmacht in Österreich über die Verbesserung der gegenseitigen wirtschaftlichen Beziehungen und über den Abschluss eines Sondervertrags für Erdöl zu führen. Diese Verhandlungen führte ich mit Ingenieur Kulagin, einem Vertreter der Sowjetunion in der Kommission für den Abschluss eines Friedensvertrages mit Österreich. Die Verhandlungen wurden größtenteils durch Vermittlung von Ingenieur Didenko etwa bis Dezember geführt, bis er mir mitteilte, dass er auf Urlaub fahre. In Wirklichkeit versteckte er sich, wie sich später herausstellte, und verriet sein Vaterland.
Ich unterstützte nicht nur seine Flucht nicht, vielmehr war ein möglicher Verrat der geführten Verhandlungen durch ihn für das Ministerium und für mich persönlich äußerst unerwünscht, weil ein Teil der österreichischen Regierung und besonders die amerikanische Besatzungsmacht gegen den Abschluss eines Vertrages für Erdöl mit der Sowjetunion waren.

II. Gegen die Beschuldigung nach Artikel 58 Absatz 6 wegen Spionage zu Gunsten des amerikanischen Geheimdienstes protestiere ich ebenfalls entschieden. Ich stand niemals im Dienst des amerikanischen Geheimdienstes, noch irgendeines anderen.
Die einzige Grundlage für eine derartige Beschuldigung sind die Aussagen Voglers. Vogler sagte aus, dass er bei einem Bankett, das extra für Mitarbeiter des amerikanischen Geheimdienstes organisiert wurde, gehört habe, wie der Amerikaner Friedinger sagte: „Ottillinger funktioniert nicht mehr und liefert uns keine Russen." Daraus zog Vogler selbst den Schluss, dass Ottillinger russische Offiziere überredet habe, ihr Vaterland zu verraten. Ich erfuhr erst vor kurzem, dass sich hinter dem Nachnamen Vogler Dr. Müller verbirgt, der im gleichen Planungsministerium wie ich arbeitete. Mit Dr. Müller hatte ich ein rein dienstliches Verhältnis. Über seine Zugehörigkeit zum amerikanischen Geheimdienst wusste ich nichts. Die Aussagen von Vogler-Müller, dass er mit mir nicht bekannt sei, sind eine Lüge, und jene bezüglich des „speziellen" Banketts erscheinen auch wenig glaubwürdig.

III. Von Anfang 1947 bis zu meiner Verhaftung arbeitete ich als Leiterin der Planungssektion des Planungsministeriums. Bei meiner Arbeit nahm ich in Bezug auf die sowjetische Besatzungsmacht in Österreich nie eine feindliche Haltung ein. Wenn bei meinem Untersuchungsverfahren besondere Experten involviert gewesen wären, die mit der wirtschaftlichen Lage Österreichs vertraut gewesen wären, dann hätten sie dies leicht in allen Aktionen meiner Arbeit feststellen können. Beispielsweise beschuldigt man mich der Übergabe von Spionageinformationen an den amerikanischen Geheimdienst, aber [nicht lesbar] legte die entsprechenden Zahlen vor. Unterdessen wurden diese Angaben für die Verhandlungen für einen Friedensvertrag mit Österreich benötigt und waren durchaus keine Spionageinformationen.

IV. Abschließend bringe ich die Beschwerde über eine falsche Durchführung meiner Untersuchung vor, die sich im Folgenden zeigt:
1. Den Umstand ausnützend, dass ich die sowjetischen Gesetze nicht kannte, erklärte mir die Untersuchung meine Anklagepunkte nicht richtig. Mir wurde erklärt, dass Paragraph 6 ein so genannter „Rahmenparagraph" sei, durch den sie das Recht haben, österreichische Staatsangehörige festzunehmen und zu verhören, mir wurde jedoch nicht erklärt, dass dieser Punkt Spionage bedeutet. Davon erfuhr ich erst im Durchgangsgefängnis, bereits nach dem Abschluss der Untersuchung.
2. Da ich die russische Sprache überhaupt nicht beherrschte, bat ich die Protokolle auf Deutsch zu führen. Dies wurde mir verweigert. So wurden die Protokolle in russischer Sprache geführt und ihr Sinn wurde mir nur mündlich durch einen Übersetzer weitergegeben. Daher wurden viele Fakten, die von mir berichtet wurden, falsch dargelegt. Davon konnte ich mich in Moskau überzeugen, als mir Auszüge

aus meinen Aussagen auf Russisch vorgelesen wurden. Der russischen Sprache nun mächtig, verstand ich, dass die Protokolle nicht richtig verfasst sind.
3. Man gewährte mir keine Gegenüberstellung mit meinem einzigen Ankläger – Vogler-Müller.
4. Während der gesamten Untersuchung sah ich nicht einmal einen Staatsanwalt, an den ich mich mit einer Beschwerde wegen der Untersuchungsführung hätte wenden können.
5. Nach Abschluss der Untersuchung hatte ich keine Möglichkeit, meinen Akt durchzulesen, weil er auf Russisch geschrieben war (Der Untersuchungsrichter zeigte mir lediglich die Mappe und sagte: „Das ist Ihr Akt".) und ich unterschrieb den Akt, ohne ihn gelesen zu haben, nur als Zeichen dafür, wie mir der Untersuchungsrichter sagte, dass die Untersuchung abgeschlossen ist.

Ich bin der Ansicht, dass alles oben Dargelegte mir das Recht gibt, Sie um eine Überprüfung meiner Sache zu bitten.

Ottillinger
27.5.1953

Anmerkungen zu den Verhörprotokollen

1. Die Aussagen in den Verhörprotokollen sind größter Quellenkritik zu unterziehen, hinsichtlich Übersetzung, sowjetischer Festlegungen, den repressiven Umständen, unter denen sie zustande kamen, und den Verhörmethoden des MGB. Margarethe Ottillinger wird in verschiedenen Schreibweisen wiedergegeben, meist als „Margarita Ottilinger". – Unterstreichungen sind auch im Original unterstrichen, Großschreibungen im Original wurden beibehalten.
2. Ottillinger hatte 1947 einen Antrag auf ÖVP-Mitgliedschaft eingereicht (ÖAAB).
3. Aminow, Oberst, Leiter der Untersuchungsabteilung der Spionageabwehr des Truppenteils 32750, Vorgesetzter von Major Prichodko. – Die Unterstreichungen in den folgenden Beilagen sind im Original durch MGB-Untersuchungsrichter eingefügt worden.
4. Im Folgenden ist „englisch" mit „britisch" gleichzusetzen, z. B. britische Zone.
5. Im Folgenden wird, wie im russischen Originaltext, der Terminus „Demarkationslinie" beibehalten, obwohl es sich um eine Zonengrenze handelte.
6. Kretzmann, wird in verschiedenen Schreibweisen wiedergegeben, meist als „Krečman" oder „Krečmen"
7. Friediger, wird meist als „Fridinger" oder „Friedinger" wiedergegeben.
8. Dieser Satz ist am Rand mit einem Fragezeichen versehen.
9. Im Folgenden ist „amerikanisch" mit „US-amerikanisch" gleichzusetzen, z. B. US-Zone, US-Armee, US-Geheimdienst.
10. Alfred Fockler/„Vogler" wird im russischen Original als „Fokler" wiedergegeben.
11. Die Abteilung A des MGB war für das Archivwesen zuständig.

Abkürzungsverzeichnis

ASSR	Autonome Sozialistische Sowjetrepublik
AVP	„Archiv vnešnej politiki" = „Archiv für Außenpolitik"
BM	Bundesministerium
BMI	Bundesministerium für Inneres
CA	„Central'nyj archiv" = „Zentralarchiv"
CGV	„Central'naja gruppa vojsk" = „Zentrale Gruppe der Streitkräfte"
CIC	„Counter Intelligence Corps"
CIP	Catholic International Press Service Centers für Informationen „Pro Deo"
ERP	„European Recovery Programme"
ESD	„External Survey Division"
FSB	„Federal'naja služba bezopasnosti" = „Föderaler Sicherheitsdienst"
G-2	„General Headquarters Section 2 (Intelligence)"
GKO	„Gosudarstvennyj komitet oborony" = „Staatskomitee für Verteidigung"
GULAG	„Glavnoe upravlenie lagerej" = „Hauptverwaltung für Lager"
ICB	Intelligence Coordination Branch"
ITL	„Ispravitel'no-trudovyj lager'" = „Besserungs-Arbeitslager"
KGB	„Komitet gosudarstvennoj bezopasnosti" = „Komitee für Staatssicherheit"
KPdSU	Kommunistische Partei der Sowjetunion
KPÖ	Kommunistische Partei Österreichs
LD-Verfahren	Linz-Donawitz-Verfahren
MGB	„Ministerstvo gosudarstvennoj bezopasnosti" = „Ministerium für Staatssicherheit"
MVD	„Ministerstvo vnutrennich del" = „Ministerium für innere Angelegenheiten"
NARA	„National Archives and Records Administration"
NATO	„North Atlantic Treaty Organisation"
NKGB	„Narodnyj kommissariat gosudarstvennoj bezopasnosti" = „Volkskommissariat für Staatssicherheit"
NKVD	„Narodnyj kommissariat vnutrennich del" – „Volkskommissariat für innere Angelegenheiten"
Obst.	Oberst
Obstlt.	Oberleutnant
ODI	„Office of Director of Intelligence"
OGPU	„Ob'edinennoe gosudarstvennoe političeskoe upravlenie" = „Vereinigte staatliche politische Verwaltung"

OMV	Österreichische Mineralölverwaltung
OSO	„Osoboe soveščanie" = „Sonderkommission"
OSS	„Office of Strategic Services"
ÖStA	Österreichisches Staatsarchiv
PIO	„Prisoner of War Interrogation Office"
POLAD	„Office of the Political Advisor"
RF	„Rossijskaja federacija" = „Russische Föderation"
RG	„Record Group"
RGASPI	„Rossijskij gosudarstvennij archiv social'no-političeskoj istorii" = „Russisches Staatsarchiv für sozial-politische Geschichte"
RGVA	„Rossijskij gosudarstvennyj voennyj archiv" = „Russisch-Staatliches Militärarchiv"
RSFSR	Russische Sozialistische Föderative Sowjetrepublik
SD	Sicherheitsdienst des Reichsführers SS
SMV	Sowjetische Mineralölverwaltung
SSU	„Strategic Services Unit"
StGB	Strafgesetzbuch
UFSIN	„Upravlenie Federal'noj služby ispolnenija nakazanij" = „Verwaltung des Föderalen Dienstes für den Strafvollzug der Russischen Föderation"
UKR	„Upravlenie kontrrazvedki" = „Verwaltung für Gegenspionage"
UNRWA	„United Nations Relief and Works Agency for Palestine Refugees in the Near East"
USACA	„United States Allied Commission of Austria"
USIA	„Upravlenie sobetskim imuščestvom v Avstrii" = „Verwaltung des sowjetischen Vermögens in Österreich"
VČK	„Vserossijskaja črezvyčajnaja kommissija po bor'be s kontrrevoljuciej i sabotažem" = „Allrussische Sonderkommission zum Kampf gegen die Konterrevolution und Sabotage"
ZK	Zentralkomitee

Quellenverzeichnis

Archiv der Wirtschaftskammer Steiermark, Graz:
    Personalakten

Archiv des Ludwig Boltzmann-Instituts für Kriegsfolgen-Forschung (AdBIK), Graz:
    Datenbank verurteilter österreichischer Zivilisten in der UdSSR.
    Sammlung Ingrid Meixner.

Archiv für Außenpolitik der Russischen Föderation (AVP RF), Moskau:
    F. 066 – Bestand Österreich.

Bundesarchiv Berlin:
    BDC-Unterlagen. NSDAP-Mitgliederkartei.

National Archives and Records Administration (NARA), Washington D.C.:
    RG 84 – Records of the Foreign Service Posts of the Department of State.
    RG 226 – Records of the Office of Strategic Services (OSS)
    RG 263 – Records of the Central Intelligence Agency (CIA).

Oral History-Archiv des Instituts für Wirtschafts-, Sozial- und Unternehmensgeschichte, Universität Graz (OHA-WISOG):
    Kopien der Tonbandgespräche M. Ottillingers mit Stefan Karner 1992.

Österreichisches Staatsarchiv (ÖStA), Wien:
    AVA, E/1737 (Nachlass Ottillinger).
    BMI, Landessicherheitsdirektion NÖ, Berichte.
    BMI, Verschlussakten, Akt Alfred Fockler.
    Österreich 15.

Privatbestand Karner:
    Sammlung M. Ottillinger (auch alle Fotos, wenn nicht anders angegeben)
    Tonbandgespräche mit M. Ottillinger 1992.

Russisch-Staatliches Archiv für sozial-politische Geschichte (RGASPI), Moskau:
    F. 17, op. 127 – Verwaltung für Kader des ZK der VKP(b).

Russisch-Staatliches Militärarchiv (RGVA), Moskau:
    F. 460 – Personalakten österreichischer Kriegsgefangener in der Sowjetunion.
    F. 461 – Personalakten österreichischer Zivilverurteilter in der Sowjetunion.

Staatsarchiv der Russischen Föderation (GARF), Moskau:
    F. 7523 – Unterlagen des Obersten Sowjet der UdSSR

Zentralarchiv des FSB (CA FSB), Moskau:
    AUKR, MGB CGV, Personalakten.
    K-106182, Akt M. Ottillinger.

Literaturverzeichnis

Christopher Andrew – Oleg Gordiewsky, KGB. Die Geschichte seiner Auslandsoperationen von Lenin bis Gorbatschow. München 1990.

Anne Applebaum, GULAG. A history of the Soviet camps. London 2003.

Dieter Bacher – Philipp Lesiak – Kateřina Lozoviuková, Wissen ist (ökonomische) Macht. Aspekte der Wirtschaftsspionage in Österreich während der ersten Hälfte des Kalten Krieges 1945–1969, in: Gerald Schöpfer – Barbara Stelzl-Marx (Hg.), Wirtschaft.Macht.Geschichte. Brüche und Kontinuitäten im 20. Jahrhundert. Festschrift Stefan Karner. Graz 2012, S. 419–435.

Brigitte Bailer-Galanda, „Schauen Sie, das Ungeordnete ist natürlich schlimmer wie das Geordnete": Skizze zu Walther Kastner, Jurist und Staatsbediensteter für Diktatur und Demokratie, in: Michael Pammer (Hg.), Erfahrung der Moderne. Festschrift für Roman Sandgruber zum 60. Geburtstag. Stuttgart 2007, S. 289–300.

Siegfried Beer, Die Geheimdienste im besetzten Österreich, in: Gerhard Jagschitz – Stefan Karner (Hg.), Menschen nach dem Krieg – Schicksale 1945–1955. Schallaburg – Innsbruck 1995, S. 40–44.

Siegfried Beer, Monitoring Helmer. Zur Tätigkeit des amerikanischen Armeegeheimdienstes CIC in Österreich 1945–1950. Eine exemplarische Dokumentation, in: Emil Brix – Thomas Fröschl – Josef Leidenfrost (Hg.), Geschichte zwischen Freiheit und Ordnung. Gerald Stourzh zum 60. Geburtstag. Graz – Wien – Köln 1991, S. 229–234.

Siegfried Beer, Nachrichten- und Geheimdienste in Österreich, 1945–1955, in: Stefan Karner – Gottfried Stangler (Hg.), „Österreich ist frei!". Der Österreichische Staatsvertrag 1955. Beitragsband zur Ausstellung auf Schloss Schallaburg 2005. Horn – Wien 2005, S. 221–226.

Siegfried Beer, Von Alfred Redl zum „Dritten Mann". Österreich und ÖsterreicherInnen im internationalen Geheimdienstgeschehen 1918–1947, in: GuG 16/1997, S. 3–25.

Siegfried Beer, Wien in der frühen Besatzungszeit. Erkundungen des US-Geheimdienstes OSS/SSU im Jahre 1945. Eine exemplarische Dokumentation, in: Studien zur Wiener Geschichte. Jahrbuch d. Vereins für Geschichte der Stadt Wien 51 (1995), S. 35–92.

Csaba Békés – László Borhi – Peter Ruggenthaler – Ottmar Trașcă, Soviet Occupation of Romania, Hungary, and Austria 1944/45–1948/49. Budapest – New York 2015.

Ernst Bezemek – Otto Klambauer, USIA und USIA-Betriebe in Niederösterreich: Geschichte, Organisation, Dokumentation. Studien und Forschungen aus dem NÖ Institut für Landeskunde, Bd. 5. Wien 1983.

Vadim J. Birstein. Smersh. Stalin's Secret Weapon. Soviet Military Intelligence in WWII. London 2011.

Günter Bischof – Anton Pelinka – Dieter Stiefel, The Marshall Plan in Austria. Contemporary Austrian Studies, Vol. 8. New Brunswick 2000.

Günter Bischof – Dieter Stiefel (Hg.), „80 Dollar". 50 Jahre ERP-Fonds und Marshall-Plan in Österreich 1948–1998. Wien – Frankfurt 1999.

Günter Bischof, Austria in the First Cold War, 1945–1955. The Leverage of the Weak. New York 1999.

Gebr. Böhler & Co AG (Hg.), 1870–1970. 100 Jahre Böhler Edelstahl. Wien 1970.

Peter Böhmer, Wer konnte, griff zu. „Arisierte" Güter und NS-Vermögen im Krauland-Ministerium (1945–1949). Wien – Köln – Weimar 1999.

Ernst Bruckmüller (Hg.), Österreich-Lexikon. Wien 2001.

Caterina Carsten, Der Fall Ottillinger. Eine Frau im Netz politischer Intrigen. Wien – Freiburg – Basel 1983.

Vasilij S. Christoforov, Istorija sovetskich organov gosbezopasnosti. 1917–1991gg. Učebnoe posobie [Die Geschichte der Organe der sowjetischen Staatssicherheit 1917–1991. Ein Lehrbehelf]. Moskau 2015.

Vasilij S. Christoforov, Istorija strany v dokumentach archivov FSB Rossii. Sbornik stat'ej i materialov [Die Geschichte des Landes in den Archivdokumenten des FSB Russlands. Eine Sammlung von Beiträgen und Materialien]. Moskau 2013.

Vasilij S. Christoforov, Kalter Krieg und sowjetische Spionageabwehr in Österreich. Todesurteile im Spiegel von Archivdokumenten, in: Stefan Karner – Barbara Stelzl-Marx (Hg.), Stalins letzte Opfer. Verschleppte und erschossene Österreicher in Moskau 1950–1953, Wien – München 2009, S. 141–155.

Vasilij S. Christoforov, Organy gosbezopasnosti SSSR v 1941–1945 gg. [Die Organe der Staassicherheit der UdSSR 1941–1945]. Moskau 2011.

Compass. Wien 1948ff.

Donskoj stavropigial'nyj mužskoj monastyr' [Das Donskoj Stauropegia Mönchskloster]. Moskau 2014.

Arno Einwitschläger, Amerikanische Wirtschaftspolitik in Österreich 1945–1949. Wien – Köln – Graz 1986.

Stefan Eminger – Ernst Langthaler (Hg.), Sowjets – Schwarzmarkt – Staatsvertrag. Stichwörter zu Niederösterreich 1945–1955. St. Pölten – Wien – Linz 2005.

Michael Gehler, Vom Marshall-Plan bis zur EU. Österreich und die europäische Integration von 1945 bis zur Gegenwart. Innsbruck 2006.

Karl Gruber, Meine Partei ist Österreich. Privates und Diplomatisches. Wien – München 1988.

Walter Iber, Die Sowjetische Mineralölverwaltung in Österreich. Zur Vorgeschichte der OMV 1945–1955. Veröff. d. L. Boltzmann-Instituts f. Kriegsfolgen-Forschung, hg. von Stefan Karner, Bd. 15. Innsbruck – Wien – Bozen 2011.

Walter M. Iber – Peter Ruggenthaler, Sowjetische Wirtschaftspolitik im besetzten Österreich. Ein Überblick, in: Walter M. Iber – Peter Ruggenthaler (Hg.), Stalins Wirtschaftspolitik an der sowjetischen Peripherie. Ein Überblick auf der Basis sowjetischer und osteuropäischer Quellen. Veröff. d. L. Boltzmann-Instituts f. Kriegsfolgen-Forschung, hg. von Stefan Karner, Bd. 19. Innsbruck – Bozen – Wien 2011, S. 187–207.

Harald Irnberger, Nelkenstrauß ruft Praterstern. Am Beispiel Österreich: Funktion und Arbeitsweise geheimer Nachrichtendienste in einem neutralen Staat. Wien 1981.

Stefan Karner (Hg.), Auf den Spuren Wallenbergs. Veröff. d. L. Boltzmann-Instituts f. Kriegsfolgen-Forschung, hg. von Stefan Karner, Bd. 28. Innsbruck – Wien – Bozen 2015.

Stefan Karner, Die Eingliederung der österreichischen Montanindustrie in die deutsche Kriegsrüstung: Die Alpine Montan 1938–1945, in: Der Anschnitt 1/1981, S. 17–30.

Stefan Karner, Die MGB-Akte Joachim Gauck sen., in: FAZ, v. 12.3.2012, S. 7.

Stefan Karner, Die österreichische Alpine Montangesellschaft. Ihre Eingliederung in die Reichswerke Hermann Göring und in die deutsche Kriegsrüstung, in: Geschichte des Erzberggebietes. Leoben 1979, S. 105–131.

Stefan Karner – Barbara Stelzl-Marx (Hg.), Die Rote Armee in Österreich. Sowjetische Besatzung 1945–1955. Beiträge. Veröff. d. L. Boltzmann-Instituts f. Kriegsfolgen-Forschung, hg. von Stefan Karner, Sdbd. 4. Graz – Wien – München 2005.

Stefan Karner – Barbara Stelzl-Marx – Alexander Tschubarjan (Hg.), Die Rote Armee in Österreich. Sowjetische Besatzung 1945–1955. Dokumente (russisch und deutsch). Veröff. d. L. Boltzmann-Instituts f. Kriegsfolgen-Forschung, hg. von Stefan Karner, Sdbd. 5. Graz – Wien – München 2005.

Stefan Karner, Die Steiermark im Dritten Reich 1938–1945. 3. Aufl., Graz 1994.

Stefan Karner (Hg.), Geheime Akten des KGB. „Margarita Ottilinger". Graz 1992.

Stefan Karner, HALT! Tragödien am Eisernen Vorhang. Die Verschlussakten. Salzburg 2013.

Stefan Karner, Im Archipel GUPVI. Kriegsgefangenschaft und Internierung in der Sowjetunion 1941–1956. Kriegsfolgen-Forschung, Bd. 1. Wien – München 1995.

Stefan Karner – Gottfried Stangler (Hg.), „Österreich ist frei!" Der Österreichische Staatsvertrag 1955. Horn – Wien 2005.

Stefan Karner, Österreicher in der Sowjetunion 1941–1956. Unter besonderer Berücksichtigung der österreichischen Kriegsgefangenen, in: Arnold Suppan – Gerald Stourzh – Wolfgang Mueller (Hg.), Der österreichische Staatsvertrag 1955. Internationale Strategie, rechtliche Relevanz, nationale Identität. AföG, Bd. 10. Wien 2005, S. 163–194.

Stefan Karner, Österreichs Wirtschaft unter sowjetischer Besatzung 1945–1955. Ansätze zu einem Überblick, in: Karl Hardach (Hg.), Intern. Studien z. Geschichte v. Wirtschaft und Gesellschaft. Teil 1. Frankfurt am Main 2012.

Walther Kastner, Mein Leben – kein Traum. Aus dem Leben eines österreichischen Juristen. Wien 1995.

Herbert Killian, Geraubte Jahre. Ein Österreicher verschleppt in den GULAG. Wien 2005.

Herbert Killian, Geraubte Freiheit. Ein Österreicher verschollen in Nordostsibirien. Berndorf 2008.

Herbert Killian, Geraubte Jugend. Ein Österreicher kehrt zurück aus Sibirien. Berndorf 2010.

Otto Klambauer, Die USIA-Betriebe. 2 Bde. Phil. Diss. Uni-Wien 1978.

Otto Klambauer, Staat im Staate. Sowjetisches Vermögen in Österreich 1945–1955, in: Stefan Karner – Gottfried Stangler (Hg.), „Österreich ist frei!" Der Österreichische Staatsvertrag 1955. Unter Mitarbeit von Peter Fritz und Walter Iber. Horn – Wien 2005, S. 182–189.

Harald Knoll – Peter Ruggenthaler, Biographische Skizzen zur sowjetischen Besatzungszone in Österreich 1945-1955. Eine Auswahl, in: Stefan Karner – Barbara Stelzl-Marx – Alexander Tschubarjan (Hg.), Die Rote Armee in Österreich. Sowjetische Besatzung 1945–1955. Dokumente (russisch und deutsch). Graz – Wien – München 2005.

Harald Knoll – Barbara Stelzl-Marx, Die Fälle Marek und Kiridus. Zur sowjetischen Strafjustiz in Österreich, in: Stefan Karner – Gottfried Stangler (Hg.), „Österreich ist frei!" Der Österreichische Staatsvertrag 1955. Horn – Wien 2005, S. 143–147.

Harald Knoll – Barbara Stelzl-Marx, Sowjetische Strafjustiz in Österreich. Verhaftungen und Verurteilungen 1945-1955, in: Stefan Karner – Barbara Stelzl-Marx (Hg.), Die Rote Armee in Österreich. Sowjetische Besatzung 1945–1955. Beiträge. Graz – Wien – München 2005.

Harald Knoll – Barbara Stelzl-Marx, Wir mussten hinter eine sehr lange Liste von Namen einfach das Wort „verschwunden" schreiben: Sowjetische Strafjustiz in Österreich 1945-1955, in: Andreas Hilger – Mike Schmeitzner – Clemens Vollnhals (Hg.), Sowjetisierung oder Neutralität? Optionen sowjetischer Besatzungspolitik in Deutschland und Österreich 1945–1955. Göttingen 2006, S. 169–219.

Aleksandr I. Kokurin – Nikita V. Petrov (Hg.), Gulag (Glavnoe upravlenie lagerej) 1917–1960 [Gulag (Die Hauptverwaltung der Lager) 1917–1960]. Moskau 2000.

Aleksandr I. Kokurin – Nikita V. Petrov, Lubjanka. Organy VČK–OGPU–NKVD–NKGB–MGB–MVD–KGB 1917 1991. Spravočnik [Lubjanka. Die Organe der VČK–OGPU–NKVD–NKGB–MGB–MVD–KGB 1917 1991. Ein Handbuch]. Moskau 2003.

Julia Kopetzky, Die „Affäre Krauland". Ursachen und Hintergründe des ersten großen Korruptionsskandals der Zweiten Republik. DA Uni-Wien 1977.

Hans Jörg Köstler (Red.), Werk Donawitz, Entwicklung und Umfeld 50 Jahre LD-Verfahren. Donawitz 2002.

Andreas Kötznig – Francesca Weil – Mike Schmeitzner – Jan Erik Schulte (Hg.), Vergleich als Herausforderung. Festschrift zum 65. Geburtstag von Günter Heydemann. Schriften des Hannah Arendt-Instituts, Bd. 57. Göttingen 2015.

Herbert Lackner, Des Ministers Geheimnis, in: Profil, Nr. 40, v. 28.9.1992, S. 32f.

Rudolf Lehr, Landeschronik Oberösterreich. Linz 2012.

Vjačeslav M. Lur'e – Valerij Ja. Kočik, GRU. Dela i ljudi [GRU. Aktionen und Personen]. St. Petersburg 2002.

Wilfried Mähr, Der Marshall-Plan in Österreich. Wien 1989.

Hans Malzacher, Aus meinem Berufsleben. Villach 1975.

Hans Malzacher, Begegnungen auf meinem Lebensweg. 2 Bde. Villach 1967 und 1971.

Franz Mathis, Big Business in Österreich I und II. Wien – München 1987 und 1990.

Walter Mentzel, Helmer Oskar, in: Stefan Eminger – Ernst Langthaler (Hg.), Sowjets – Schwarzmarkt – Staatsvertrag. Stichwörter zu Niederösterreich 1945–1955. St. Pölten – Wien – Linz 2005, S. 62–66.

Wolfgang Mueller, Die sowjetische Besatzung in Österreich 1945–1955 und ihre politische Mission. Wien – Köln – Weimar 2005.

Jurij Orlov – Aleksandr Svjagincev, Prokurory dvuch epoch. Andrej Vyšinskij i Roman Rudenko [Staatsanwälte zweier Epochen. Andrej Vyšinskij und Roman Rudenko]. Moskau 2001.

Nikita Petrov, Die Todesstrafe in der UdSSR. Ideologie, Methoden, Praxis, in: Andreas Hilger (Hg.), „Tod den Spionen!" Todesurteile sowjetischer Gerichte in der SBZ/DDR und in der Sowjetunion 1953. Berichte und Studien, Bd. 51. Göttingen 2006, S. 37–77.

Nikita V. Petrov, Kto rukovodil organami gosbezopasnosti 1941–1954 [Wer leitete die Organe der Staatssicherheit 1945–1954]. Moskau 2010.

Nikita V. Petrov – Konstantin V. Skorkin, Kto rukovodil NKVD 1934–1941. Spravočnik [Wer leitete den NKVD 1934–1941]. Moskau 1999.

Nikita Petrov, Zwei große Brüder. Berijas Günstlinge Bogdan und Amjak Kobulov als typische Tschekisten, in: Gerald Schöpfer – Barbara Stelzl-Marx (Hg.), Wirtschaft.Macht.Geschichte. Festschrift Stefan Karner. Graz 2012, S. 477–494.

Edith Petschnigg, Stimmen aus der Todeszelle. Kurzbiografien der Opfer: Alfred Fockler, in: Stefan Karner – Barbara Stelzl-Marx (Hg.), Stalins letzte Opfer. Verschleppte und erschossene Österreicher in Moskau 1950–1953. Unter Mitarbeit von Daniela Almer, Dieter Bacher und Harald Knoll. Wien – München 2009, S. 368–370.

Peter Pirker, Subversion deutscher Herrschaft: der britische Kriegsgeheimdienst SOE und Österreich. Göttingen 2012.

Anatolij St. Prokopenko, Bezumnaja psichiatrija o primenenii v SSSR psichiatriji v karatel'nych celjach [Die wahnsinnige Psychiatrie. Geheime Materialien über die Anwendung der Psychiatrie in der UdSSR im Strafvollzug]. Moskau 1997.

Anatolij St. Prokopenko, „Lekari" duši. O nravach v rossijskoj psichiatrii [Die „Heiler" der Seele. Über die Arten der russischen Psychiatrie]. Moskau 2005.

Oliver Rathkolb (Hg.), NS-Zwangsarbeit: Der Standort Linz der „Reichswerke Hermann Göring AG Berlin" 1938–1945, 2 Bde. Wien 2001.

Manfried Rauchensteiner, Der Sonderfall. Die Besatzungszeit in Österreich 1945 bis 1955. Graz 1995.

Manfried Rauchensteiner, Zwischen den Blöcken: NATO, Warschauer Pakt und Österreich. Wien 2010.

Arsenij Roginskij – Jörg Rudolph – Frank Drauschke – Anne Kaminsky (Hg.), „Erschossen in Moskau …" Die deutschen Opfer des Stalinismus auf dem Moskauer Friedhof Donskoje 1950–1953. Berlin 2005.

Arsenij Roginskij, Nach der Verurteilung. Der Donskoe-Friedhof und seine österreichischen Opfer, in: Stefan Karner – Barbara Stelzl-Marx (Hg.), Stalins letzte Opfer. Verschleppte und erschossene Österreicher in Moskau 1950–1953. Unter Mitarbeit von Daniela Almer, Dieter Bacher und Harald Knoll. Wien – München 2009, S. 97–139.

Žak Rossi, Spravočnik po GULAGu [Handbuch des Gulag]. 2 Bde. Moskau 1991.

Peter Ruggenthaler, The Role of Neutrality in Stalin's Foreign Policy, 1945–53. Harvard Cold War Studies Book Series. Lanham 2015.

Hans Safrian – Hans Witek, Und keiner war dabei: Dokumentation des alltäglichen Antisemitismus in Wien 1938. Wien 1988.

Roman Sandgruber, Das 20. Jahrhundert. Geschichte Österreichs. Wien 2003.
Erwin A. Schmidl (Hg.), Österreich im frühen Kalten Krieg 1945–1958. Spione, Partisanen, Kriegspläne. Wien – Köln – Weimar 2000.
Michael C. Schober, Die Geschichte des LD-Verfahrens. Eine Entwicklung, die die Welt veränderte. Voestalpine AG. Linz 2012.
Ingeborg Schödl, Im Fadenkreuz der Macht. Das außergewöhnliche Leben der Margarethe Ottillinger. 2. Aufl. 2004.
Gerald Schöpfer – Barbara Stelzl-Marx (Hg.), Wirtschaft.Macht.Geschichte. Brüche und Kontinuitäten im 20. Jahrhundert. Festschrift Stefan Karner. Graz 2012.
Sechzig Jahre Österreichische HochschülerInnenschaft. Wien 2006.
Hans Seidel, Österreichs Wirtschaft und Wirtschaftspolitik nach dem Zweiten Weltkrieg. Wien 2005.
Harry Slapnicka, Oberösterreich als es „Oberdonau" hieß (1938–1945). Beiträge zur Zeitgeschichte Oberösterreichs 5. Linz 1978.
M. B. Smirnov, Sistema ispravitel'no trudovych lagerej v SSSR 1923–1960. Spravočnik [Das System der Besserungsarbeitslager in der UdSSR 1923–1960. Handbuch]. Moskau 1998.
Alexander Solschenizyn, Der Archipel Gulag. 1918–1956. Versuch einer künstlerischen Bewältigung. Schlussband. Die Katorga kommt wieder. In der Verbannung. Nach Stalin. Bern – München 1974.
William Lloyd Stearman, Die Sowjetunion und Österreich 1945–1955. Ein Beispiel für Sowjetpolitik gegenüber dem Westen. Bonn – Wien – Zürich 1962.
Barbara Stelzl-Marx, Death to Spies. Austrian Informants for Western Intelligence Services and Soviet Capital Punishment during the Occupation of Austria, in: Journal of Cold War Studies, Vol. 14, No. 4, Fall 2012, S. 167–196.
Barbara Stelzl-Marx, Kinder sowjetischer Besatzungssoldaten in Österreich. Stigmatisierung, Tabuisierung, Identitätssuche, in: Barbara Stelzl-Marx – Silke Satjukow (Hg.), Besatzungskinder. Die Nachkommen alliierter Soldaten in Österreich und Deutschland. Wien – Köln – Weimar 2015, S. 93–135.
Barbara Stelzl-Marx, Stalins Soldaten in Österreich. Die Innenansicht der sowjetischen Besatzung 1945–1955. Kriegsfolgen-Forschung. hg. von Stefan Karner, Bd. 6. Wien – Köln – Weimar 2012.
Barbara Stelzl-Marx, Verschleppt und erschossen. Eine Einführung, in: Stefan Karner – Barbara Stelzl-Marx (Hg.), Stalins letzte Opfer. Verschleppte und erschossene Österreicher in Moskau 1950–1953. Unter Mitarbeit von Daniela Almer, Dieter Bacher und Harald Knoll. Wien – München 2009, S. 21–78.
Ralf Stettner, „Archipel Gulag": Stalins Zwangslager. Terrorinstrument und Wirtschaftsgigant. Paderborn – Wien – München – Zürich 1996.
Gerald Stourzh, Um Einheit und Freiheit. Staatsvertrag, Neutralität und das Ende der Ost-West-Besetzung Österreichs 1945–1955. 5. Aufl. Wien – Köln – Graz 2005.
Pavel A. Sudoplatov, Pobeda v tajnoj vojne, 1941–1945 gody [Sieg im geheimen Krieg. 1941–1945]. Moskau 2005.
Arnold Suppan – Gerald Stourzh – Wolfgang Mueller (Hg.), Der österreichische Staatsvertrag 1955. Internationale Strategie, rechtliche Relevanz, nationale Identität. AföG 10. Wien 2005.
Ernst Trost, Figl von Österreich. Wien 1992.
Kurt Tweraser, Der Marshall-Plan und die österreichische Eisen- und Stahlindustrie: Fallbeispiel VÖEST, in: Günter Bischof – Dieter Stiefel (Hg.), „80 Dollar". 50 Jahre ERP-Fonds und Marshall-Plan in Österreich 1948–1998. Wien – Frankfurt 1999.
Ugolovno-processual'nyj kodeks RSFSR [Strafprozess-Gesetzbuch der RSFSR]. Moskau 1996.
Ugolovnyj kodeks RSFSR. Kommentary [Strafgesetzbuch der RSFSR. Kommentare]. Moskau 1946.
Valerij Vartanov, Die Aufgaben der Militärkommandanturen in der sowjetischen Besatzungszone Ös-

terreichs 1945–1955, in: Stefan Karner – Barbara Stelzl-Marx (Hg.), Die Rote Armee in Österreich. Sowjetische Besatzung 1945–1955. Beiträge. Graz – Wien – München 2005, S. 163–178.
Sofija S. Vinogradskaja, Inžener našej epochi [Ein Ingenieur unserer Epoche]. Moskau 1934.
Sofija S. Vinogradskaja, Iskorka: Raskazy o V. I. Lenine [Der Funke: Erzählungen über V. I. Lenin]. Moskau, mehrere Auflagen.
Sofija S. Vinogradskaja, Kak žil Esenin [Wie Esenin lebte]. Moskau 1926.
Sofija S. Vinogradskaja, Pamjat' serdca [Das Gedächtnis des Herzens]. Moskau 1960.
Sofija S. Vinogradskaja, Pervye gody [Die ersten Jahre]. Moskau 1958.
Sofija S. Vinogradskaja, Vzpomínki mého srdce. Vyprávění o Leninovi [Das Gedächtnis des Herzens. Erzählungen über Lenin]. O.J., o.O.
Vladimirskij Central. Vladimir o. J. [verm. 2014].
Reinhold Wagnleitner (Ed.), Understanding Austria. The Political Reports and Analyses of Martin F. Herz. Political Officer of the US Legation in Vienna 1945–1948. Salzburg 1984.
Helmut Wohnout, Leopold Figl und das Jahr 1945: Von der Todeszelle auf den Ballhausplatz. Wien 2015.
Vladislav Zubok, A Failed Empire. The Soviet Union in the Cold War from Stalin to Gorbachev. Chapel Hill 2007.

Zum Autor

Stefan Karner, geb. 1952 in St. Jakob bei Völkermarkt in Kärnten, Univ.-Prof. Dr., Vorstand des Instituts für Wirtschafts-, Sozial- und Unternehmensgeschichte der Univ. Graz; Leiter des L. Boltzmann-Instituts für Kriegsfolgen-Forschung, Graz – Wien – Raabs. Zahlreiche Publikationen, Leiter mehrerer Groß-Ausstellungen; Funktionen in internationalen wissenschaftlichen Gesellschaften und Beiräten im In- und Ausland; Co-Vorsitzender der Österreichisch-Russischen Historikerkommission; Vizepräsident des Österreichischen Schwarzen Kreuzes (ÖSK). Zahlreiche hohe Auszeichnungen des In- und Auslandes; Österreichischer Wissenschaftler des Jahres (1995); Mitglied der Europäischen Akademie der Wissenschaften und Künste; Mitherausgeber des Österreichischen Jahrbuchs für Politik (seit 2000); Leiter des Medienlehrgangs der Univ. Graz. Vertreter Österreichs in der EU-Beobachtungsstelle gegen Rassismus und Fremdenfeindlichkeit (EUMC, 2000–2007); Vertreter Österreichs in der European Commission against Racism and Intolerance (ECRI) des Europarates (1995–2010); Vorbereitung und Mediation zur Lösung des Kärntner Ortstafel-Konfliktes (2005–2008, „Karner-Papier"); Gesamtleiter der überparteilichen Denkwerkstatt „Österreich zukunftsreich" (2007–2009); Vertreter Österreichs in der European Commission against Racism and Intolerance des Europarates (1995–2010); derzeit arbeitet er u. a. mit einem großen Team an der Konzeption für das „Haus der Geschichte Niederösterreich". Veröffentlichte u. a. zuletzt: Vienna Summit 1961 (Harvard 2013); Halt! (2013); Der Kreml und die „Wende" 1989 (2014); Wallenberg (2014); Moskauer Deklaration (2015); Der Kreml und die deutsche Wiedervereinigung 1990 (2015); Stoj! (2015).

Karner ist verheiratet mit Ernelinde; zwei Kinder, DI Alexander Karner und Mag. Katharina Danninger; zwei Enkeltöchter, Anna und Marie.

Werden den Blumen auch die anderen Dinge folgen,
wenn wir wieder ins Leben eintreten wollen …
Ich fand die Meinen wieder und erschrak,
dass ich keine Tränen hatte.
So sehr war ich der Freude und Rührung entwöhnt.

Margarethe Ottillinger, nach ihrer Rückkehr 1955

Grafiken zu den Geheimdiensten

Die operativen Abteilungen des Ministeriums für Staatssicherheit (MGB) im Jänner 1949.
Quelle: Kokurin – Petrov, Lubjanka, Ausarbeitung und Grafik: Dieter Bacher.

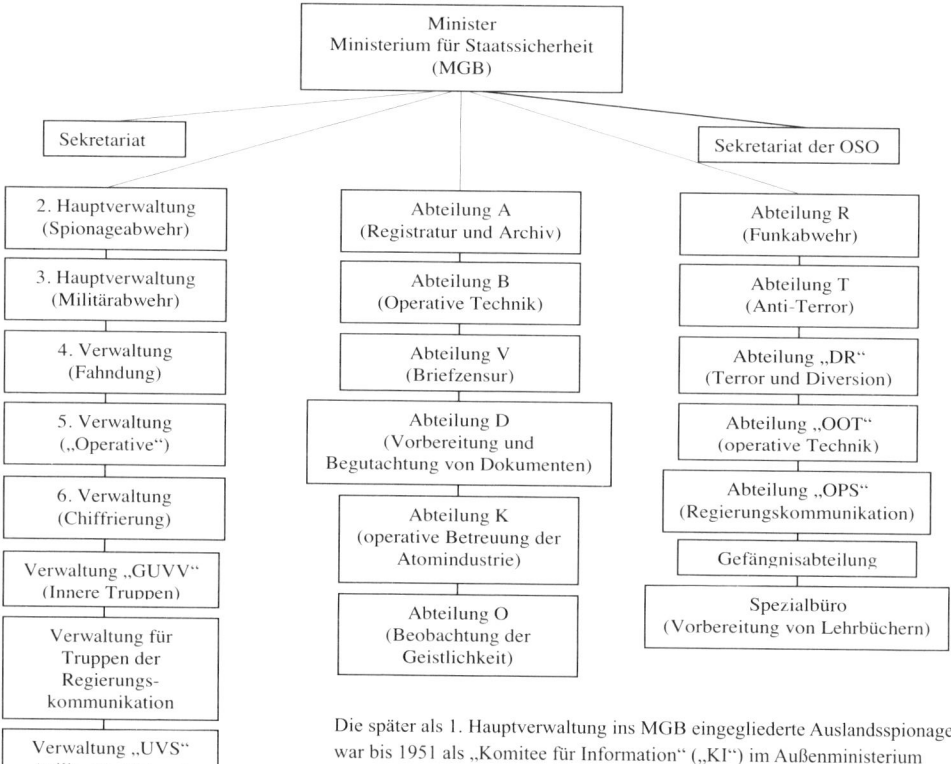

Die später als 1. Hauptverwaltung ins MGB eingegliederte Auslandsspionage war bis 1951 als „Komitee für Information" („KI") im Außenministerium organisiert.

Struktur der US-Nachrichtendienste im besetzten Österreich Ende der 1940er-Jahre.
Quelle: Beer, Die Geheimdienste im besetzten Österreich, Ausarbeitung und Grafik: Dieter Bacher.

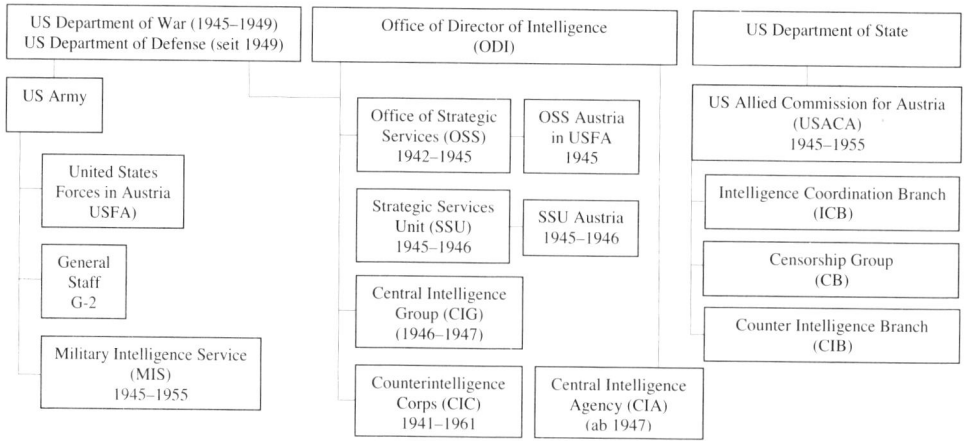

Personenregister

Aufgrund der häufigen Nennung wurde der Name „Margarethe Ottillinger" in den verschiedenen Schreibweisen nicht in das Register aufgenommen.

Abramov, siehe Dal'skij
Abakumov, Viktor S. 84, 134
Afanasenko, Oberst 44
Afanas'eva, Stenotypistin 62
Allilueva, Nadežda 100
Aminov, Oberst 42, 44, 93, 186, 192, 195, 198, 208, 218, 227
Amstislavskaja, Anna A. 54, 60, 62f., 96, 222
Andropov, Jurij V. 101
Artemov, Hauptmann 94

Bacher, Dieter 10
Balmer, General 174
Baranova, Natal'ja A. 95
Bauer, Fritz 10
Beer, Siegfried 88, 91, 97
Begun, Josef Z. 72, 74, 100f.
Begun, Gefängnisdirektor 174
Belkin, Michail (Mojsej) I. 32, 134, 207
Bentivegni, Franz v. 100
Berdach, Rudolf 73
Berija, Lavrentij P. 71, 98f.,134f.
Béthouart, Marie E. 24, 88
Betz, Martin 10, 78
Bischoff, Norbert 64–66, 71f., 74f., 98, 102
Blazjowsky, Walter 25
Blochin, Vasilij M. 51, 95
Boguslavskij, Major 30f., 90
Böhm, Friedrich 25, 88
Böhmer, Peter 8
Bondarenko, Major 17–19
Bondarev, Viktor 7
Borisov, E. M. 20, 187
Brežnev, Leonid I. 101
Brix, Emil 10
Budarev, Vladimir I. 44, 93f.
Bukovskij, Vladimir 100
Bulygin, Major 75
Burynin, Oberstleutnant 98f.
Carsten, Catarina 8
Cede, Franz 10

Čeremisin, I. F. 95
Chaloupka, Eduard 134
Chruščev, Nikita S. 84, 101, 134
Clark, Mark W. 81, 88, 117, 182
Cox, Arthur 58
Cygankov, Sergej 96
Czubik, Eduard 25, 89

Dal'skij 27
Daniel', Julij 100
Darja 71
Denisov, Oberst 74, 98
Derevjanko, Generalmajor 98
Didenko, Andrej I. 15, 20–22, 24, 31, 33–35, 37–42, 50f., 53, 57–60, 73, 75, 86, 158, 181–184, 187–193, 195–205, 208–214, 216f., 221, 224
Dikowitsch, Hermann 9
Dobin, Sergej 22, 90
Doppler, Hubert 10
Dorrek, Johann 114
Dubik, Stanislaw 179, 183
Dubrovinskij, Oberstleutnant 92, 208
Dürmayer, Heinrich 86f.
Dzeržinskij, Felix E. 132

Egorov, Untersergeant 16f., 185
Eigner, Hannes 10
Einhorn, Alfred 99
Eličev, Oberleutnant 95
Erhardt, John G. 30, 88f., 170, 174, 188
Esche, Hilde 25
Esenin, Sergej A. 96
Ežov, Nikolaj I. 100, 134f.

Falkenbach, Walter 35, 91
Fedotov, Petr 17–19, 38, 186, 191f., 194f., 197, 201, 206
Feldl, Peter 41, 57–60, 92f., 219
Feilmeier, Edmund 25
Ferova, Ärztin 63
Figl, Hilde 112

Figl, Leopold 15, 24, 66, 73–75, 82f., 101f., 112–114, 126, 145, 186
Filipič, Ante, siehe Didenko, Andrej
Filipok, Ante, siehe Didenko, Andrej
Fink, Manfred 9
Fischer, Ernst 101
Fockler, Alfred 16, 19, 26–33, 42, 49, 51, 53, 55, 59, 73, 83, 85, 89f., 96, 101, 121, 133, 178–180, 183, 225–227
Fokler, Alfred, siehe Fockler, Alfred
Fridinger, Karl, siehe Friediger, Karl
Friediger, Karl 20, 22, 27–30, 33, 35–37, 40–42, 57, 68, 85, 172f., 182, 190–193, 197–200, 204f., 217, 225, 227
Friedinger, Karl, siehe Friediger, Karl
Friedmann, Arthur, siehe Fockler, Alfred
Fritzer, Elena 10
Frunze, Michail V. 100

Galloway, General 24, 88
Gardener, Hauptmann 29
Gauck, Joachim 89
Genija, Ärztin 71
Gercovskij, Arkadij J. 99
Gladkov, P. A. 95
Gleißner, Heinrich 15, 82
Goglidze, Sergej A. 67f., 99
Gorbačev, Michail S. 132
Gorodeckaja, Unterleutnant 34, 209, 214
Graf, Ferdinand 26, 86
Gribetz, Chemiker 35
Griša 45
Gruber, Franz 25, 88
Gruber, Karl 58, 66, 72, 101
Grubmayr, Herbert 134
Gudenus, Gordian 64, 98
Gut'ko 55, 97

Harris, Major 27–30
Hatzer, Markus 10
Hatzer, Wilhelm 91
Heinl, Eduard 113
Heisenberger, Franz 35, 91
Helmer, Oskar 72, 87, 147
Hermann, Gerhard 82f., 86
Herz, Martin F. 89
Herzig, Franz 102
Hinzmann, Helene 75, 102
Hintze, Leo 34, 91
Hohn, Hans 20
Hohn, Thomas 85
Hoffmann-Ostenhoff, Otto 92
Hoynigg, Fritz 155
Hurch, Johannes 92

Hurdes, Felix 74, 115

Igler, Hans 15, 81, 93
Irnberger, Harald 8
Ivašutin, Peter I. 75, 101, 134, 183

Jeřabek, Rudolf 9

Kaiser, Johann 25, 89
Kallistov, Oberst 75
Kamitz, Reinhard 77, 93
Karner, Stefan 160, 237
Kastner, Walther 15, 35, 82, 91
Katharina 71
Katharina II. 51, 70, 100, 131
Katscher, Paul 24f., 87
Keyes, Geoffrey 24, 88
Kiridus, Franz 24, 78, 80, 86f.
Kleist, Ewald v. 100
Klestil-Löffler, Margot 10
Knoll, Harald 10
Kobulov, Amjak S. 65, 98
Köck, Franz 77
Komarov, Major 44
König, Franz 77, 161
Kopalin, Leonid P. 90, 157f.
Koretko, Hauptmann 192
Körner, Theodor 72, 82
Korotaev, Vladimir I. 7
Kortunov, Aleksej K. 161
Korwitsch, Dr. 61, 220
Krainer, Josef 10, 112
Krasser, Vera 85
Krauland, Peter 8, 15–18, 20f., 23–25, 28–31, 33–40, 58, 79, 82, 85f., 88, 112f., 115, 118, 170, 174–176, 180f., 185–188, 191, 195f., 198f., 201–205, 208–214, 216f.
Krauland, Vera 18
Kreisky, Bruno, 75, 102, 145
Krenner, Ernst 102
Kretzmann, Edwin M. J. 20f., 26, 30, 33, 35–37, 40–42, 57, 68, 85, 117, 172f., 181f., 190f., 193f., 198–200, 202–205, 212, 214, 217, 227
Krot, stv. Gefängnisdirektor 74
Krotov, Oberstleutnant 66, 99
Krupskaja, Nadežda K. 54, 96
Krylov, Oberleutnant 94
Kuhlenmann, Feigenfabrik 108, 168
Kulagin, Georgij A. 20, 38f., 53, 57, 73, 85, 113, 187, 189, 224
Kummer, Karl 77
Kupec, Vladimir I. 9, 160
Kurasov, Vladimir V. 17, 24, 79, 87f.

Ladenburg 20, 188
Lackner, Rosmarie 10
Lanc, Erwin 152
Larionov, Gardemajor 39–42, 44, 92f., 215, 218
Lautner, Dieter 9
Lazarenko, Major 94
Lebedenko, Nikita F. 18, 63, 84f., 188
Leitner, Franz 35, 81, 91, 93
Lena, Ärztin 43, 46, 52
Lenhart, Helmut 10
Lenin, Vladimir I. 54, 96
Lesiune, V. E.
Lesjune, siehe Lesiune, V. E.
Levitan, Oberleutnant 17, 119, 185
Liza Vasil`evna 71
Ljubarskij, Kronid 100
Ljubinskij, Dmitrij E. 10
Loibl, August 25, 88, 99
Ljusov, Hauptmann 20, 187
Long 30, 89
Lora 44, 46, 93
Lunačarskij, Anatolij V. 54, 96

Machold, Reinhard 113
Maderthaner, Wolfgang 9
Magdalena, Sr. Oberin 9
Maisel, Karl 113, 115
Makarenko, Oberstleutnant 59
Maklakov, Oberst 98, 223
Maksimov, Major 66, 99
Malenkov, Georgij M. 183
Malzacher, Hans 15, 35, 81f., 91
Marckhgott, Gerhard 83
Marek, Anton 24f., 78, 80, 86f., 173
Matuschka, Bernhard 113
Mayer, Dr. 101
Mayer-Mallenau, Felix 36, 92
Mayr, Fritz Gerhard 164
McIvor, C. C. 170f.
Migsch, Alfred 115
Mironov, Oberst 56, 98
Mitterer, Otto 154
Mock, Alois 154
Molotov, Vjačeslav M. 80, 145
Morgačev, V. 102
Motavkin, Oberst 75
Müller, Alfred, siehe Fockler, Alfred
Müller, Erich 101
Müller, Johann 23, 101
Müller-Willborn, Friedrich 87

Nachbaur, Sabine 10
Nečaev, Sergej J. 10
Nemschak, Franz 93

Nikuločkin, Oberstleutnant 94
Nina 51
Novik, Nikolaj P. 63, 97f., 221
Oberegger, Josef 102, 113f.
Onosovskij, Dr. 66, 99
Ordžonikidze, Konstantin 100
Ordžonikidze, Sergo 100
Osadčij, Stanislav V. 10
Osipov, Nikolaj 152
Ottillinger, Anton 74f., 84, 94, 186
Ottillinger, Karl 84, 94, 106, 186
Ottillinger, Therese 71, 74, 84, 94, 106, 151, 186
Ožerel`ev, Major 61–63

Pammer, Dr. 65, 100
Panholzer, Marianne 25
Patch, General 88
Peterlunger, Oswald 87
Petriga, Oberst 16, 185
Petrov, 27
Petrov, A. M. 179
Petrov, Nikita V. 94
Piekenbrock, Hans 100, 143
Pirogov, Oberleutnant 92
Pittermann, Bruno 153
Pochladko, Dieter 10
Pochladko, Jakob 10
Polevoj, siehe Dal`skij
Polinskij, Hauptmann 20, 86, 192
Pollak, Oskar 25
Popov, Pavel A. 95
Posadčij, Hauptmann 44, 93
Powers, Francis Gary 100f.
Preobraženskij, Evgenij A. 54, 96
Presslinger, Sieglinde 10
Prichodko, Major 19–22, 27–29, 31f., 34–39, 90, 186, 191f., 194f., 197f., 200f., 206–209, 214, 227
Prochorov, Staršina 45
Prokopenko, Anatolij 86, 184
Pröll, Erwin 9
Pugačev, Emelian I. 96, 132
Pugaev, Inspektor, 69
Pylova, Lilija A. 7

Raab, Julius 75, 77, 81, 93, 101, 134, 145, 152
Raming, Walter 77
Rauch, Wolf 160
Rejsner, Larissa 96
Richter-Brohm, Heinrich 91
Robl, Angela 66f., 99
Roginskij, Arsenij 95
Rosenwirth, Alois 112, 114
Rublev, Andrej 143

Rublev, Ivan F. 54, 62, 97
Ruggenthaler, Peter 10
Rumjancev, Generalmajor 32
Rudenko, Roman R. 73, 101
Ryšenko, Hauptmann 42, 215

Šabion 97
Sačneva 69
Sadovnikov, Aufseher 90
Sagmeister, Otto 115
Sarovskij, Seraphim 96
Ščaranskij, Natan 100
Schärf, Adolf 75, 87, 134, 145
Schärf, Paul 77, 134
Schischka, Egon 179, 183
Schödl, Ingeborg 8
Schöner, Josef 102
Schörner, Ferdinand 100
Schuh, Walter 25
Schüssel, Wolfgang 160
Schwarzenberger, Franz 112, 114
Schweiger, Gustav 25, 89
Selikovsky, Hans 10
Sergienko, V. T. 95
Siegl, Walter 10
Sinev, Major 99
Sirotkin, Aleksandr S. 76, 102
Škapenko, Leutnant 102
Sloev, Major 66, 99
Snegirev, Major 93
Šokin, Oberst 54
Solovev, Leutnant 93
Spahn, Ottmar 20
Spann, Othmar 88
Spann, Rafael 25, 88f.
Speer, Albert 81, 91, 108
Stachanov, Unterleutnant 198, 200
Stalin, Josef 49, 54, 71f., 78, 80, 84, 95f., 98, 100, 134, 142
Stalin, Vasilij 100
Staribacher, Josef 152
Stearman, William L. 87
Steindl, Klaus T. 10, 78
Steiner, Hubert 9
Steiner, Ludwig 145
Sterk, Rudolf 25
Stern-Melber, Alice 92
Straubinger, Karl 91, 113, 115
Strauss, Ursula 10, 78
Stulginskis, Aleksandras 100
Sudoplatov, Pavel A. 100
Švernik, Nikolaj 183
Sviridov, Vladimir 126
Svirinyj, A. 44, 94

Tamara, Komponistin 71
Tarakanov, Oberstleutnant 98
Tarassov, Inspektor 98
Thomas, Hauptmann 30, 89
Tschadek, Otto 26, 89
Tschöpp, Dr. 65, 100
Tschubarjan, Aleksandr O. 9
Tuppy, Hans 92

Übeleis, Vinzenz 115
Udier, Tobias 113
Uhlfelder 99
Uiberreither, Sigfried 91
Utjanov, Oberst 93, 216

Verenzon, L. I. 52
Vinogradskaja, Polina 96,
Vinogradskaja, Sofija S. 54, 59f., 62, 96f.
Vlasenko, Oberst 159
Vogler, Alfred, siehe Fockler, Alfred
Volkov, Hauptmann 98,
Volkov, Major 99
Volkov 20f., 41, 86, 99, 189, 213f.
Vorožilov, Kliment E. 87
Vukovich, Martin 10

Waldbrunner, Karl 77
Wallenberg, Raoul 100
Wallnig, Pia 9
Watson, Oberst 21, 38, 41
Weigl, Andreas 9
Wengraf, Rudolf 92
Wertel, Erwin 25
Wetzlhofer, Johann 25, 88
Willcox 20, 188
Wildmann, Karl 102
Winterton, Thomas J. W. 24, 87
Wirlander, Stefan 93
Wotruba, Fritz 78, 164
Worth 20, 188

Yost, C. W. 30, 89, 170, 174f.

Zadrazil
Zakurdaev, Igor 100
Zavojskij, Konstantin 99
Zehetgruber 25
Zina 43–46, 93f.
Želtov, Aleksej S. 24, 79, 87f.
Žerebzov, Oberstleutnant 150
Zimmermann, Georg 115
Zotov, Hauptmann 56–62, 220
Žukov, Georgij K. 88
Žuravlev, Oberstleutnant 68